LE CHATEAU DE BLOIS

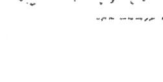

LYON. — IMPRIMERIE LOUIS PERRIN.

L'Hôtel de Boi

François Ier.   Comtes de Chatillon.   Louis XII.   Ducs d'Orléans
et Louis-P.

Cour du Château.

HISTOIRE

DU

CHATEAU DE BLOIS

PAR

L. DE LA SAUSSAYE

MEMBRE DE L'INSTITUT

(*Académie des Inscriptions & Belles-Lettres*)

OUVRAGE COURONNÉ PAR L'INSTITUT EN 1840

SIXIÈME ÉDITION

REVUE ET AUGMENTÉE

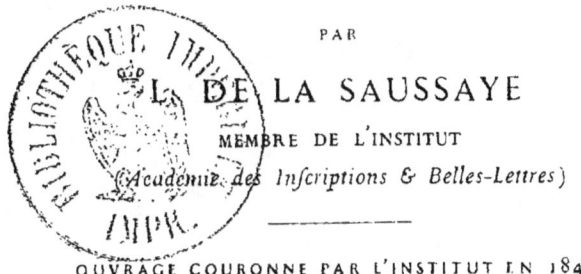

BLOIS

Chez tous les Libraires

PARIS

AUBRY, rue Dauphine, 16

M DCCC LXVI

E confiderai, con grand' attenzione, quelle
animate muraglie che fpirano al vivo le
miferie delle corone, in mezzo alle apparenti
loro adorate felicità.

Lett. del card. BENTIVOGLIO.

N a fouvent répété le mot célèbre de *Buffon :* Le ftyle, c'eft l'homme ; n'eft-il pas vrai auffi de dire : L'art, c'eft l'époque. En effet, dans les productions artiftiques de tous les temps fe trouvent empreints, auffi bien & mieux parfois que dans les chroniques ou dans l'hiftoire, les mœurs, les

habitudes, le genre d'efprit particuliers aux populations contemporaines de ces productions.

Comme monument architectural, le château de
Blois, affemblage pittorefque d'édifices appartenant
à différentes époques, viendra merveilleufement
juftifier notre penfée. En fouvenir des mœurs rudes
& groffières des premiers temps de la féodalité, il
préfente à notre vue fes tours percées d'étroites meur-
trières, fes cachots fombres & humides, fes murailles
noires & épaiffes. Il nous offre, pour témoins de la
période de la civilifation de cette même féodalité,
devenue la chevalerie, fes portiques élégants, fes
larges croifées à riches encadrements, fes curieufes
fculptures, infpirées par la verve, ou gracieufe, ou
bouffonne, ou fatirique, de l'époque la plus originale
de l'efprit français. Dans les conftructions fomp-
tueufes de la Renaiffance, les efcaliers à jour qui
ornent les cours, les baluftres qui couronnent les
combles, les arabefques qui brodent le fût des pilaftres, la furface des murailles, les corniches des

tours nous révèlent l'époque brillante de François Ier & toutes les traditions de l'Italie venues en France à la fuite des conquêtes du roi. Les degrés circulant dans l'épaiffeur des murs, les allées fecrètes, les iffues multipliées, nous rappellent à la fois, & les myftères de la vie galante du roi-chevalier, & les habitudes de méfiance & de rufe des fils de Catherine de Médicis. Le caractère noble & févère, mais parfois trifte & compaffé du grand fiècle de Louis XIV, n'eft-il pas empreint tout entier dans les lignes pures & claffiques, mais froides & pefantes des bâtiments de Gafton d'Orléans ! Ne trouverions-nous pas même, dans les récentes conftructions élevées pour transformer le château de Blois en caferne, une image fidèle de l'impuiffance de l'art moderne, dans les conditions que lui a faites l'organifation actuelle de la fociété? . . .

Si l'hiftoire des temps paffés fe trouve auffi profondément gravée fur la pierre des monuments, ne nous étonnons donc pas de voir s'appliquer à leur ruine les hommes qui n'eſtiment notre hiſtoire qu'à partir du dix-neuvième ſiècle. Aſſez de voix, plus éloquentes que la nôtre, ſe ſont élevées contre les démoliſſeurs; nous ne reproduirons pas ici les pièces d'un procès maintenant jugé dans l'opinion publique. En traçant une deſcription du château de Blois, & un récit hiſtorique des événements dont il fut le théâtre, nous eſſaierons ſeulement de faire connaître les différents genres d'intérêt par leſquels ſe recommande ce noble édifice. Que l'on cherche dans notre récit un ſujet de critique ou d'éloge des temps écoulés. & que l'on trouve dans la vie des monuments, comme dans l'exiſtence des hommes, moins à admirer qu'à reprendre, les faits que nous raconterons, de quelque manière qu'on les enviſage, ne pourront manquer, il nous ſemble, d'offrir à l'eſprit de précieux enſeignements.

DESCRIPTION DU CHATEAU DE BLOIS

L E château de Blois eſt ſitué ſur un plateau triangulaire, au ſommet d'un promontoire formé par le confluent de la Loire & d'un ruiſſeau, preſque tari par les déboiſements, qui coule obſcurément aujourd'hui ſous la ville de Blois. Le côté du triangle tourné vers la plaine en eſt ſéparé par une large tranchée. Le château, proprement dit, eſt aſſis du côté de la tranchée ; mais les conſtruÄtions ſituées dans toute l'étendue du plateau dépendaient autrefois du château lui-même, & compoſaient une forbtereſſe dont nous raconterons plus loin l'hiſtoire.

Le plan des bâtiments, qui forment aujourd'hui le château de Blois, eſt un carré irrégulier, ſur les côtés duquel s'élèvent des édifices, très-irréguliers eux-mémes, & appartenant à trois grandes époques de l'art, repréſentées par les conſtruÄtions de Louis XII, de François Ier & de Gaſton d'Orléans.

Leur enfemble offre à la fois un coup d'œil extrêmement pittorefque & un admirable fujet d'étude pour
l'hiftoire de l'architecture [1]. Abandonné, mutilé, désho-
noré par les malheurs du temps & l'incurie des adminiftrations, nous le voyons renaître, de jour en
jour, paré à nouveau de tous fes ornements, grâce
au goût pour les monuments de l'art & de l'hiftoire qui
s'eft réveillé fi vivement, à notre époque. Le nom du
favant auteur des reftaurations de la Sainte-Chapelle &
du vieux Louvre, M. Duban, affure au château de Blois
la reftitution la plus complète & la plus heureufe de fes
anciennes fplendeurs architecturales & décoratives.

Les parties du château les plus anciennes font évidemment les épaiffes murailles qui foutiennent la *Salle
des Etats*, dont l'intérieur offre encore une rangée de
colonnes qui ont tous les caractères du XIIIe fiècle [2].
Une tour, enveloppée dans les conftructions de François Ier, & qu'on nomme *Tour de Château-Regnault*, ou
de Moulins, ou *des Oubliettes*, peut remonter à la même
époque ; mais, feulement, pour les foubaffements, car
toute la partie fupérieure a été refaite & décorée, au
XVe fiècle, avec une grande richeffe, fi l'on s'en rapporte aux deffins de Du Cerceau [3]. On croit que le
premier de fes noms lui a été donné parce que de fon

---

[1] Voyez le frontifpice & le
plan, pl. I, avec l'explication de
cette planche, à la fin du volume.

[2] Voyez pl. II.

[3] *Les plus excellens Baftimens
de France*, t. I. — V., pl. III, le
fommet de cette tour, entre la
perche aux Bretons & l'aile de
François Ier.

fommet on aperçoit la tour de Château-Regnault, chef-lieu d'un ancien fief des comtes de Blois, avec laquelle on communiquait par des fignaux. Nous ignorons l'origine du fecond nom de *Tour de Moulins*. Quant au troifième, il s'explique de lui-même, & nous aurons bientôt l'occafion d'y revenir. On doit affigner auffi l'époque du XIIIᵉ fiècle à la *Tour du Foix*, ainfi appelée à caufe de fa fituation auprès d'un faubourg qui appartint jadis au Domaine, ou *Fifc*, comme l'indique fon nom, en latin, *fuburbium de Fifco* [1]. Le couronnement de la tour du Foix a été conftruit par Catherine de Médicis, comme on va le voir [2].

De la plate-forme de cette tour, on découvre un magnifique panorama formé par la ville de Blois, par le fleuve de la Loire, dont le cours fe déroule à la vue dans une étendue de plufieurs lieues, & par les coteaux qui le bordent, couverts de riches vignobles & couronnés par d'épaiffes forêts, reftes des bois druidiques de l'ancienne cité des Carnutes. La reine Catherine ne pouvait choifir un emplacement plus favorable pour le fiége de fes obfervations d'aftrologie. Un petit pavillon carré, en briques, y fut conftruit par elle, ainfi que l'efcalier appuyé à la muraille de la tour, & une grande table de pierre fut placée fur la plate-forme pour y dépofer fes inftruments cabaliftiques. Cette table était ajuftée de telle façon, fur fon piédeftal, qu'en la frappant avec un corps dur elle rendait le fon

---

[1] *Chartul. Launomar.* — *Archives département. de Loir-&-Cher, paffim.*

[2] V., pl. VII, le baftion du Foix & la tour, furmontée du pavillon de l'obfervatoire.

d'une cloche, & elle était orientée de manière qu'en plaçant l'œil dans la ligne qui fuit les deux angles eft & oueft, la fleur-de-lys de la coupole de Chambord fe trouvait à l'extrémité du rayon vifuel. Le Génie militaire qui, pendant cinquante ans, s'eft étudié avec une perfiftance incroyable, à détruire ou à défigurer le château de Blois jufque dans fes moindres détails, a trouvé le moyen, en grattant la table & en la fcellant fur fon piédeftal, de lui enlever fa fonorité & de déranger l'orientation [1]. Au-deffus de la porte du pavillon de l'Obfervatoire font gravés ces mots :

VRANIÆ SACRVM [2].

Près de la tour de l'Obfervatoire reftent quelques conftructions en briques & en pierres, élevées par les comtes de Blois de la maifon d'Orléans, aïeux de Louis XII. On a exhauffé ces conftructions quand le château de Blois a été converti en caferne ; mais le capitaine du génie, chargé alors de la direction des travaux, a confervé heureufement les pignons en efcalier qui regardent la cour [3].

Derrière cet édifice, fe trouve une chapelle conftruite par Louis XII fur l'emplacement d'une autre plus ancienne, dédiée à faint Calais, & dont il eft déjà queftion au IXᵉ fiècle. Cette chapelle, d'un ftyle fimple & élégant, a été indignement mutilée par les tra-

---

[1] On a indiqué l'orient actuel de Chambord par une ligne diagonale tracée fur la table.

[2] Confacré à Uranie.

[3] V. le frontifpice, au-deffus de l'indication : *Ducs d'Orléans*.

vaux de cafernement; on l'a diminuée dans fa longueur
& partagée en trois étages dans fa hauteur. Dans ce
qu'il nous en refte, tous les détails d'architecture ont
été du moins religieufement confervés. La partie détruite renfermait des portions de la chapelle primitive,
enclavées dans les murs de la nef & dont le ftyle annonçait le XIIe fiècle. Le chœur contenait auffi une
tribune en bois fculpté, d'un travail précieux, dans laquelle le roi affiftait à l'office divin ; elle fera replacée,
fans doute, quand on terminera la reftauration de cette
partie du château. Cette chapelle avait renfermé jadis
de magnifiques objets d'ornement donnés par Louis XII
& fes fuccefeurs, & des tableaux de grande valeur,
parmi lefquels on remarquait une vierge du Pérugin [1].

Le corps de logis qui joint la chapelle, & où fe trouve
la porte d'entrée du château, eft une autre conftruction de Louis XII, élevée à la place du bâtiment où il
était né, & qui, comme celui dont nous parlions tout à
l'heure, était un ouvrage des ducs d'Orléans. Les premières affifes font en pierres dures, le refte eft en
briques, à l'exception des chaînes, des pilaftres, des
chambranles des croifées, de l'entablement & des
grandes lucarnes qui font en pierres de taille. L'entablement eft furmonté d'un balcon de pierre, travaillé
à jour, qui avait été détruit & qu'on vient de rétablir.
Deux des fenêtres qui regardent l'avant-cour du château font renfoncées, en forme de niches, & ornées
d'un balcon de pierre fculptée. La fenêtre à gauche

[1] And. Félibien, *Mémoires* ... *les de France*, fol. 23, verfo. —
manufcrits fur les maifons roya- ... Bernier, *Hiftoire de Blois*, p. 13.

était celle de la chambre à coucher de Louis XII;
c'eſt de là qu'il ſe plaiſait à cauſer avec ſon premier
miniſtre & ſon ami, le cardinal d'Amboiſe, placé à la
fenêtre d'un avant-corps de logis, en bois, élevé au-
deſſus de la porte d'un hôtel que l'on voit tout près du
château[1]. Les retombées de l'encadrement ſupérieur
des fenêtres ſont ſupportées par de petites figures
délicatement ciſelées; ſeulement, la décence peut
être bleſſée par les attitudes de quelques-unes d'entre
elles. La même remarque doit être faite à l'égard
d'un groupe placé dans l'intérieur du même bâtiment, ſous l'encorbellement d'une tourelle appuyée
au pavillon du grand eſcalier. Les chiffres & les armes
de Louis XII & d'Anne de Bretagne ſont ſculptés aux
pignons des lucarnes, ſur des écuſſons ſoutenus par
des anges. On ſait combien ce ſujet, ſi ſouvent répété
ſur les monuments du moyen-âge était poétiquement
traité par les ſculpteurs, que l'on appelait alors les
maiſtres des pierres vives. Les *pierres vives* du château de
Blois avaient beaucoup ſouffert des injures des hommes & du temps; elles ont reparu dans tout leur éclat,
ſous l'habile ciſeau des ſculpteurs de M. Duban.

La porte principale du château eſt décorée de deux
colonnes engagées, dont les fûts ſont ornés de meneaux quadrillés, renfermant des roſaces qui furent
effacées en 93, à titre de fleur-de-lys. A côté de la
grande porte eſt une autre ouverture, plus petite, dans

---

[1] Cet hôtel porte le n° 3. Son propriétaire a détruit une charmante galerie de pierre qui décorait la cour. — V. Bernier, *Vie de Louis XII*, p. 421 de *l'Hiſtoire de Blois*.

le fronton de laquelle on a replacé le porc-épic,
emblème de la famille d'Orléans [1]. La couronne
fleurdelifée qu'il portait l'avait empêché de trouver
grâce devant le marteau des démoliffeurs. Rien ne pouvait mieux rendre compte de l'immenfe transforma-
tion opérée dans les idées & dans la fociété que le nu-
méro qui avait été mis à la place du fymbole royal. Ce
chiffre difait à lui feul toute la Révolution.

Au-deffus de la porte principale, une niche, furmontée d'un dais admirablement exécuté, renferme
une ftatue équeftre, de pierre, repréfentant Louis XII;

[1] Le choix de cet emblème
eft dû à Louis, premier duc
d'Orléans, qui fonda, l'an 1393,
l'ordre du Porc-Epic, en réjouif-
fance de la naiffance de Charles, fon fils aîné, qu'il avait eu
de Valentine de Milan. La légende était : COMINVS ET EMINVS,
de près & de loin, d'après la
croyance où l'on était alors, que
le porc-épic pouvait non-feulement fe défendre, *de près*, à
l'aide de fes épines, mais encore
les lancer, *de loin*, contre ceux
qui l'offenfaient. Le duc Louis,
dit Lemaire, « prit le porc-ef-
« pic en fa deuife, pour monf-
« trer que tout ainfi que le porc-
« efpic, armé de pointes &
« d'aiguillons, eftant preffé des
« chiens, darde & décoche fes

« aiguillons & fufeaux à guife
« de fagettes fur leur mufeau,
« qui leur fait lafcher prife &
« quitter leur pourfuitte : ainfi
« le duc d'Orléans vouloit dé-
« monftrer qu'il fe tenoit af-
« feuré contre tous les reuers
« de fortune & fe vengeroit des
« brauades, attentats & que-
« relles que luy fayfoit le duc
« de Bourgongne & luy feroit
« quitter fon iniufte pourfuite:
« c'eft pourquoy il donna pour
« blafon à fes cheualliers le Porc-
« Efpifc, auec la deuife : *Cominus*
« *& Eminus.*» (V. Lemaire, *Hiff.*
& antiquitez de la ville & duché
d'Orléons, éd. in-fol., p. 150.
Voy. auffi Claude Paradin, en
fes *Devifes héroïques*, pp. 24-
26 de l'édit. de 1621.)

toute la niche eſt rehauſſée de peintures ; l'intérieur eſt d'azur femé de fleur-de-lys d'or, &, au bas de la ſtatue, on replacera ces vers de Fauſto Andrelini, poète favori du roi :

Hic ubi natus erat dextro Lodoicus Olympo,
Sumpſit honorata Regia ſceptra manu ;
Felix quæ tanti fulſit lux nuntia Regis ;
Gallia non alio Principe digna fuit.

FAVSTVS. 1498.

« Là, où par la faveur céleste, Louis prit naiſſance, « là auſſi il prit d'une noble main le ſceptre royal ; « heureux le jour qui annonça la venue d'un ſi grand « monarque ; la France pouvait-elle trouver un prince « plus digne d'elle ! »

Malgré le titre glorieux de *Père du peuple*, le peuple, en 1793, renverſa la ſtatue du bon roi. Les vers de Fauſtus furent remplacés par cette inſcription, tracée en caractères d'enſeigne :

CASERNE D'INFANTERIE

La ſtatue détruite était très-probablement l'œuvre de Guido Paganino, un de ces hommes de talent, amenés en France par Charles VIII & Louis XII, après leurs campagnes d'Italie ; notre planche IV la reproduit d'après le deſſin de l'architecte André Félibien. La ſtatue actuelle a été exécutée par M. Seurre, de l'Inftitut, d'après le même deffin, mais avec quelques modifications [1].

Le côté de l'aile de Louis XII qui regarde la cour eft compofé d'un portique, que furmonte une galerie, & de deux pavillons d'inégale dimenfion, placés en avant-corps aux deux extrémités de la galerie & renfermant des efcaliers. Six des colonnes du portique font cylindriques & quatre font à pans ; le fût des premières eft quadrillé de fleur-de-lys & de mouchetures d'hermine; des arabefques décorent le fût des fecondes ; on devine que les arabefques feules avaient furvécu à la mutilation de 93. Les lucarnes des combles font plus étroites que celles de la façade ; elles n'offrent pas de fujets, mais les ornements en feuillages, exécutés fur leurs pignons, font, comme toutes les fculptures qui décorent ce côté, d'une grande perfection de travail & d'une remarquable confervation.

Le pavillon du grand efcalier eft percé de deux portes, l'une donnant fur la cour, l'autre dans le portique ; les porcs-épics placés fur les tympans de ces portes avaient difparu comme celui de l'entrée du château. On lit encore fur l'efcalier de Louis XII ces mots : ESCALIER DE LA LIBERTÉ, tracés à une époque où l'on débaptifait les monuments que l'on ne pouvait détruire. Ce pavillon offre, vers fon extrémité fupérieure, un encorbellement, formé de petites arcatures, à l'inftar des machicoulis féodaux; fur lui repofe la corniche, furmontée d'une élégante galerie à jour. Une tourelle, appliquée à l'un des angles du pavillon, ren-

[1] V. la pl. IV, & l'explication de cette planche, à la fin du volume.

ferme des degrés deftinés à conduire aux combles du
grand efcalier, plus élevés que ceux du bâtiment principal. Le noyau de cet efcalier, très-riche de décoration, eft furmonté d'une couronne ducale, d'où s'é-
lancent des nervures qui viennent retomber fur des
colonnes, dont quelques-unes, à fût brifé, ne font pas
d'un effet heureux. Rien, d'un autre côté, n'eft plus
élégant que la coupole de l'efcalier du petit pavillon; la colonne ifolée & le faifceau de nervures s'é-
levant du fommet.de cette colonne, pour fupporter la
voûte, reffemblent à la tige élancée du palmier & au
bouquet de feuilles épanouies qui la couronnent.

Pour n'omettre aucun détail digne de quelque intérêt, plaçons ici ce témoignage naïf d'affection pour la
famille royale que l'on voit tracé, avec la pointe d'un
couteau, fur le balcon du grand efcalier :

Ihs Maria
Vive le Roy la Reyne
et tout le sang Reyal
Amen.

Sur les parois intérieures du petit efcalier, on lit,
tracé de la même manière, ce fouvenir de la mort de
Henri 11 :

Le roy Henry est mort 1559
au moys de juilet le rvij
au Tournelle a Paris le landy
a une heure apres mydy qui la tué
Mathieu de
Montgommery

A peu de diftance, on voit le nom de Claude accompagné d'une fleur-de-lys. Serait-ce le nom de la reine, tracé par elle-même?

L'ornementation de toute cette partie du château eft extrêmement remarquable. Les tuyaux des cheminées font décorés de lofanges de briques entrelacées, qui fupportent un couronnement fculpté, en pierres de taille; les plombs font dorés & femés de fleurs-de-lys & de mouchetures d'hermine, au milieu defquelles font alternés les emblèmes ordinaires du roi & de la reine: les L & les A couronnés, le porc-épic d'Orléans & l'hermine de Bretagne ¹, la guivre du Milanais & la corde-

¹ Tout le monde connaît la devife du duché de Bretagne, compofée de l'hermine & de la légende MALO MORI QVAM FOEDARI, *mieux mourir que ternir*. Vulfon de la Colombière nous fournit l'explication de l'hermine-devife & de l'hermine-armoirie, fi fouvent répétées dans l'ornementation du château de Blois: « L'hermine (que « les vieilles Chroniques de « Bretagne nomment *une petite* « *beftelete blanche, de la forme* « *d'une muftelle*)... eft le vray « fymbole de pureté & de « chafteté immaculée; cet ani- « mal ayant cela de propre na- « turellement qu'il aime mieux « fe laiffer prendre & perdre la

« vie que de paffer par vn lieu « infeét ou plain de bouë..., non « pas que les peaux de ces pe- « tits animaux foient que blan- « ches de leur naturel; mais « lorfque les peletiers les ont de « tout temps fait feruir de four- « rure aux habits des Roys, « des Princes, des Grands Sei- « gneurs & des caualiers plus « renommés à qui feulement « il appartient d'en porter, ils « ont femé & adjoufté, par def- « fus, des petits flocquets ou « mouchetures tirées du bout « de la queu? de l'hermine « mefme, qui eftant d'vn noir « auffi excellent que le refte de « la peau eft d'vn blanc très- « éclatant, la faifoient paroif-

lière [1]. Les plombs, pour la plupart, avaient échappé aux défaftres des révolutions ; mais les cheminées avaient été détruites ou mutilées.

La reftauration intérieure de cette aile, reftauration commencée en 1865, préfentait de férieufes difficultés, furtout celle des cheminées, qui étaient de véritables monuments. Gafton d'Orléans, fans doute logé dans cette partie du château, pendant fes travaux de reconftruction, avait fait couper & mutiler leurs faillies, & fubftitué à leurs grands manteaux, paffés

« tre beaucoup dauantage, & « leur donnoit plus d'agréement « & de cefte façon font les armoiries des Ducs de Bretagne « qui furent les premiers qui « en chargèrent leurs efcus. » (La Science héroïque, pp. 42 & 43.)

[1] Le nom de guivre, qui doit venir du latin, vipera, défigne, en blafon, le ferpent ou la couleuvre ; avec l'enfant iffant, la guivre appartient plus fpécialement aux Vifconti, & par fuite au Milanais. Depuis leur alliance avec Valentine de Milan, les ducs d'Orléans écartelaient leur écuffon des fleurs-de-lys & de la guivre.

La cordelière, dont on a attribué l'invention à Valentine de Milan, quoique l'origine en foit plus ancienne, n'avait pas d'abord été un figñe de veuvage. Anne l'avait adoptée, au nombre de fes devifes, avant la mort de Charles VIII, en fouvenir de fon ayeul & de fon père, François Ier & François II, ducs de Bretagne, qui la portaient comme une marque de dévotion envers leur patron, faint François d'Affife. Plus tard, elle devint, en effet, autour de l'écuffon des reines de France, un figne officiel de veuvage, mais avec les nœuds déliés, par allufion à ce mauvais jeu de mots : J'ai le corps délié. (Cf. Vulfon de la Colombière, La Science héroïque, p. 486, & le P. Méneftrier, Orig. des ornem. des armoiries, pp. 161, 162 & 165.)

de mode, des chambranles de marbre furmontés de trumeaux. A peine voyait-on fous les parois quelque filhouette des moulurations qu'on avait hachées, & le Génie militaire avait complété plus tard l'œuvre de mutilation. Heureufement, l'expérience avait appris à M. Duban que, dans l'aile de François Ier, les portes bouchées, les conftructions plus récemment faites recélaient de nombreux fragments de fculpture. Il ordonna des fouilles, & le réfultat fut des plus fructueux. Une multitude de clochetons, choux, fragments de ftatuettes, jambages, chapiteaux, ayant appartenu aux vieux manteaux difparus, furent retrouvés, claffés, coordonnés, puis, dans l'attribution de ces pièces à chacune des cheminées, les badigeons de nuances diverfes qui différenciaient les appartements, devinrent des indicateurs précieux. Par ce moyen, quatre cheminées, aujourd'hui terminées, ont pu reproduire fidèlement les moulurations & fculptures primitives.

La principale, dans la grande falle du rez-de-chauffée, qui devait être la falle des gardes de la reine, fe compofe d'un motif central, forte de niche que furmonte une accolade ornée de choux frifés & de fines fculptures, d'où femblent prendre leur vol deux chérubins fupportant l'écu de France. De chaque côté, règnent deux arcatures lobées, dont le fond porte alterné : l'A d'Anne de Bretagne, en champ d'hermine, le L de Louis XII, en champ de lys, & dont le haut fe décore, par places, de lobes flamboyants. Le manteau, entouré d'une cordelière, montre au milieu un L couronné. Des peintures & des dorures ajoutent leur richeffe à cette richeffe.

La deuxième cheminée du rez-de-chauffée (chambre
de la reine?) a pour motif principal l'écu de France
ayant pour support deux hérauts d'armes, le fceptre
en main, & pour cimier un ange aux ailes éployées,
iffant de la couronne royale & la tenant fufpendue au-
deffus de l'écu. Rien de plus gracieux que ce motif,
& de plus finement exécuté. La niche qui l'encadre eft
ceinte d'une moulure fleurdelyfée; le manteau de la
cheminée eft femé de France; l'armure dont font revêtus
les hérauts d'armes, parfaitement authentique, comme
le refte, eft d'une merveilleufe richeffe de détails.

L'une des cheminées du premier étage (falle des
gardes du roi), fe .compofe également d'une niche
centrale, mais accoftée de deux pilaftres, & encadrée
d'une charmante moulure & de mouchetures d'hermine,
enlacées d'une cordelière; deux adolefcents y fupportent l'écu mi-parti de France & de Bretagne. Le porc-
épic de Louis XII, ayant à chacun de fes côtés les
emblèmes du roi & de la reine, en champ royal &
ducal, forme l'illuftration du manteau. Plus fimple de
compofition que les autres, cette troifième cheminée
n'eft pas moins remarquable.

En face de celle-ci s'en trouve une autre. Le parti
adopté pour fa décoration eft celui de petites arcatures
trilobées, furmontées d'accolades ornées de choux
frifés; le tout portant fur de petits piliers primaftiques
terminés en pinacles. Le point central eft occupé par
un porc-épic lançant fes dards. De chaque côté, on
voit un écuffon : l'un de France, l'autre mi-parti de
France & de Bretagne.

Un grand nombre de noms, d'infcriptions & de figures, tracés à la pointe, fe voient fur les embrafures des fenêtres de la grande falle du rez-de-chauffée. C'eft un des motifs qui nous portent à la regarder comme une falle des gardes, car ces *graffiti* n'ont pu être que l'œuvre d'officiers condamnés par leur configne à de longues inoccupations. Les plus curieux font des deffins groffiers, où l'on a évidemment cherché à reproduire les traits du roi Louis XII, & ces deux lignes dont voici la tranfcription fidèle :

Ce mescredy xxiij decembre le duc de Guisse morut de témérité [1].

Citons encore les mots : *Henry pour tous*. Est-ce au Balafré qu'ils s'adreffaient? La belle marquife de Noirmoutiers habitait, près de lui, cette partie du château pendant les Etats de 1588.

L'aile de Louis XII eft certainement une des plus élégantes conftructions de la fin du XVᵉ fiècle ; mais, il n'y a pas encore beaucoup d'années, le mérite de ce précieux morceau d'architecture était complètement méconnu, & il était d'ufage de réferver toutes fes admirations pour la partie du château élevée par Gafton d'Orléans. Lorfqu'il fut queftion, en 1824, d'y placer la Préfecture de Loir-et-Cher, on avait le projet de jeter par terre *les mafures de Louis XII*, & de les remplacer par une *belle grille de fer...!*

En quittant l'aile de Louis XII, & en tournant à gau-

[1] L'auteur s'eft trompé à l'égard du jour, qui était un vendredi, & il a placé au milieu de la feconde ligne, la date qu'il avait oublié d'indiquer dans la première.

che, on rencontre l'immenfe *halle* [1] des comtes de Blois, où fe réunirent deux fois les Etats généraux du royaume.

Cette falle, nouvellement reftaurée par M. Duban, avait fubi beaucoup de mutilations depuis le xiiie fiècle. Louis XII, d'abord, apporta dans l'enfemble de compro‑mettantes transformations, lorfqu'il y appuya l'aile qui porte fon nom. Pour donner accès dans la *grande vis*, l'ancienne porte fut bouchée, on ouvrit celle qui exifte encore, ainfi que deux grandes baies ; puis, au moyen d'un énorme chevalet, on raccorda les deux combles. Le règne de Henri II vit mutiler les colonnes, ouvrir de nou‑velles baies, détruire la grande cheminée & démolir l'immenfe pignon de l'eft, contre lequel vint s'adoffer une conftruction demeurée fans achèvement.Enfin,fous Henri III, la pofe de l'efcalier communiquant avec l'aile de François 1er obligea de trancher la charpente du comble de la nef méridionale ; puis, des logements, inf‑tallés dans l'autre nef, néceffitèrent l'établiffement de planchers & de cheminées.

C'était plus qu'il n'en fallait pour amener la ruine de cette falle vénérable ; mais fa robufte conftitution lui permit de réfifter à ces affauts. Les murs font reftés

---

[1] La *grand'falle*, ou *halle*, def‑tinée aux affemblées folennelles, foit populaires, foit feigneuria‑les, était une partie auffi effen‑tielle d'un édifice du moyen‑âge que la tour du *donjon* dans le château féodal. Les Anglais, qui favent allier merveilleufe‑ment les vieux fouvenirs aux idées nouvelles, ont confervé religieufement les halles gothi‑ques. Nous n'avons qu'à rap‑peler les plus connues : *Guild‑hall*,à l'hôtel‑de‑ville de Londres, & *Weftminfter‑hall*, dans le pa‑lais du Parlement.

debout, & la moitié de la charpente, l'un des remarquables travaux de charpenterie du xıııe fiècle, a vécu
jufqu'à nos jours, encore affez valide pour fournir une
nouvelle carrière.

Malgré la preffion du chevalet qui en brifait les in-
génieux & favants affemblages, dix-huit fermes, fur les
trente-fix, font maintenues & confolidées ; elles ont
fervi de modèles aux dix-huit autres, refaites à neuf.
Le lambris de merrain des voûtes & fes nervures ont
été reftitués fur d'heureufes indications ; on a confervé, en les reftaurant, les baies des croifées du temps
de Louis XII, les feules qui préfentaffent un caractère
monumental, & rétabli dans fon exacte fimilitude la
vieille cheminée dont la forme & les tuyaux extérieurs
révélaient l'emplacement & les dimenfions. Leurs nobles & graves phyfionomies ont été rendues aux chapiteaux des colonnes, qui, préfervés par la dureté de
la pierre, étaient feulement recouverts de couches de
badigeon qu'un lavage avait enlevées, & ce lavage a
eu cela d'heureux, qu'il a mis fur la trace d'une colo-
ration très-caractériftique du temps de faint Louis.

Quant au pignon, dont la forme réfultait de la difpofition intérieure des deux nefs, comme à Saint-Martin-
des-Champs, il a été reconftruit en entier.

Le favant architecte ne pouvait manquer, pour la
décoration intérieure, d'adopter l'ornementation & les
colorations du xıııe fiècle, & ç'a été avec pleine réuf-
fite, car cette décoration, venant en aide à la fimplicité
pleine de nobleffe de ce beau vaiffeau, en a fait une
falle d'un admirable enfemble & d'un afpect faififfant.
Nous en donnerons une defcription complète.

2

Deux nefs, de 29^m 45^c de longueur, fur 17^m 75^c de largeur, la partagent. Ces nefs ont pour féparation fept colonnes furmontées d'un mur, percé d'ogives en tiers point, où repofent les retombées de la double voûte ogivale du lambris. Outre les deux croifées dont nous avons parlé, deux baies géminées, furmontées de rofes, placées au pignon de l'eft, verfent à chaque travée, par des vitraux en grifaille, une lumière tempérée, qui donne à toute la falle un caractère grave & folennel.

La voûte eft d'azur aux fleurs-de-lys d'or. Chacune des nervures d'or, aux filets de pourpre, fe détache finement fur le fond d'outre-mer. La corniche, fimple tore en pierre dure, de forme & de taille groffière, forme néanmoins, avec cette partie fupérieure de la décoration, par fon revêtement d'or, fon ornement pourpre & noir, un contrafte d'une fplendeur incroyable.

Dans la partie fupérieure, les murailles, à ton chaud, font diftribuées en affifes de pierres, divifées de trois en trois par un bandeau de pourpre, que rehauffe un mince rinceau blanc & vert, & ayant chacune, pour rompre l'uniforme monotonie des lignes, une roface violette à leur centre. Dans la partie inférieure, la décoration a plus de nobleffe & plus d'éclat : c'eft un rideau d'un gris éclatant, avec les plis réguliers du xiiie fiècle, à motifs d'or, fertis de noir & de pourpre, affez fobrement répartis pour s'harmonier, malgré leur éclat, avec l'ordonnance plus févère qui les domine. Cependant l'architecte, tout en refpectant le fond général de la couleur, y a jeté de beaux quadrilobes, ornés à leur milieu de fleurs-de-lys du meilleur effet, & donné aux vouffures des ogives, aux embrafures des

baies géminées & des rofes un fond de pourpre, fur
lequel courent des rinceaux de l'effet le plus heureux
& de l'archaïfme le plus exact.

En accufant le chanfrein des ogives dont la forme eft
belle, malgré l'imperfection de la taille, l'or, toujours
merveilleux comme effet décoratif, a produit le meilleur réfultat. Il en eft de même pour les chapiteaux,
où cette couleur métallique, diffimulant la rudeffe de
la coupe, ne laiffe apercevoir également que la beauté
de la forme. Pour la fatisfaction de l'œil, les colonnes
devaient garder l'afpect de toute leur folidité. Le déco-
rateur les a couvertes d'une couche alternée de poupre
& de bleu, qu'il a divifée par de minces filets fimulant
les légères cannelures des colonnes antiques de granit
& de porphyre. Cette imitation intelligente fait valoir,
calme & févère à la fois, le fond de riches tentures fur
lequel elles fe détachent.

La cheminée a reçu auffi fa décoration. Les colonnettes, au ton vert, font enlacées de petits fleurons dorés ; le large manteau, au ton pourpre, eft relevé dans fa
magnificence par un rinceau d'or. Mais, fidèle à la vérité
hiftorique, l'architecte a diftingué par des lofanges,
mi-partis de lys & de mouchetures d'hermine, les ébra-
fements des croifées & de la porte qui appartiennent
au règne de Louis XII.

Le carrelage complète cet enfemble ; il eft en
terre cuite, à panneaux ornés & encadrés de bandes
en faïence verte [1].

M. Duban n'a pas cru devoir reproduire l'efcalier

---

[1] Eloigné de Blois depuis pu fuivre, comme autrefois,
quelques années, nous n'avons les travaux de reftauration du

de bois, conftruit en 1576 & appuyé au pignon de l'aile de François Ier pour établir une communication avec les appartements de Henri III & ceux de la reine à l'époque de la tenue des Etats de Blois. Cette origine aurait dû le fouftraire au marteau du Génie militaire & plaider en faveur de fa reftitution quand le château était fi heureufement remis aux mains réparatrices de M. Duban. Celui-ci, néanmoins, a préféré en conftruire un autre, dans le ftyle du XIIIe fiècle, afin de maintenir l'harmonie générale du vaiffeau. Détaché des murailles, ne s'élevant qu'à la hauteur du premier étage, laiffé dans l'ombre & fans autres décors que quelques filets d'or, ce n'eft qu'un meuble élégant & utile, ne vifant point à l'effet. Malgré ce parti pris, plein de fageffe, il fait, par la pureté des lignes & la délicateffe des détails, le plus grand honneur à l'architecte qui en a conçu la penfée & dirigé l'exécution.

Nous avons voulu conferver, du moins par le deffin, le fouvenir de l'ancien efcalier de Henri III, en donnant, fur notre pl. II, une vue générale de la falle, prife en 1833, à la veille du jour où le Génie militaire allait transformer le château en caferne. Cette vue aidera, en outre, à bien comprendre le récit de la féance d'ouverture des Etats.

A la fuite de la falle des Etats fe trouvent les conf-

château. M. de la Morandière, qui feconde fi habilement M. Duban, comme infpecteur, a bien voulu nous envoyer la defcription des travaux inté- rieurs de la falle des Etats & de l'aile de Louis XII. Nos lecteurs y auront certainement gagné & joindront leurs remercîments aux nôtres.

tructions de François Ier, dont le développement était plus confidérable que celui des bâtiments de Louis XII; elles les auraient rejoint, fi elles avaient été terminées. De toutes les parties qui compofent le château de Blois, celle-ci avait le plus fouffert des efforts réunis du temps, de la Révolution & du Génie militaire [1]. Heureufement, par elle ont été commencés les travaux de reftauration.

L'ordonnance de l'aile de François Ier, du côté de la cour [2], paraît avoir infpiré l'architecte du château de Chambord dans plufieurs de fes parties, notamment dans les efcaliers extérieurs & les entablements. Mais ici, il y a plus de richeffe & de délicateffe, & furtout plus de variété dans l'ornementation. A Chambord, conftruit après la mort de la reine, toutes les fculptures font compofées aux dépens d'un fond commun de F & de falamandres couronnés, fans ceffe reproduits; à Blois, à ces deux emblèmes habituels du roi fe joignent ceux de la reine, répétés par quatre: le C couronné, l'hermine de Bretagne, le bouquet de lis naturels & le cygne percé d'une flèche [3].

---

[1] V. pages 12-21 de notre 1re édition & 7-11 de la 2e.

[2] V. le Frontifpice.

[3] Cette dernière figure était la devife particulière de Claude, qui l'avait prife de la maifon de Clèves dont elle defcendait. La légende, *Candida candidis*, était une allufion à la couleur du cygne, qui faifait le *corps* de la devife, & à la pureté des mœurs de la reine. (V. Bernier, *Hift. de Blois*, p. 451, & comte de Soultrait, *Effai fur la numifm. nivern.*, pp. 114 & 125-131.) — L'emblème, dont le bouquet de lis eft la pièce principale, eft une charmante compofition empruntée aux autres emblèmes de la reine; il offre, à la fois,

La façade fe compofe de trois ordres : le premier,
en foubaffement, d'un goût fimple & févère, fait ref-
fortir merveilleufement la richeffe de ceux qui le fur-
montent, & dont les fenêtres, à double croix, font
décorées de pilaftres brodés de fines arabefques, &
féparées par des trumeaux ornés de falamandres coloffales [1]. La corniche à coquilles, très-chargée d'ornements, fupporte une terraffe étroite bordée de baluftres, qui font formés de F & de C couronnés, entrelacés
de la cordelière de Bretagne, & féparés, de diftance en
diftance, par des candélabres dans le goût antique [2].
Les lucarnes, qui prennent jour fur la galerie, très-
riches auffi de décoration, font d'un goût bien plus
relevé qu'à Chambord. Leurs tympans, accoftés de
petites figures d'enfants tenant des guirlandes, offrent
des niches où l'on a pofé des ftatuettes allégoriques
repréfentant les Saifons, l'Amour, &c. Les cheminées
participent de l'élégance de ftyle répandue fur tout
l'édifice; compofées de briques placées en épi &
d'arêtes de pierre, des falamandres grimpent le long des
tuyaux, couronnés d'une efpèce de crénelure, quelques-uns flanqués de fufeaux de pierre en forme de
candélabres.

la couronne royale, les ailes du
cygne & la cordelière.

[1] Du Cerceau a placé dans
fes deffins, terminés fans doute
de fouvenir, des porcs-épics au
lieu de falamandres, & le gra-
veur en a fait des petits cochons.
(V. *Le premier volume des plus*
excellents Baftiments de France.)

[2] Dans les premiers travaux
de caferncment, les *à-jours* de
cette magnifique baluftrade
avaient été remplis de mortier,
& toutes les faillies des baluftres
caffées à la truelle pour obtenir
une furface bien unie.

A l'ancien milieu de la façade, dont l'étendue a été diminuée par les conftructions de Gafton d'Orléans, s'élève un efcalier à jour, magnifique de penfée & d'exécution. Chaque ouverture, pratiquée en balcon, eft ornée d'une baluftrade formée de fufeaux à feuillages aux premières rampes, de F & de falamandres de ronde boffe aux rampes fupérieures [1]. Au-deffus de la corniche, pareille à celle de la façade, s'élève un attique terminé en terraffe, & dont l'entablement eft riche de toute la richeffe que pouvait y apporter l'imagination des fculpteurs de la Renaiffance. Les baluftres de la terraffe & les falamandres placées au fommet des contre-forts réfument les deux fyftèmes de la décoration des balcons des rampes. Les contre-forts font ornés

[1] Voici, felon Claude Paradin, l'explication de la devife de François Ier : « La falemandre, « auec des flammes de feu, ef- « toit la devife du feu noble & « magnifique Roy François, & « auffi auparauant de Charles, « comte d'Angoulefme, fon « père. Pline dit que tel beftion, « par fa froidure, efteint le feu « comme glace; autres difent « qu'il veut viure en iceluy, & « la commune voix qu'il s'en « paift. Tant y a qu'il me fou- « vient avoir veu une médaille « e.1 bronze dudit feu Roy, « peint en ieune adolefcent, au « revers de laquelle eftoit cette « deuife de la falemandre en- « flammée, avec ce mot italien : « *Nudrifco il buono & fpengo* « [*ftingo*] *il reo*. (Je nourris le « bon & j'éteins le méchant.) » Cf. *Devifes héroïques*, p. 14, de la 2e édit., & *Tréfor de glyptique & de numifmatique*, par Ch. Lenormant, *Méd. franç.*, 1re part., pl. vi, n° 4.

La légende de la devife de la falamandre enflammée eft donc en vieil italien & non en latin, comme on l'a cru longtemps, & quel aurait été ce latin : *Nutrifco* (au lieu de *nutrio*) & *extinguo* (au lieu d'*exftinguo*)?

de motifs d'arabefques, d'un goût exquis, & de très-
belles niches où ont été placées des ftatues allégoriques, pour lefquelles on a cherché à s'infpirer des
modèles que nous ont laiffés Jean Goujon & les autres
ftatuaires du xvıe fiècle. Le berceau rampant de l'efcalier eft décoré de nervures croifées, dont les points
d'interfection portent des médaillons avec des encadrements variés à l'infini & qui offrent alternativement,
dans leur champ, les quatre emblèmes de la reine &
les deux du roi. Ces nervures grimpent ainfi jufqu'en
haut, où elles s'épanouiffent fous une voûte annulaire
que fupporte un noyau, brodé du haut en bas de
merveilleufes arabefques, qui font dues, à l'exception
d'un feul faifceau qui n'était qu'ébauché, au favant
crayon de M. Duban & au cifeau habile des jeunes
artiftes employés fous fa direction. Rien n'eft plus
heureux de deffin & plus délicat d'exécution que les
fculptures anciennes qui ornent l'archivolte & l'appui
du palier culminant. Les lettres A. P., cachées au milieu
des fculptures de l'entrée principale de l'efcalier, font-
elles les initiales du nom de l'architecte auquel l'art
doit un de fes chefs-d'œuvre?

Au furplus, on ne faurait décrire les richeffes inouïes
de la décoration de cet efcalier : les falamandres enflam-
mées, les chiffres gigantefques, les pluies de mouchetures d'hermine & de fleurs-de-lys, les arabefques qui
étreignent les contre-forts comme les rameaux entrelacés d'un lierre, les mille détails de fculpture, produits
d'un art plein de hardieffe, de grandeur & de fantaifie.
Il eft impoffible de trouver, dans une conftruction,
plus d'élégance dans la maffe, plus de délicateffe dans

les détails. Ici, comme à Chambord, le grand efcalier
eft la pièce capitale de l'édifice ; à Blois, ne pourrait-on
même pas dire que c'eft la pièce capitale de l'architecture de la Renaiffance...? Animez maintenant ce
magnifique édifice de quelques-unes de ces brillantes
figures du temps où il fut conftruit. Repréfentez-vous
le roi François 1er, montant les degrés, entouré de fa
cour de princes, de favants & d'artiftes ; les femmes
aux chaperons de velours étincelants de pierreries, aux
étroits corfages, aux robes traînantes ; les hommes à
la toque ceinte d'une longue plume, au jufte-au-corps
noir, à crevés couleur de feu, au manteau court & à
large dague : ou bien encore le roi Henri III, defcendant de fes appartements, à la nuit, fuivi de fes mignons,
entouré de fes *Quarante-Cinq*, & allant aux flambeaux,
entendre à Saint-Sauveur la meffe de Noël....

L'ordonnance de la façade du nord de l'aile de
François 1er eft toute diffemblable & plus dans le goût
de la Renaiffance italienne [1]. Il eft aifé de voir qu'elle
a été conftruite plus tard que la façade du midi ;
mais avant 1525, cependant, puifqu'on y remarque
encore les emblèmes de la reine Claude employés dans
fa décoration.

En effet, cette façade eft plaquée contre une autre,
qui était dans le même ftyle que celle de la cour, &
dont on mura les ouvertures du côté du nord [2], ce qui

[1] V. les pl. v & vi.

[2] Dans les travaux de reftauration de l'aile de François 1er,
on a rendu mobiles quelques
panneaux des lambris qui gar-
niffent la muraille du nord :
en forte que l'on peut faire
voir, à volonté, les preuves de
l'exiftence de la façade primitive.

doublait ainſi l'épaiſſeur de l'aile & permettait de faire
un lieu de réſidence d'un corps de logis qui n'avait dû
être d'abord qu'une galerie deſtinée à réunir la façade
de l'oueſt à celle de l'eſt, à peu près comme ſont à
Chambord les ailes qui joignent le donjon à l'enceinte
principale. Des portiques ouverts ſur la cour, à droite
& à gauche du grand eſcalier, auraient complété la
ſimilitude, & Du Cerceau les avait figurés ſur ſes deſſins, mais un ſeul fut terminé par Henri II [1]; c'était le
plus néceſſaire; il conduiſait à une terraſſe adoſſée à
la façade du fond de la cour & que l'on appelait la
Perche aux Bretons, du nom que lui avait donné la reine
Anne, parce que c'était là que ſe tenaient les gentilſ-
hommes bretons de ſa garde [2].

La façade du nord, dans l'exécution de laquelle on
reconnaît facilement deux mains différentes, eſt toute
en pierres de taille, comme celle de la cour, & com-
poſée de trois étages, à partir de la Salle des Etats
juſqu'à la moitié à peu près de ſa longueur. Elle n'en
compte enſuite que deux, parce que l'architecte qui
conſtruiſit cette ſeconde moitié, peut-être la première

---

[1] M. Duban a retrouvé les fondations des pilaſtres de l'autre portique.

[2] « Et la plus grande part de
« ſa dicte garde eſtoient Bre-
« tons, qui jamais ne failloient
« quand elle ſortoit de ſa cham-
« bre, ſuſt pour aller à la meſſe,
« ou s'aller promener, de l'at-
« tendre ſur cette petite terraſſe
« de Blois qu'on appelle encore
« la *Perche aux Bretons*, elle-
« meſme l'ayant ainſi nommée.
« Quand elle les y voyoit : *Voilà*
« *mes Bretons, qui ſont*, diſoit-
« elle, *ſur la perche qui m'atten-*
« *dent.* » (Brantôme, *Dames*
illuſtres, *Vie d'Anne de Bre-*
tagne, tome V de l'édit. Monmerqué.) — V. la planche III.

dans l'ordre des dates [1], l'a affife fur la crête de l'ancien foffé de la fortereffe & fur fes fondations mêmes, en forte que le foubaffement de cette partie fe trouve à la hauteur du premier étage de l'autre. Les fenêtres des deux étages fupérieurs font ouvertes fur des arcades, formant des efpèces de loges, prifes dans l'épaiffeur des murs & revêtues de peintures de couleurs vives & tranchées dont on a ranimé les tons, où fe détachent en or; fur des médaillons blancs, les chiffres de François & de Claude. Deux de ces loges, placées vers le milieu de la façade, l'une au-deffus de l'autre, & qui ne font point ouvertes fur les appartements, préfentent, au milieu d'un champ d'azur femé de France, une falamandre coloffale fculptée & dorée. La loge du cabinet neuf de Henri III eft décorée en grifailles exécutées de fon temps. Des pilaftres fuperpofés, ornés d'arabefques dans la partie la plus ancienne, féparent les loges, & des évidements, en forme de niches, régnant dans la hauteur des différents étages, partagent toute l'ordonnance en fix parties. Quatre balcons de pierre, à pans, foutenus par des encorbellements, très-riches de profils & portant les emblèmes royaux, font efpacés le long de la façade à la hauteur du deuxième étage. Le premier balcon eft furmonté d'un oratoire, élevé après coup, &, dans la partie à trois étages, les balcons font prolongés en forme de

[1] Ce qui peut juftifier cette fuppofition, c'eft la forme des voûtes des loges, qui offre encore l'arc furbaiffé du temps de Louis XII, dans cette partie, tandis que, dans l'autre, elle eft empruntée au fegment de cercle.

tourelles, percées de fenêtres longues & cintrées,
jufqu'au-deffous des fenêtres géminées du premier
étage où fe trouve leur encorbellement, furmonté de
trois bas-reliefs repréfentant des travaux d'Hercule.
Sur les appuis de chacune des loges de la façade font
fculptés les emblèmes du roi & de la reine, avec une
délicateffe admirable dont tout l'honneur revient aux
artiftes modernes, car ces bas-reliefs, entièrement
grattés en 1793, étaient indiqués feulement par une
efpèce de filhouette blanche [1], & ont dû être refaits à
neuf. Entre l'entablement & la couverture règne une
galerie ouverte, avec une baluftrade de pierre d'un
goût très-fimple. Des lucarnes devaient s'élever der-
riere cette galerie; mais l'ordonnance fut changée
avant la conftruction de leurs tympans, & le toit ayant
été amené jufqu'au-deffus de la baluftrade, fut foutenu
par des colonnettes trapues appuyées fur les pilaftres
de la baluftrade. Cette galerie devint ainfi une efpèce
de *folarium*, dans le goût italien, d'où une armée de

[1] L'enlèvement des emblèmes royaux avait été fait avec
un tel foin, une telle recherche,
que lors de la reftauration du
monument on ne pouvait plus
en faifir le moindre contour.
L'architecte a eu l'idée de tenter
fi, au moyen d'une large imbi-
bition d'eau, il ne parviendrait
pas à reconnaitre les traces dif-
parues. Ce moyen lui a com-
plétement réuffi. La partie de
la pierre non attaquée par les
démoliffeurs ayant acquis une
patine qui fe refufait à recevoir
l'eau, la partie mutilée s'eft
coloriée fous l'action de ce lavage, de telle forte que M. Duban a pu littéralement calquer
les anciens deffins effacés. C'eft
un moyen très-fimple, dont on
peut tirer, comme on voit, un
grand parti dans des circonftances femblables.

gigantefques gargouilles, devenues inutiles, grimacent aux paffants. Un appendice s'élève, en hors-œuvre, à peu près au milieu de la façade ; dans fon fronton triangulaire brille une falamandre coloffale, dorée. Cette conftruction, placée en porte-à-faux, & qui interrompt la galerie, n'a peut-être eu d'autre objet que de jeter en haut, & dominant tout l'édifice, l'emblème royal. Les tuyaux des cheminées ne font pas moins riches d'ornementation que ceux de la cour, & font variés dans leurs détails. Ils avaient, du refte, été rafés, & ils ont été refaits en s'infpirant de ceux de la cour & de deffins anciens de cette façade du château.

A l'extrémité occidentale de la façade que nous venons de décrire, eft un avant-corps circulaire formé d'un foubaffement régnant à la hauteur de celui de l'édifice voifin & décoré de même, furmonté de deux étages d'arcades à jour, portées par des colonnes engagées qui foutiennent une terraffe ornée de baluftres. Sa deftination était de relier l'édifice de François Ier aux vieux bâtiments, fans abattre la tour de Moulins, & de conduire au pont jeté entre le château & les jardins. Ce pont était furmonté d'une galerie appelée la *Galerie des Cerfs*, parce que fa principale décoration était formée de têtes & de bois de cerf, décoration qui s'explique très-bien en fe rappelant que c'était par là que fortait & rentrait la chaffe du roi, qui fe faifait dans la forêt de Blois, beaucoup plus voifine du château autrefois qu'aujourd'hui. Cet avant-corps, d'un effet très-gracieux, paraît être de la même main que la façade de la cour, & dans le goût de la Renaiffance françaife, tandis que l'ordonnance de la façade du nord a dû être exécutée par des artiſtes italiens, ou ſous l'inſpiration de leurs travaux ; car elle rappelle, à certains égards, la célèbre cour du Vatican.

Nous allons maintenant chercher à faire connaître la diſtribution intérieure de l'aile de François Iᵉʳ, dont pluſieurs appartements ont ſervi de théâtre à de grands événements de notre hiſtoire. Quant à ſa décoration, c'eſt une œuvre d'hier, car rien, ſauf le cabinet neuf de Henri III, n'avait été terminé. Les portes & les ſolives étaient nues, à l'exception des ſolives de la chambre du roi qui portaient des traces des dorures & l'empreinte des petits cuirs en relief qui la décorent aujourd'hui. Les murailles des appartements royaux avaient été couvertes autrefois de riches tapiſſeries, mais partout ailleurs elles étaient auſſi à nu, comme le témoignaient un grand nombre d'inſcriptions, tracées au couteau ou au crayon, & dont beaucoup remontaient au xvıᵉ ſiècle.

En quittant le grand eſcalier, à la hauteur du premier étage, qui était conſacré à l'habitation de la reine, on entre, par deux portes, dans une vaſte ſalle des Gardes, décorée, dans le goût de François Iᵉʳ, de couleurs ſombres qui font mieux reſſortir la grande richeſſe de l'ornementation des cheminées & les teintes brillantes des appartements de la reine. Les emblèmes de François & de Claude ſont employés, avec infiniment de goût, dans la décoration des poutres & des ſolives. Les chambranles de pierre des portes ſont richement ſculptés & peints ; mais les portes elles-mêmes, dont les modèles n'exiſtaient plus, n'offrant, pour ornement, que de ſimples moulures, ſemblent un peu nues au milieu de toutes ces richeſſes. Les deux cheminées, ſe faiſant face

aux deux extrémités de la falle, font furtout d'une
grande magnificence comme fculpture & comme peinture. Sur l'une, à gauche, des faifceaux de colonnettes
foutiennent un manteau dont la frife, en rinceaux, eft
furmontée d'un vafte champ renfermant deux médaillons, l'un avec la falamandre, l'autre avec l'hermine,
foutenus par quatre anges. Deux pilaftres à arabefques,
accompagnés de candélabres, foutiennent un entablement très-riche, dont la principale ornementation con-
fifte dans des coquilles entre lefquelles de petites figures
d'enfants tiennent des guirlandes. La décoration de
l'autre cheminée eft formée de niches, féparées par des
pilaftres à délicates arabefques ; la frife eft ornée des
chiffres & des emblèmes royaux, diftribués de la manière la plus heureufe.

Par une porte placée à droite de cette cheminée, on
entre dans une grande falle dont les deux cheminées,
auffi en regard, en ftyle du xvᵉ fiècle, prouvent que
François Iᵉʳ ne fit que reconftruire les façades & renouveler une partie des décorations intérieures de ce bâtiment, qui avait été élevé par les ducs d'Orléans, fes
prédéceffeurs. La peinture de ces cheminées offre un
champ de lofanges bleues & blanches, chargées de
fleurs-de-lys & de mouchetures d'hermine, fur lequel
fe voit l'écu de France, couronné & entouré du collier
de l'ordre de Saint-Michel. Les peintures des lambris
& des folives font dans le ftyle de François Iᵉʳ.

Adoffée à cette falle, & regardant fur la Place
Royale ¹, fe trouve une galerie dont la décoration eft

_____

¹ Son nom officiel eft aujour-   faifance, que la mairie de Blois
d'hui *Place du Bureau de Bien-*   a fait infcrire fur une plaque

en entier dans le ſtyle de Henri III. L'ornementation du ſolivage ſe compoſe d'arabeſques, de damiers, d'H couronnés, de fleurs-de-lys, & de tiges de plantes fleuries, du goût le plus exquis. Les couleurs deviennent plus éclatantes ; l'or eſt employé dans les peintures ; les murs ſont garnis de toiles peintes, rehauſſées d'or & de velours.

Le luxe de la décoration augmente encore dans le cabinet qui ſuit cette pièce & dans la chambre de la reine ; le chiffre coloſſal de Henri & Catherine, en champ d'or, brille ſur le manteau des cheminées ; l'H couronné eſt placé ſur les ſolives, dans des cartouches de cuir relevés en boſſe ; des arabeſques en griſailles ſur fond d'or, d'un très-bel effet, couvrent les poutres ; le plancher eſt pavé en moſaïques, formées de carreaux de faïence, émaillés de différentes couleurs & ſemés d'H & de fleurs-de-lys. Cet appartement eſt celui même où mourut Catherine de Médicis, & toute la décoration, ainſi que celle des pièces contiguës, ſauf la ſalle des Gardes, eſt dans le goût du temps de ſon veuvage.

Une des pièces les plus remarquables par ſa décoration eſt le petit oratoire placé entre la chambre & le cabinet de la reine. Les anciens panneaux carrés qui garniſſaient le plafond & les murailles étaient reſtés ; l'architecte les a couverts de délicieuſes nielles d'or, dont un H & une fleur-de-lys occupent alternativement

clouée au mur de l'établiſſement de charité qui occupe l'ancienne maiſon de Jéſus. Mais le nom populaire eſt celui de *Place des Jéſuites*. On devrait bien lui rendre ſon ancien nom.

le centre. Sous la coupole de l'autel, décorée d'un
pendentif de pierre, font de petits médaillons fculptés,
placés aux points de jonction des meneaux qui foutiennent la voûte, dans le genre de ceux du grand
efcalier, & décorés des mêmes emblèmes. Toute cette
voûte eft dorée & niellée. Des fupports furmontés de
dais, également dorés, accompagnent les montants
des fenêtres, garnies de vitraux modernes, dans le
goût du xvie fiècle, & repréfentant des figures de
faintes. Au bas de ces figures, font de petits anges, en
rapport allégorique avec chacune d'elles.

Le cabinet de la reine avait confervé une partie de
fes lambris en bois fculpté, femés d'arabefques du deffin
le plus varié & le plus délicat. Autrefois, le Génie militaire les recouvrait, avec régularité, tous les deux
ans, d'une épaiffe couche de badigeon. Ces arabefques,
exhumées avec foin de leur linceul & complétées, fe
détachent en or fur des fonds d'azur & de brun-rouge.
La cheminée & les plafonds, qui avaient été détruits,
ont été refaits & lambriffés en bois; les fculptures font
compofées de motifs dont les chiffres de Henri II &
Catherine occupent les centres. C'eft par la fenêtre
de ce cabinet, qu'à l'aide d'une échelle de cordes
s'échappa Marie de Médicis, prifonnière au château de
Blois [1].

La reine de Navarre, Marguerite de Valois, habita

___

[1] Le duc d'Epernon, qui la feconda dans cette entreprife, poffédait un hôtel dans la baffe-cour du château; c'eft celui qu'on voit à côté de l'hôtel d'Amboife dont nous avons parlé plus haut. (V. p. 6 & la note 1 de cette page.)

auffi ces appartements, & fur les murs de la galerie ouverte qui conduifait du cabinet à la galerie des Cerfs on voyait, tracés fur les murailles, des témoignages de cet amour paffionné qu'elle infpira à tous les feigneurs de la cour : *Tout pour elle... Tout pour l'amour d'elle... Je vis en efpérance...*, &c. Le nom de HENRY, gravé à la pointe au-deffus de la porte du cabinet, ferait-il de la main de fon heureux adorateur, le duc de Guife ? Sur le linteau fupérieur de cette porte ou lit auffi : *Vive le noble Roy François . . . . .nde.* Il eft à regretter que ces infcriptions, d'une valeur quafi hiftorique, n'aient pu être toutes confervées.

Les appartements du roi étaient fitués au deffus de ceux de la reine & diftribués de la même manière ; ils communiquaient avec ceux-ci par un efcalier intérieur qui, avant la conftruction de la façade appliquée par François Ier au côté du nord, formait faillie à l'extérieur, comme le témoignent des fculptures placées, les unes fous les voûtes des rampes & les autres fur la tour qui le renfermait. Celles-ci, cachées maintenant par un mur de refend, avaient été mifes à découvert par les travaux de reftauration.

La falle des Gardes ouvre, comme celle du premier étage, par deux portes, fur le grand efcalier à jour. Elle eft décorée, comme elle, de peintures dans le ftyle de François Ier, dont les fonds font très-fombres, mais relevés, fur les folives, par des détails d'un goût parfait ; on remarque furtout un motif, compofé de tiges de plantes, d'une exécution pleine de fineffe. Le manteau de la cheminée de droite eft orné d'une falamandre coloffale, fculptée & dorée, qui occupe tout

le champ ; la décoration de la cheminée de gauche eſt
très-ſimple & conſiſte ſeulement en deux petits pilaſtres
& un écuſſon de France, ſculpté & peint, qui ſe détache ſur un champ bleu ſemé de tiges de lis naturels.

Un certain nombre de modifications durent être
apportées dans la diſtribution & la décoration de cet
étage, à l'époque de la tenue des Etats de Blois,
qui amena au château une vie inaccoutumée & créa
des exigences nouvelles, & auſſi en raiſon des projets
ſiniſtres médités par Henri III contre le duc de Guiſe.
Nous allons en reconnaître ſucceſſivement les traces,
car pluſieurs d'entre elles ont diſparu dans les travaux
de caſernement & de reſtauration, & il eſt néceſſaire
de bien ſe les rappeler pour mieux comprendre le
recit des faits importants qui ſe ſont paſſés dans cette
partie du château.

Ainſi, une cloiſon de bois partageait en deux la ſalle
des Gardes entre les portes d'entrée ; la pièce ſituée
à gauche ſervait à la fois d'antichambre aux appartements du roi, de ſalle à manger & de ſalle du conſeil ;
la pièce à droite était réſervée aux Gardes, & on voyait
naguères, ſur les murailles, de curieux témoignages
de cette deſtination ; en voici un, entre autres, qui eſt
irrécuſable :

> CY SVIT QVI SVIS
> BON HOMME SVIS
> ET SVIS COMMIS
> A GARDER LHVIS
> IE LE GARDERAI SI IE PVIS.

D'autres inſcriptions, œuvres de loiſir forcé, offraient,

comme on doit croire, les idées les plus disparates à
côté les unes des autres. On lisait, au-dessous des vers
que je viens de citer, & tracé de la même main :

ENVIE

MÉNNVIE

ET NE PVIS IOVIR DE MA MIE

LA BRVIERE

puis, à côté : Vive Rostine la belle; ES POR LI; Ung seul
Dieu à quy je crois; AMOVR ET IEV, & cette vérité éternelle :

Faulte d'argent est douleur grâde.

La grande salle, à droite de la salle des Gardes, est
ornée de peintures, dans le goût du x ve siècle, & renferme, comme celle de dessous, une cheminée de la
même époque. A droite de cette cheminée, on a découvert, en faisant les travaux de restauration, un petit
escalier dérobé qui avait été mutilé & muré, & dont
les degrés conduisaient sans doute aux combles, en
circulant dans l'épaisseur des murailles.

Un cabinet était situé à chacune des extrémités de
la chambre du roi ; l'un donnant sur la cour, s'appelait
le *cabinet vieux*, depuis que Henri III, à l'occasion de
la tenue des Etats de 1588, en avait fait décorer un
autre, qui regardait la Place Royale, & avait reçu,
par opposition, le nom de *cabinet neuf*. L'ornementation de celui-ci, très-bien conservée, se compose d'un
plafond divisé en caissons carrés dont les nervures,
ainsi que la corniche de l'appartement, offrent des
moulures, alternativement rechampies de blanc, de vert

& d'or. L'intérieur de ces caiffons eft occupé par des peintures fur cartons ; des grifailles décorent la loge de la fenêtre ; les murs étaient anciennement garnis de tapifferies & les portes de portières de velours. Un détail caractériftique de cette pièce eft le nombre des iffues : il n'y en a pas moins de cinq.

La chambre du roi eft décorée avec une grande richeffe, dans le ftyle de la chambre de la reine. Les carreaux, de faïence émaillée, forment des compartiments dont le milieu eft occupé par un H & chaque angle par une fleur-de-lys. A l'extrémité de cette chambre, à gauche, eft un enfoncement circulaire voûté, dont les nervures portent fur des confoles, & où l'architecte moderne a déployé un luxe du meilleur goût dans les deffins, comme dans les couleurs. On a cru longtemps que c'était l'alcôve du roi ; mais le lit n'aurait pu y être placé qu'en long, & l'ufage alors était d'en adoffer la tête à la muraille. Il eft plus probable que c'était un oratoire, ou prie-Dieu.

Dans la petite pièce qui fuit la chambre du roi, on a débouché un paffage oblique qui conduifait au cabinet vieux ; Henri III l'avait fait murer, ainfi qu'un autre, placé à gauche de la cheminée de la falle du confeil, afin d'écarter le plus poffible fon ennemi de lui, quand, au moment de l'exécution de fes projets de vengeance, il le ferait demander dans le cabinet vieux, tandis qu'il fe tiendrait dans le cabinet neuf [1].

---

[1] Voir les *Dépofitions* d'Eftienne d'Orguyn & de Claude de Bullis, aumôniers du roi, & la *Relation* de Miron, fon premier médecin, aux *Preuves de l'Eftoile*, t. III, p. 488 de l'édit., 1744.

Il l'éloignait auffi, en même temps, des perfonnes qui pouvaient lui porter fecours, foit parmi les membres du confeil, foit parmi fes partifans qui reftaient à la porte de la falle. De cette façon, l'endroit où le Balafré devait être frappé fe trouvait tout au fond de l'enfilade de pièces qu'il aurait à traverfer, & entre lefquelles on avait établi, par des portes percées à la hâte, une communication directe, qui a dû difparaître quand on a rétabli la diftribution primitive de l'étage. Cela reffortira clairement, nous l'efpérons, du récit que nous ferons plus loin & dont tous les détails feront fcrupuleufement empruntés aux nombreux témoignages contemporains [1].

Quant au cabinet vieux, le Génie militaire, fans refpect pour l'importance hiftorique de cette partie du château, a démoli la grande cheminée fculptée qui en faifait la principale décoration [2] ; il en a muré les anciennes iffues pour le rattacher au cafernement établi dans les bâtiments de Gafton d'Orléans. Il a pareillement interrompu les communications qui exiftaient de ce côté entre les appartements du roi & la Tour de Moulins où s'acheva le drame fanglant dont les deux Guife furent les victimes.

C'eft dans ce lieu que la narration des concierges du

[1] V., pl. 1 *bis*, le plan qui repréfente l'état préfumé des lieux à l'époque des Etats de 1588.

[2] Cette cheminée, dont le capitaine du Génie, M. Douet, voulut bien, à notre follicitation, faire conferver & numéroter les pierres, a été tranfportee d'abord à Amboife, & enfuite a Fontainebleau, où elle eft, dit-on, encore aujourd'hui.

château place des oubliettes dont l'hiſtoire n'a jamais
parlé. La pièce principale eſt, au premier étage, une
ſalle ronde, occupant l'intérieur de la tour : une allée
étroite, fermée par une porte en panneaux de fer, conduit à cette ſalle ; ſur l'allée, à droite, s'ouvrait un cachot, pratiqué dans le maſſif de la muraille, & fermé par
une porte de bois d'une extrême épaiſſeur. Au milieu
du plancher de la ſalle on voyait une ouverture circulaire aſſez large pour que le corps d'un homme y pût
paſſer. Les malheureux priſonniers, enfermés dans le
cachot en vertu d'ordres arbitraires, n'en étaient tirés,
dit-on, que pour être jetés par l'ouverture de la ſalle
ronde ; au-deſſous, ſe trouvaient des roues armées
d'inſtruments tranchants, miſes en mouvement par la
chute des corps qu'elles broyaient en tournant les
unes ſur les autres. Les reſtes ſanglants étaient jetés
dans les ſouterrains voiſins de la tour. Ces affreux
détails, dignes des légendaires du moyen-âge, ſont
racontés mot pour mot dans beaucoup d'autres châteaux féodaux, comme ſi dans un temps de barbarie
un puiſſant ſeigneur ne pouvait bien facilement ſe
défaire de l'ennemi qu'il tenait entre ſes mains, ſans
mettre tant de recherche dans un ſupplice, dont perſonne d'ailleurs n'aurait pu s'effrayer puiſqu'il avait
lieu en ſecret,

On diſait encore à Blois qu'une ſalle baſſe, ſituée au
pied de la tour, & dans laquelle on ne pouvait pénétrer, renfermait les débris de l'horrible inſtrument du
ſupplice, & qu'un ſouterrain, placé près de là, contenait les oſſements briſés des victimes. Les derniers
travaux exécutés au château par le Génie militaire ont

permis de vifiter tous ces lieux longtemps inacceffibles.
La falle baffe, fituée au-deffous des *oubliettes*, était entièrement nue; elle eft voûtée à ogives, & la clef, à
laquelle viennent fe rattacher les nervures des arceaux,
eft évidée, ce qui a formé l'orifice circulaire du plancher de la falle au-deffus quand le dallage en a été
enlevé. La trappe qui le recouvrait y avait été mife
par les anciens concierges du château; elle eft rem-
placée aujourd'hui par un pierre de taille. Un fouter-
rain placé près de la falle baffe renferme, en effet,
quelques offements; mais ils ont appartenu à des animaux domeftiques, & il y a lieu de penfer que c'était
un endroit où fe jetaient les débris des cuifines du
château, fituées, felon l'ufage, dans les deffous de
l'édifice.

Le nom de *Tour des Oubliettes* eft, au furplus, tout
moderne; A. Félibien, le premier auteur chez qui nous
trouvons le récit légendaire que l'on répète aujour-
d'hui, l'appelle la Tour de Chateaurenault [1]. Bernier,
l'hiftorien du Bléfois, lui donne le même nom & ne dit
pas un mot des oubliettes [2]. Un nom plus ancien,
celui de *Tour de Moulins*, eft employé par Miron, dans
fa *Relation de la mort du duc de Guife*, où il n'eft rien
dit non plus de la légende des oubliettes [3].

Le meilleur argument contre cette légende, eft dans
la date de la tour actuelle; fon ftyle accufe le xve fiècle
& la reconftruction n'en peut être attribuée qu'au fage
& vertueux duc Charles d'Orléans.

---

[1] *Ouvr. cité*, fol. 27, recto.
[2] *Hift. de Blois*, pp. 16 & 17.
[3] Voy. *Preuves de l'Eftoile*, t. III, p. 492.

Nul doute, au furplus, que la Tour de Moulins n'ait
fervi de prifon ; c'eft un des offices ordinaires des
groffes tours dans les vieux chateaux, & l'hiftoire du
cardinal de Guife en fait foi. Mais il nous paraît impoffible d'y trouver rien qui juftifie la tradition des
oubliettes, quelque bien appropriée qu'elle puiffe
paraître à un édifice dont l'afpect intérieur eft, il faut
l'avouer, fombre & terrible [1].

Au-deffus des appartements du roi font d'immenfes
galetas, dans une partie defquels Henri III avait fait
faire, en 1588, des cellules pour y placer, difait-il, des
capucins, & qui fervirent à enfermer, dans la nuit du
22 décembre 1588, pour s'affurer de leur difcrétion,
les gardes chargés de tuer le duc de Guife. Un corri-
ridor obfcur règne dans toute la longueur de ces pièces. De là, on peut aller à la galerie ouverte qui regarde la place Royale ; le mur de la galerie eft revêtu
d'une teinte rougeâtre, fur laquelle fe détachent en

---

[1] Le favant Millin n'avait pas
cru, plus que nous, aux *oubliettes* du château de Blois.
(V. fon *Voyage en France*, t.
IV, p. 785.)

M. Baillargé, l'un des habiles
artiftes employés à la reftauration du château, a, dans un
très-bon livre, (*Album du Château de Blois*, pp. 5-7) fait une
peinture de la Tour de Moulins,
où il s'eft, à notre avis, laiffé un
peu entraîner par fon imagina-

tion. Quant à M. Loifeleur (*Les
Réfidences royales de la Loire*,
pp. 80-83), qui accepte pleinement la légende des oubliettes,
il tenait entre les mains la dernière édition de notre livre
(1862), V. p. 104, il a été peu
charitable de faire valoir contre
nous un des arguments contenus
dans la première édition (1840),
argument dont nous avions fait
juftice nous-même dès la quatrième (1859).

jaune des quadrilles ornés dans les centres de F & de C couronnés. De cette galerie, on jouit d'une très-belle vue fur les jardins, la garenne du château, la forêt de Blois, les Grandes-Allées, l'ancienne enceinte fortifiée de la ville, enfin fur le chemin de Paris à Bordeaux & fon embarcadère : les miracles de l'induftrie en face des merveilles de l'art.

On a placé dans une partie des galetas les moulages qui ont fervi pour la compofition de certaines parties entièrement détruites. Les fragments de fculptures mutilées, ainfi que des portions de lucarnes, de baluftrades & de pinacles qu'il a fallu refaire à neuf ont été dépofés dans les falles baffes. Cette collection offre un véritable intérêt ; ce font, en quelque forte, les pièces juftificatives de la reftauration du château de Blois.

En prenant l'efcalier intérieur, on peut aller des combles à la terraffe du grand efcalier, fur laquelle on remarquera, au milieu du dallage, une pierre carrée dont les angles font orientés fur les quatre points cardinaux. Au centre eft un trou de fcellement qui donne à penfer que là, auffi, avait été pofée une table, deftinée, comme celle de l'Obfervatoire, à des expériences d'aftrologie.

Le rôle hiftorique que nous avons affigné à chacune des principales pièces dont il a été queftion dans notre defcription de l'aile de François Ier, nous femble clairement indiqué par les dépofitions des témoins entendus devant le Parlement de Paris, à la requête de la veuve du Balafré, Catherine de Clèves, & particulièrement par la relation de la mort des Guife, due à

Miron, premier médecin de Henri III, qui devait parfaitement connaître la diftribution des appartements [1].

Des circonftances fâcheufes nuifent confidérable-
ment, du refte, à la vérification de nos affertions : le
cabinet vieux a été détruit; le paffage ancien qui y
conduifait, fermé par Henri III, a été rouvert, & le
nouveau, qu'il avait ouvert, a été fermé.

Sur le quatrième côté de la cour du château fe trouvaient autrefois des conftructions confidérables, élevées
par les comtes de Blois des maifons de Châtillon &
d'Orléans. Du Cerceau a donné les plans & les deffins
de ces conftructions ; on y reconnaît très-bien la Perche aux Bretons, la Galerie des Cerfs, & l'efcalier
communiquant entre la galerie & la Tour de Moulins
à laquelle il était appuyé.

Marie de Médicis, comme nous l'apprend Félibien [2],

[1] Ces documents ont également guidé M. Vitet dans fon
beau livre des *Etats de Blois* &
dans le plan qu'il y a joint. Nous
devons cependant relever plufieurs erreurs qui lui ont échappé : M. Vitet a placé la *Galerie
des Cerfs* du côté de la cour du
château, tandis qu'elle était, au
contraire, du côté des Foffés,
puifqu'elle conduifait aux Jardins royaux ; la *Perche aux
Bretons*, qu'il appelle *Porche
aux Bretons*, avec beaucoup
d'autres écrivains, n'était pas le
portique de Louis XII; c'était,
comme nous le difions tout à
l'heure, une terraffe où fe tenaient les gentilshommes bretons de la garde de la reine Anne;
le terrain qui forme aujourd'hui
la place du Bureau de Bienfai-
fance était occupé par les foffés
du château & le Jardin du Roi ;
l'églife des Jéfuites ne s'y voyait
pas encore, la compagnie de
Jéfus n'ayant fondé d'établiffement à Blois qu'en 1624.

[2] *Mém. mff. fur les maifons
royalles*, f° 28, verfo.

avait ajouté quelque chofe aux bâtiments des comtes de Blois. Les travaux de cafernement ont fait découvrir, dans les fondations de cette partie du château, la première pierre pofée par la reine Marie. On y lit l'infcription fuivante qui date de la première année de fa captivité :

> CESTE PIERRE A ESTE POSEE
> PAR LA ROYNE MERE DV ROY
> LE 1er AOVST

> 1617

A gauche de l'infcription eft un écuffon, mi-parti de France & de Navarre, furmonté de la couronne royale. Le pavillon feptentrional de l'édifice de Gafton eft élevé fur ces fondations.

Quand Gafton d'Orléans voulut remplacer les anciennes conftructions du château de Blois par un édifice régulier, il fit abattre tout ce qui fe trouvait du côté de l'oueft & commença à bâtir de ce côté, fur les deffins de François Manfard de qui c'eft l'œuvre capitale. On conferva la Tour de l'Obfervatoire, on refit à neuf les murailles qui foutiennent les terraffes & féparent le château de la tranchée, en fuivant les anciennes lignes, à peu près, & on deffina des parterres fur ces terraffes.

La façade du palais de Gafton, du côté de la cour, a deux étages au-deffus du rez-de-chauffée. Dans l'axe de la façade fe trouve un avant-corps formé au rez-de-chauffée par quatre colonnes doriques cannelées, portant au premier étage quatre colonnes ioniques, également cannelées, le tout furmonté d'un fronton triangulaire, fur les pentes duquel on voit les débris des ftatues affifes de Minerve & de Mars. Au deuxième étage, au nu du bâtiment, fe trouvent, au lieu de colonnes, des pilaftres accouplés d'ordre corinthien, couronnés par un fronton demi-circulaire, flanqué de trophées, dans le tympan duquel eft l'écuffon effacé de la maifon d'Orléans; au-deffus, on voit la partie inférieure d'un bufte de Gafton, en marbre blanc, qui avait été exécuté par le célèbre Sarrazin, le dernier des fculpteurs de l'ancienne école françaife. Les plombs de la toiture des pavillons offraient la forme des lambels de l'écuffon d'Orléans. Les toits de ces pavillons devaient fupporter des lanternes, felon le goût du temps. A droite & à gauche de l'avant-corps, le refte de la façade fe compofe, au premier étage, d'une ordonnance de pilaftres femblables à ceux de cet avant-corps, & au deuxième, de pilaftres d'un ordre compofite moins élevé.

L'ordonnance de la façade, du côté des foffés [1], fe compofe de deux pavillons faillants, aux deux extrémités, & d'une partie centrale, au milieu de laquelle fe trouve un avant-corps peu faillant. Quant à la décoration architecturale, elle fe compofe des mêmes éléments que la façade intérieure.

Pour revenir à cette façade : des extrémités des deux retours du bâtiment, jufques aux coins de l'avant-corps du milieu, régnaient deux terraffes, au niveau

[1] V. la pl. vii.

du premier étage, qui formaient des portions de cercle dans les angles de l'édifice ; elles étaient foutenues, de chaque côté, par des colonnes d'ordre dorique accouplées. Sur ces terraffes, garnies de baluftres, on voyait plufieurs groupes de marbre ; le duc d'Orléans était repréfenté dans celui de l'avant-corps fous la figure de Mercure. Ces groupes étaient de la main de Guillain, dont prefque tous les ouvrages, qui fe diftinguaient par leur correction & leur délicateffe, ont été détruits pendant notre première Révolution. Les ftatues du château de Blois furent auffi brifées à la même époque ; mais la colonnade était reftée, & la municipalité de Blois, qui l'a laiffé renverfer par le Génie militaire, ne peut alléguer aucune excufe pour un acte de vandalifme que rien ne motivait [1].

L'efcalier principal de l'aile de Gafton, qui n'a pas été exécuté, aurait été placé dans l'avant-corps, & ne ferait allé que jufqu'au premier étage, la cage de l'efcalier étant terminée par une coupole qui devait être vue d'en bas. Cette coupole eft ornée de fculptures, dans le grand ftyle du fiècle de Louis XIV, dont une partie a été exécutée avec beaucoup d'habileté, & dont l'autre eft reftée à l'état de tracé. Il devait y avoir près du grand efcalier un autre efcalier, plus petit, pour conduire aux étages fupérieurs [2].

Il eft à regretter que, dans les travaux du cafernement, le Confeil des bâtiments militaires n'ait pas jugé

[1] Cette inutile démolition a coûté une fomme énorme.
[2] André Félibien, *Mémoires* *manufcrits pour fervir à l'hiftoire des maifons royalles & baftimens de France*, 1681, fol. 37, recto

à propos de conferver le plan de Manfard pour l'efcalier principal ; le bon goût ne ferait pas bleffé par la
vue de la plus étrange conftruction qu'il foit poffible
de rencontrer ; nous nous abftiendrons de la décrire.
parce que les expreffions nous manqueraient. Si, du
moins, on avait fuivi le plan du capitaine du Génie
chargé des travaux, on aurait évité les effrayantes
colonnes qui foutiennent l'efcalier actuel, & qui ne
font d'aucune époque ni d'aucun ftyle. Ces colonnes
font l'œuvre du Confeil des bâtiments ; il eft bon de
lui reftituer ce qui lui appartient, il ne le réclamerait
peut être pas.

La mort ayant furpris Gafton avant que fes conftructions fuffent terminées, il eft impoffible de parler de leur diftribution ; on fait, toutefois, par Félibien, qu'à droite & à gauche du grand efcalier il y
avait, à chaque étage, une falle qui communiquait à
deux appartements complets. On obfervera que les
portes du milieu des façades du bâtiment ne font pas
vis-à-vis l'une de l'autre : ce défaut de régularité,
commandé par le terrain, eft diffimulé d'une manière
très-heureufe. Nous pouvons, d'après Félibien, faire
connaître quels étaient les plans de Manfard pour le
refte de l'édifice.

« Le deffein de l'architecte eftoit de continuer deux
« corps-de-logis, en aifles, des deux coftez de la cour,
« au midy & au feptentrion. Du cofté du midy, il y
« euft eu une gallerie ayant ueüe fur la cour, la quelle
« auroit pris depuis les pavillons qui font faits, juf-
« ques à une fale qui auroit efté fur l'entrée, du cofté
« d'orient, & derrière cette gallerie on auroit fait deux

« grands appartemens, le tout difpofé en forte que de
« diuers endroits on auroit peu entrer dans la gallerie.
« Dans l'autre aifle, du cofté du feptentrion, où eft le
« baftiment de François Ier, il y euft auffy eu deux
« appartemens, ayant ueüe fur la cour, & derrière
« ces appartemens une grande fale dont les feneftres
« auroient regardé du cofté des Jéfuiftes. Cette fale,
« qui auroit efté d'une forme agréable & extraordi-
« naire, euft efté pour les grandes affemblées. Une
« dôme très magnifique deuoit embellir le milieu du
« baftiment de face qui euft féparé l'auant-cour d'auec
« la cour du chafteau. L'auant-cour auroit efté enui-
« ronnée d'une grande terraffe à la hauteur des pre-
« miers eftages du chafteau. On euft auffy fait au bout
« de l'auant-cour une auenüe pour communiquer à la
« uille, uis-à-uis la Grande-Rue. Au delà du baftiment,
« du cofté d'occident, le deffein eftoit de faire des
« terraffes jufques aux Capucins, pour aller aux jar·
« dins & à la foreft [1]. »

L'exécution de ce plan aurait certainement doté la
ville de Blois de l'un des plus magnifiques châteaux de
France ; mais il n'y a pas d'ami de l'art & de l'hiftoire

---

[1] And. Félibien, *Mémoires manufcrits fur les maifons royalles*, f° 37, recto. — Cf. le *Recueil contenant la defcription, les plans, les élévations & la coupe du château de Blois, levés par les ordres de M. le marquis de Marigny, en 1750, &c., avec quelques* obfervations fur les divers monuments répandus dans les villes d'Orléans, Tours, &c. (Ms. gr. in-f° de la Bibliothêque de l'Inftitut, n° 125, F.) — V. auffi, au Cabinet des Eftampes de la Bibliothèque impériale, le portefeuille de Loir-et-Cher.

qui ne préfère retrouver les conftructions de Louis XII
& de François 1er qui euffent été démolies. Si l'édifice
de Gafton ne fourniffait pas lui-même une belle page
de plus à l'hiftoire de l'art étudiée dans notre vieux
château, nous regretterions la Perche aux Bretons, la
Galerie des Cerfs & toutes les conftructions irrégulières, mais originales, des comtes de Champagne & de
Châtillon, & des ducs d'Orléans, leurs fucceffeurs.

Ajoutons quelques mots fur l'avant-cour du château
& fes jardins, & nous aurons terminé la defcription de
tout ce qui faifait partie de l'ancienne demeure des
comtes de Blois.

L'avant-cour, appelée autrefois la baffe-cour, &
qui fe nomme aujourd'hui la place du Château, conferve encore une partie de fes murailles d'enceinte &
quelques-unes des tours qui les défendaient; ces reftes
de la fortereffe du moyen-âge font cachés par des
hôtels qui ont perdu fucceffivement prefque tous leurs
caractères d'ancienneté. Sous les comtes de Blois, où
fous les rois de France qui réfidèrent au château après
eux, ils étaient occupés par plufieurs grands officiers
de leur maifon & par des chanoines de Saint-Sauveur.
L'hôtel le plus proche des petits degrés qui conduifent
au faubourg du Foix a confervé feul des veftiges de
fa décoration, à l'époque où l'habitait le cardinal
d'Amboife. L'églife collégiale de Saint-Sauveur, paroiffe du château, s'élevait fur la crête du coteau
méridional; elle a été démolie à la première Révolution, & plufieurs maifons ont été conftruites fur fon
emplacement. L'églife Saint-Martin était appuyée à la

4

muraille orientale ; elle a été détruite en même temps que celle de Saint-Sauveur, & un efcalier, établi dans cette direction, forme la communication que Gafton avait projetée entre la place du Château & le centre de la ville. A côté de l'églife Saint-Martin, était l'hôtel du chancelier de Cheverny, qui fubfifte encore en grande partie.

La communication la plus ancienne, entre la ville & le château, avait lieu par une petite rampe, garnie de degrés en 1842, dont l'iffue eft entre l'aile de Louis XII & l'hôtel d'Amboife. On voyait, à l'entrée de cette rampe, avant les travaux qui fe pourfuivent en ce moment, un avant-corps, foutenu par des pilaftres, conftruit fous Louis XIV, & appuyé maladroitement au pignon de Louis XII. Il a faüvé de la deftruction générale des emblèmes royaux un porc-épic, d'un très-bon ftyle, qui orne la pointe de ce pignon & qui fe trouvait caché par l'avant-corps. A la fuite de la Salle des Etats, & adoffée au pignon de cette falle, fe trouvait une conftruction du temps de Henri II [1], dont nous avons parlé plus haut [2], traverfée par un chemin couvert, appelé la Voûte du Château ; la porte de ce paffage, du côté de la baffe-cour, était accompagnée de deux colonnes coloffales dont il ne reftait que les bafes & les piédeftaux. La porte extérieure, garnie d'une herfe de fer & de machicoulis, ouvrait fur un paffage étroit, à l'extrémité duquel était un pont-levis, défendu par deux tours, au point de jonction du château avec l'en-

---

[1] Ms. de la Bibl. de l'Inftitut.   cette conftruction à Henri III.
cité plus haut.—Félibien attribue   [2] V. pp. 16-18

ceinte fortifiée de la ville ; il y a maintenant une terraffe ornée de baluftres à l'endroit où l'on a comblé
les foffés.

Quant à l'avant-corps, élevé par Henri II, il interrompait
d'une façon difgracieufe le développement de la façade
de Louis XII ; il n'avait pas été terminé & il menaçait
ruine ; il était impoffible de deviner ce que devaient fupporter les colonnes coloffales du pignon, ni ce que l'architecte fe propofait de faire pour le refte de l'édifice.
En préfence de ces difficultés, M. Duban n'a pas craint
d'employer le moyen héroïque fi connu. Mais en abat-
tant l'avant-corps, il a fallu inventer, pour la Salle des
Etats, le pignon qui avait été détruit par Henri II.
L'ordonnance la plus févère, l'ornementation la plus
fimple étaient indiquées pour cette conftruction ; le
pignon de Saint-Martin-des-Champs , terminant de
même une falle à double voûte, a fervi de guide.

La place qui fe trouve aujourd'hui entre la façade
du nord & l'églife des Jéfuites faifait partie du jardin
bas du château. On communiquait avec le jardin haut
par un pont de pierre jeté entre la terraffe voifine des
foffés, nommée l'Eperon, à caufe de fa forme, & le
pavillon feptentrional de Gafton. La Galerie des Cerfs
était conftruite fur ce pont, & pouvait être ifolée, à
volonté, des jardins, à l'aide d'un pont-levis placé à
fon extrémité. Au-deffous de la galerie était un par-
terre, orné d'un petit édifice que l'on voit dans les
deffins de Du Cerceau, & qui était féparé du jardin
par les foffés d'enceinte [1].

---

[1] V. les deffins de Du Cerceau, *ouvr. cit.*, t. II.

· Une muraille divifait le jardin bas & le jardin haut, à l'endroit où l'on a percé une avenue qui conduit aux vieilles allées d'ormes, dont l'origine remonte, dit-on, à Catherine de Médicis, & qui étaient alors plantées à quatre rangs [1]. Les jardins avaient été décorés avec beaucoup de luxe par les différents poffeffeurs du château. Il ne refte de tous les bâtiments qu'ils y élevèrent que ceux, très-mutilés, des officiers chargés de l'adminiftration & de la culture des jardins, & un pavillon carré en pierre & en brique, flanqué de terraffes à chacun de fes angles. Quoique des mafures élevées fur les terraffes le défigurent, cet édifice eft très-digne d'intérêt par l'originalité du plan, la décoration architecturale, & le fouvenir d'Anne de Bretagne qui le fit conftruire.

Nous ne pouvons mieux faire que de copier, en l'abrégeant, la defcription des jardins du château, donnée par Félibien, qui les avait vus au moment où, fubfiftant encore dans toute leur fplendeur, ils commençaient à décroître.

.... « Le jardin haut eftoit fort bien dreffé par
« grands compartimens de toutes fortes de figures,
« auec des allées de meuriers blancs & des paliffades
« de coudriers. Deux grands berceaux de charpen-
« terie féparoient toute la longueur & la largeur du
« jardin, & dans les quatre angles des allées, où ces
« berceaux fe croifent, il y auoit quatre cabinetz de
« mefme charpenterie.

« Les jardins bas eftoient féparez en plufieurs jar-

[1] Cf. Du Cerceau, Du Chefne, Félibien, Bernier, &c.

« dins particuliers par des galleries & par des logemens
« pour des officiers. Il y auoit tout au tour des ber-
« ceaux & des cabinetz de charpente. C'eftoit le lieu
« où le roi Louis XII & la reine Anne faifoient leurs
« plus ordinaires promenades. » (Suit la defcription
du pavillon de la reine Anne.)

 « Il n'y a pas longtemps qu'il y auoit dans ce mefme
« jardin, à l'endroit où fe croifent les allées du milieu,
« un édifice de figure octogone, de plus de fept
« thoifes de diamètre & de plus de neuf thoifes de
« haut, avec quatre enfoncemens en formes de niches
« dans les quatre angles des allées. Ce baftiment....
« eftoit de charpente, mais d'un bois extraordinaire-
« ment bien trauaillé.... On y uoyoit particulièrement
« la cordelière qui régnoit tout autour en forme de
« cordon. Car la Reyne affectoit de la mettre non-
« feulement à fes armes & à fes chiffres, mais de la
« faire repréfenter en diverfes manières dans tous les
« ouvrages qu'on faifoit pour elle.... »

Ce bâtiment « eftoit couuert en forme de dôme qui
« dans fon milieu avoit encore un plus petit dôme, ou
« lanterne uitrée, au-deffus de laquelle eftoit une
« figure dorée répréfentant faint Michel. Ces deux
« dômes eftoient proprement couuerts d'ardoifes &
« de plomb doré par dehors ; par dedans ils eftoient
« lambriffez d'une menuiferie très-délicate. Au milieu
« de ce falon il y auoit un grand baffin octogone de
« marbre blanc, dont toutes les faces eftoient enri-
« chies de différentes fculptures, avéc les armes & les
« chiffres du Roy Louis XII & de la Reyne Anne.
« Dans ce baffin il y en auoit un autre pofé fur un

« piédeftal, lequel avoit fept piedz de diamètre. Il
« eftoit de figure ronde à godrons, auec des mafques
« & d'autres ornements très-fçauamment taillez. Du
« milieu de ce deuxiefme baffin s'eflevait un autre petit
« piédeftal qui portoit un troifiefme baffin de trois
« piedz de diamètre, auffy parfaitement bien taillé ;
« c'eftoit de ce dernier baffin que jalliffoit l'eau qui
« fe répandoit en fuitte dans les deux autres baffins [1]. »

Cette defcription rend compte de l'emploi qu'avait
eu un baffin de marbre blanc, dont les morceaux ont
été trouvés dans les déblais faits en 1837 pour les travaux du cafernement. La frife de ce baffin, ornée de
feuillages, de fleurs-de-lys & de mouchetures d'hermine, eft d'un admirable travail. Il eft dépofé dans la
falle baffe de l'aile de François Ier, avec les autres fragments d'architecture & de fculpture provenant du
château.

Le jardin bas n'était féparé d'abord du jardin haut
que par une terraffe & un *berceau de charpenterie*,
comme dit Félibien, mais Henri I V fit faire en cet endroit une galerie de près de cent toifes de long, fur
trois toifes de large, toute en pierre de taille, ornée de
boffages, de fculptures & de chiffres, dans le goût de
l'époque. Elle était ouverte par en bas, du côté du
jardin, par quarante-huit arcades difpofées entre des
trumeaux contre lefquels il y avait autant de colonnes
adoffés. Félibien nous a donné les noms des deux
fculpteurs qui avaient exécuté les ornements ; c'étaient
Boyé, de Blois, & Robelin, de Paris ; celui-ci était em-

---

[1] *Mém. mʃʃ. ʃur les maiʃons royalles,* f°s 38, 41 & 42.

ployé fous Boyé. Cet édifice, qui n'avait pas été complètement terminé & qui menaçait déjà ruine du temps
de Gafton, dit Bernier, a été détruit entièrement à une
époque qui nous eft inconnue.

A la fuite des jardins, une partie de la vallée de
l'Arou, entourée de murs & couverte autrefois de bois
épais, portait le nom de Garenne ; c'était en quelque
forte le parc du château. Dans la garenne, font des
aqueducs fouterrains, qui, dérobant à l'Arou fes derniers affluents, ont contribué à le tarir, & alimentent
de leurs eaux les fontaines de la ville de Blois. Ces
aqueducs, taillés dans le roc, font, depuis un temps
immémorial, vantés outre mefure & attribués aux Romains.

II

HISTOIRE DU CHATEAU SOUS LES TROIS PREMIÈRES
DYNASTIES DES COMTES DE BLOIS.

E nom de la forterefſe à laquelle a ſuccédé le château de Blois paraît pour la première fois ſur de très-rares monnaies d'or frappées ſous les rois mérovingiens. Malheureuſement, ces monnaies ne portant pas de nom de prince, leur date préciſe ne ſaurait être connue; d'un côté, elles préſentent un buſte diadémé & la légende BLESO CASTRO; de l'autre, une croix & le nom d'un monétaire [1].

Si l'on s'en rapportait à l'auteur de la Chronique d'Amboiſe, le roi Clovis, après avoir chaſſé les Bretons qui occupaient le Bléſois & avaient détruit ſa

---

[1] Ces pièces font des *triens* ou *tiers de ſol;* le *monétaire*, dont elles portent le nom, était l'officier prépoſé à la fabrication de la monnaie dans le lieu où elle était frappée. — Voir la vignette placée ſur le titre de notre livre.

4

capitale, aurait rebâti le château dans un lieu plus élevé, qui ferait celui même où on le voit maintenant [1]. Mais ce fait, rapporté par un feul chroniqueur du xiᵉ fiècle, infpire peu de confiance, & l'exiftence de Blois à l'époque mérovingienne ne réfulte véritablement que de la préfence de fon nom fur les monnaies de cette époque & de la mention faite par Gégoire de Tours d'une guerre entre les Bléfois & les Dunois, terminée par l'entremife de leurs comtes [2].

L'auteur anonyme de la vie de Louis-le-Débonnaire eft le premier hiftorien qui ait parlé de la fortereffe de Blois; il lui donne le nom de *Caftrum Blefenfe*, en racontant l'entrevue qui eut lieu dans fes environs, en 834, entre l'empereur Louis & fon fils Lothaire [3].

Néanmoins, il y a tout lieu de croire qu'il y avait, dès l'époque romaine, fur le plateau occupé aujourd'hui par le château de Blois, la place du château & les maifons qui le bordent, un camp fortifié ou *caftrum*, tel que les Romains en établiffaient ordinairement au confluent de deux rivières qui le défendaient de deux côtés, tandis qu'un foffé d'enceinte protégeait le troifième. Placé ainfi à la jonction de la Loire & de l'Arou, il devint fucceffivement une fortereffe royale & un

---

[1] *Lib. de Compofit. caftr. Ambaf.*, dans le Spicilége d'Achéry, t. III, p. 570 de l'éd. in-fᵒ. MM. Bergevin & Dupré ont accepté cette origine dans leur Hift. de Blois. (t. I, p. 13.)

[2] *Greg. Turon.*, *ap.* D. Bouquet, t. II, 294, C.

[3] *Vita Ludov. Pii*, *ap.* D. Bouquet, t. VI, p. 117, A.

château féodal. La meilleure preuve qu'il doit fon origine aux Romains, c'eft qu'il exiftait à l'époque mérovingienne, pendant laquelle on ne conftruifit guère de nouvelles forterefles, fi ce n'eft aux frontières; on fe contentait, en général, d'occuper les camps fortifiés de l'époque romaine, ou de réparer ceux qui étaient tombés en ruines.

Plufieurs voies antiques fe dirigeaient vers Blois, où fe trouvaient des ponts fur la Loire, & on dut y élever de bonne heure une place forte deftinée à défendre un paffage important entre la Sologne & la Beauffe. Le nom même de *caftrum Blefenfe*, la forterefle de Blois, a précifément la même valeur étymologique que celui de *caftrum Belfenfe*, la forterefle de la Beauffe, car la tranfpofition d'une lettre eft une chofe très-ordinaire dans les variations que fubiffent les mots d'une langue [1].

Pendant la durée du Bas-Empire, les camps à demeure s'étaient très-multipliés dans les Gaules; on les avait environnés de murailles & garnis de tours, pour les défendre contre les invafions continuelles des barbares; ce fut l'origine de la plupart des forterefles gallo-franques. Le camp à demeure était fouvent divifé en deux parties, la forterefle proprement dite, ou *caftrum*, & une feconde enceinte, plus petite que

[1] Nous avons difcuté ces propofitions, avec les développements qu'elles comportent, dans un travail fpécial fur les origines de la ville de Blois. (*Mémoires de la Société des Sciences & des Lettres de Blois*, t. Iᵉʳ, p. 311 & fuiv.)

l'autre, qui portait le nom de *caftellum*, diminutif de *caftrum*. C'était un lieu de refuge, plus fort, où l'on épuifait fes derniers moyens de défenfe quand le refte de la place était pris. Le *caftellum* eft l'origine du *caftel*, *chaftel*, ou *château*. Nous avons trouvé la divifion de la forterefle de Blois, en *caftrum* & *caftellum*, parfaitement indiquée dans la charte de fondation de l'abbaye de Saint-Laumer [1].

Au-deffous des murailles de ces lieux fortifiés fe groupaient d'ordinaire des habitations, élevées par les gens des contrées environnantes, qui venaient trafiquer avec ceux du château-fort & qui étaient fûrs d'y trouver un refuge quand le pays était ravagé par les barbares. Telle fut l'origine de beaucoup de nos villes; le nom de *caftrum* devenait alors, comme cela eut lieu à Blois, celui de la ville entière, & celui de *caftellum* défignait la forterefle [2].

Des comtes, ou gouverneurs, étaient placés à la tête des provinces, même avant l'invafion des Francs, qui adoptèrent toutes les inftitutions du gouverne-

---

[1] *Monachis qui indecenter morantur in* CASTELLO *Blefenfi... do ecclefiam fancti Leobini conftructam fub mæniis Blefis* CASTRI. (*Chart. Launom.*, p. 6.)

[2] Nous prions le lecteur d'obferver que nous parlons ici feulement des villes & des châteaux-forts ayant fuccédé à des établiffements romains. A l'époque de l'organifation féodale, la France fe couvrit d'une multitude de places fortes, édifiées par tout homme d'armes qui, du IXe au Xe fiècle, reçut en fief une parcelle du domaine du duc ou du comte, devenu fouverain héréditaire du pays.

ment impérial. Peut-être y eut-il dès lors un gouverneur du Bléfois réfidant dans le château romain; toutefois l'hiftoire ne parle pas de nos comtes avant l'année 584 [1], & elle ne donne le nom d'aucun d'eux avant Guillaume, dont elle raconte la mort arrivée en 814, pour la querelle de Louis-le-Débonnaire & de fon fils Lothaire [2].

L'hérédité des bénéfices était déjà devenue un fait accompli, finon un droit reconnu; Eudes, fils de Guillaume, lui fuccéda dans fa dignité. Pendant fon gouvernement, les Normands ravagèrent deux fois le Bléfois, en 854 & en 857; en 854, ils avaient brûlé la ville de Blois; cependant il eft probable que le château, dont ils n'avaient pu s'emparer, échappa à l'incendie [3]. L'incertitude qui règne à ce fujet vient de ce qu'à cette époque le mot *caftrum*, dont fe fervent les hiftoriens, peut défigner auffi bien la ville que la fortereffe; mais dans un titre de l'année 902, où le nom de *caftrum* s'applique clairement à la ville & celui de *caftellum* à la forterelle, on appelle celle-ci le *vieux château* [4]. Si le château eût été brûlé en 854, il eût été rebâti depuis, & on n'aurait pu lui donner l'épithète de *vieux*; il n'était pas non plus refté en ruines,

---

[1] *Greg. Turon. ap.* D. Bouquet, t. II, p. 294, C.

[2] *Vita Ludovici Pii*, *ibid.*, t. VI, p. 116, D.

[3] *Ann. Bertin.*, *ad ann.* 854 & 857, *ibid.*, t. VII, p. 70, D.

— *Roman de Rou*, t. I, p. 90 de l'édit. Pluquet.

[4] *Et eft in Blefo* CASTRO *intus, in* VETERI CASTELLO. (Archives départem. de Loir-&-Cher, à l'an 902.)

car on verra bientôt qu'en 873 il était renommé comme un lieu très-fort.

Le comte Eudes mourut en 865, fans laiffer de poftérité ; le célèbre Robert-le-Fort, aïeul de Hugues Capet, fuccéda à Eudes dont il était le plus proche parent en ligne collatérale. Robert, occupé conftamment à guerroyer contre les Normands, defquels il fut, comme on fait, le plus terrible adverfaire, ne put venir fouvent dans fon comté de Blois ; il en jouit à peine deux ans, fa mort étant arrivée en 867, au fiége de l'églife de Briffarthe. On connaît cependant de lui une charte donnée dans notre château, l'année même de fon avénement au comté [1].

Plufieurs hiftoriens ont cru, & nous avions, nousmême, répété d'après eux [2], que dans le partage des nombreux bénéfices de Robert-le-Fort, le comté de Blois était échu à Robert, fon fecond fils ; mais il eft plus probable qu'il fut confervé par l'aîné, Eudes, & fit d'abord partie du duché de France, puis du royaume, quand Eudes fut parvenu à la couronne.

[1] *Aĉlum Blefo caftro, publice, menfe maio, anno* xxv, *regnante Karolo gloriofiffimo rege.* (Du Chefne, *Hift. de la maifon de Chaftillon,* p. 91. — Brequigny, *Tab. diplom.,* t. I, p. 271.)

[2] Cf. Du Bouchet, *Hift. de la maifon de France ;* Bernier, *Hift. de Blois,* p. 276 ; nos *Origines de Blois,* dans les Mém. de la Soc. acad. de cette ville, t. I, p. 347 ; les deux premières éditions de nos hiftoires du château & de la ville de Blois, & Bergevin & Dupré, *Hift. de Blois,* t. I, p. 20.

Sous le gouvernement de ce prince il fe paffa un fait qui achèvera de prouver que le château de Blois, comme nous le difions tout à l'heure, n'avait pas été détruit par les Normands en 854.

Dans un temps où la foi des populations était vive & venait demander aux reliques des faints des remèdes à tous les maux, des confolations à toutes les douleurs, c'était une fource d'honneurs & de richeffes pour une abbaye que la poffeffion d'offements vénérés. Pendant les irruptions fi fréquentes des Barbares, on cherchait les lieux les plus fûrs, les mieux fortifiés, pour y tranfporter les reliquaires, où l'on venait les reprendre quand le pays était devenu tranquille. En 874, les moines du monaftère de Curbion, fitué dans le Perche, fuyaient devant les Normands & cherchaient un lieu de refuge pour y dépofer les reliques de faint Laumer, leur premier abbé. Après s'être fucceffivement retirés dans l'Avranchin & à la fortereffe du Mans, ils ne fe crurent en fûreté que dans celle de Blois, où ils furent reçus par des moines de Saint-Benoît qui y deffervaient déjà une chapelle dédiée à faint Calais [1]. Les reliques y reftèrent fans accident jufqu'en 930; mais elles ne retournèrent pas à Curbion, les moines les ayant dépofées alors dans l'églife de Saint-Lubin, fituée au-deffous du château, en attendant qu'ils euffent conftruit leur abbaye de Saint-Laumer [2].

---

[1] C'eft fur l'emplacement de cette chapelle que Louis XII fit conftruire celle qu'on voit aujourd'hui.

[2] *Chartul. Launomar*, p. 6. — *Hift. mfte. de l'abbaye de Saint-Laumer*, f°s 12, 16, 30 & 31.

Vers 893, Eudes, pour récompenfer les fervices d'un homme d'un rang obfcur, nommé Ingon, qui s'était fignalé dans la guerre contre les Normands, lui donna le château de Blois, celui qui en avait la garde ayant été tué par les pirates, & lui fit époufer une femme qu'il avait répudiée. Ingon ne jouit pas longtemps de fon bénéfice, car il mourut au bout de deux ans des fuites de fes bleffures, laiffant un fils en bas âge, nommé Gerlon, qui poffséda les biens de fon père, conjointement avec fa mère, & auquel le roi donna un tuteur [1].

Richer, à qui nous empruntons le fait que nous venons de raconter, fait entièrement inconnu avant la publication récente du texte de ce chroniqueur du xe fiècle, ne donne pas le titre de comte de Blois à Ingon, qui devait être feulement commandant militaire du château. Le comté était gouverné, pour le roi, par un vicomte nommé Garnegaud [2], que nous voyons figurer dans deux chartes données au château de Blois, l'une en 895 & l'autre en 902, *en affemblée publique* [3].

<hr>

[1] *Richeri Hift.*, I, xii, p. 30 du t. 1 de l'éd. de la Soc. de l'Hift. de France.

[2] Le vicomte, *vice comes*, était un lieutenant du roi ou du comte ; ce n'eft que vers la fin du xie fiècle que les vicomtes joignirent à leur nom celui d'un fief.

[3] *In mallo publico.* Le mot latin barbare, *mallus*, venait de *mael* ou *malh*, nom que les Germains donnaient à leurs grandes affemblées politiques. La fignature de Robert, frère d'Eudes, fe trouvant fur ces chartes, à la fuite de celle de Garnegaud, cette circonftance a pu faire croire que Robert avait fuccédé à fon père, Ro-

Il eſt impoſſible, du reſte, à l'aide de ces ſynchroniſmes, de regarder notre Gerlon comme celui que les Bénédictins ont confondu avec Thibault, comte de Tours, qui de ſon mariage avec Richilde, fille de Robert-le-Fort, eut le célèbre Thibault-le-Tricheur, chef de la première dynaſtie des comtes héréditaires de Blois [1].

L'atelier monétaire établi au château frappa, ſous le gouvernement des premiers comtes de Blois, un plus grand nombre de monnaies que ſous les rois mérovingiens; on n'en connaît cependant encore que de trois règnes : ceux de Charles-le-Chauve, Louis-le-Bègue & Eudes; mais il y a beaucoup de variétés de coin dans les monnaies de Charles & d'Eudes, ce qui ſuppoſe une fabrication d'aſſez longue durée. Ces pièces ſont des deniers & des oboles d'argent : d'un côté eſt une croix & la légende BLESIANIS CASTRO; de l'autre, le monogramme du roi & la légende GRATIA OU MISERICORDIA D — I REX [2].

bert-le-Fort, dans le comté de Blois; mais les chartes étant relatives à des donations faites par Garnegaud à Saint-Martin de Tours ont été ſignées par Robert, en qualité d'abbé laïc de cette abbaye. En effet, on lit à la ſuite de la croix tracée par Robert : *Signum Staʹ Crucis domini Roberti, inclyti comitis & abbatis, regis germani.* —

Les abbayes étaient auſſi données à titre de bénéfices, & ceux qui en étaient pourvus les rendirent héréditaires comme les autres.

[1] Cf. l'*Art de vérifier les dateſ*, t. II, p. 612 de l'édit. in-fº.

[2] Cartier & de la Sauſſaye, *Revue Numiſmatique*, année 1838, p. 348, 353 & pl. XIII & XIV.

On ne fait pas à quel titre Thibault, comte de Chartres, dit *le Tricheur* ou *le Vieux*, obtint le comté de
Blois, & fi ce fut par quelqu'une des *tricheries* qui lui
valurent un de fes furnoms. Thibault en était toutefois
poffeffeur dès 924, comme le prouve la charte par
laquelle le roi Raoul, *à fa prière*, accorda aux moines
de Saint-Laumer l'églife de Saint-Lubin de Blois & le
faubourg du Foix, avec fes habitants qui étaient ferfs de
condition [1]. Il tenait de très-près à la première dynaftie
des comtes de Blois, puifqu'il était, comme nous le
difions tout à l'heure, né du mariage de Thibault, comte
de Tours, avec Richilde, fille de Robert-le-Fort [2]. Peut-
être l'avénement de Thibault-le-Tricheur fut-il le réfultat d'un arrangement entre les différents membres de
la puiffante famille des comtes de Paris, qui fe partageaient tous les grands fiefs & toutes les grandes dignités
de l'Etat, tenaient entre leurs mains le pouvoir, &
allaient bientôt s'emparer de la couronne elle-même.

Thibault-le-Tricheur fut un des types les plus complets des hauts barons de l'époque. Brave, entrepre-

---

[1] *Chartul. Launomar*, p. 6. —
Hift. manufc. de Saint-Laumer,
f° 12. — Preuves de l'*Hift. de
Blois* de Bernier, p. IV. — *Gallia
Chrift.*, t. VIII, col. 412.

[2] Tout ce qui fe rapporte à
l'ordre de fucceffion au grand
fief de Blois, depuis Robert-le-
Fort, & à l'origine de Thibault-
le-Tricheur & de fa fortune eft

très-difficile à démêler, les chroniqueurs contemporains n'étant
nullement d'accord à ce fujet.
Ce ne peut être ici le lieu de
difcuter leurs différentes opinions, car nous n'écrivons pas
l'hiftoire des comtes de Blois,
mais feulement celle du château qui était le fiége de leur
fief.

nant, avide, trompeur & pillard, fa vie fe paffa tout
entière en guerres continuelles, qui le tinrent prefque
toujours éloigné du château de Blois. Les chroniqueurs
ne nous fourniffent qu'un feul fait relatif à notre fujet,
dans l'exiftence d'un homme qui vécut près de cent
ans.

Alain-Barbe-Torte, duc de Bretagne, ayant obtenu
de Thibault, vers 943, la main de fa fœur Gerberge, les
deux princes fe rendirent au château de Blois, où
eurent lieu les cérémonies des fiançailles qui durèrent
trois jours. La Chronique de Nantes, à laquelle nous
empruntons ce fait, ajoute qu'Alain étant mort peu
d'années après, laiffant un fils en bas âge, Thibault fut
chargé de la tutelle de fon neveu, & profita fi bien de
la geftion de fes domaines, que l'argent qu'il s'en ap-
propria lui fervit à achever fes tours de Chartres, de
Blois & de Chinon [1].

Ce qu'on appelait, dans une forfereffe féodale, la
Tour par excellence, & auffi le *Donjon*, était une tour
plus élevée & plus forte que les autres ; le commandant de la place s'y tenait, & elle était confidérée
comme le chef-lieu du fief. Les arrière-fiefs des puiffants feigneurs du moyen-âge relevaient de la Tour
d'Angers, de Blois, de Chartres, &c., comme les domaines de ces feigneurs eux-mêmes relevaient de la
Tour du Roi (la Tour du Louvre, depuis Philippe-
Augufte).

Le donjon féodal, chef-lieu du fief des comtes de

---

[1] *Chronic. Namnet.*, *ap.* D. Bouquet, t. VIII, p. 277, A, B, C.

Blois, devait être à la place occupée maintenant par la Tour des Oubliettes. Ce qui nous porte à penſer que cette tour, qui peut dater du gouvernement de la maiſon d'Orléans, a été élevée à la même place que celle de Thibault, c'eſt le ſoin que mit François Iᵉʳ à la conſerver quand il abattit toutes les conſtructions qui l'avoiſinaient. Il dérangea l'alignement de la nouvelle façade pour envelopper la tour de galeries, plutôt que de la détruire, probablement à cauſe de ſon importance féodale. Il eſt d'ailleurs naturel de penſer que la partie la plus forte du château devait être ſituée du côté le plus difficile à défendre, celui de la plaine [1].

Nous ne trouvons rien de relatif au château de Blois dans la vie d'Eudes Iᵉʳ, fils aîné de Thibault-le-Tricheur, & qui lui ſuccéda vers 978.

Thibault II, fils aîné d'Eudes, & ſon ſucceſſeur en 995, était au château de Blois, l'an 1003, quand Magenard, de l'illuſtre famille de Marcillac & chanoine de l'abbaye de Saint-Pierre de Chartres, vint ſolliciter ſon appui pour être nommé abbé de ce monaſtère, à la place de Gilbert dont on attendait la fin prochaine. Thibault, ſans s'inquiéter des formes d'élection qui devaient porter Magenard au poſte qu'il déſirait obtenir, le renvoya accompagné d'officiers de ſa maiſon, chargés de le faire reconnaître comme abbé après la mort de Gilbert. Les religieux refuſèrent de recevoir

[1] Cf. Baillargeau, *Album du Bléſois.*

les ordres du comte & proteſtèrent en vain, par leur fuite, contre l'abus de pouvoir exercé à leur égard ; Thibault fut inexorable, & fit exécuter ſes volontés. Cette anecdote, dont l'*Art de vérifier les Dates* a négligé d'indiquer les ſources, peut donner une idée du pouvoir deſpotique exercé par les anciens comtes de Blois [1].

Thibault mourut l'année ſuivante des fatigues qu'il avait éprouvées dans un pèlerinage à Rome, & l'abbé Magenard lui fit de magnifiques obſèques à ſon abbaye de Saint-Pierre.

Il paraît que ce fut vers le commencement du XIe ſiècle que fut fondée l'égliſe collégiale de Saint-Sauveur, dans la baſſe-cour du château, par douze prêtres ſéculiers qui réunirent leurs biens pour vivre régulièrement ; mais on ne ſait rien de poſitif à cet égard, les titres de l'égliſe ayant été détruits pendant les guerres de religion [2].

Thibault n'avait point laiſſé d'enfants, & on ignore même s'il avait été marié ; Eudes II, ſon frère, lui ſuccéda. La guerre opiniàtre qu'il eut avec Foulques Nerra, comte d'Anjou, l'amena pluſieurs fois au château de Blois. Il y reçut, l'an 1016, Gilduin, ſeigneur de Pont-Levoy, ſur lequel Foulques venait de prendre Saumur, que Gilduin tenait du comte de Blois dont il était le principal auxiliaire. Eudes lui offrit, en dédom-

---

[1] *Art de vérif. les dates*, t. II, p. 613, édit. in-f°.   [2] Bernier, *Hiſtoire de Blois*, page 32.

magement, d'autres terres dans fes comtés de Champagne & de Brie; mais Gilduin, ne voulant pas fe tenir
éloigné de fon ennemi, demanda au comte de Blois la
fortereffe de Chaumont-fur-Loire, rempart élevé par
Eudes Ier contre les incurfions des comtes d'Anjou qui
poffédaient, près de là, le château d'Amboife. Eudes
accorda à Gilduin ce qu'il lui demandait & y ajouta
d'autres terres & des redevances dans le Bléfois [1].

Peu de temps après, Eudes quitta le Bléfois pour
aller en Champagne, où il avait à pourfuivre d'autres
guerres. Pendant fon abfence, la défenfe du château
était confiée à l'un de fes barons, nommé Burelle [2]. Au
furplus, on ne verra la fortereffe de Blois figurer dans
aucune des guerres foutenues par nos anciens comtes;
probablement fa pofition & fes moyens de défenfe en
faifaient une place inattaquable avant l'invention de
l'artillerie. C'étaient les fortereffes fecondaires du
comté de Blois, placées fur fes frontières, telles que
Chaumont, Bury, les Montils, &c., qui fupportaient les
chances diverfes de la guerre [3].

Pendant le règne de Thibault III, fecond fils d'Eudes II, auquel il fuccéda en 1037, nous ne trouvons

---

[1] *Geft. Ambas. domin.*, *ap.*
D. L. d'Achery, t. III, p. 274,
édit. in-f°.

[2] *Geft. Ambas. domin.*, *ap.*
D. L. d'Achery, *ibid.*

[3] *Ibid.*, *paffim.* — En 991,
Foulques Ier, comte d'Anjou,
avait brûlé les faubourgs de
Blois & le couvent de Saint-
Laumer; mais il s'en alla fans
rien entreprendre contre le château (*Richeri, Hift.,* IV, LXXIX,
p. 260 du t. II de l'édit. de la
Soc. de l'Hift. de France).

autre chofe à citer qu'un renfeignement topographique
fur notre vieux château. Il eft tiré d'une charte donnée
en 1076 par Thibault, & citée par D. Mabillon dans
fes *Annales Bénédictines*. Cette charte eft terminée
ainfi : *Factum eft hoc, ut diximus, apud caftrum Blefium,
intra curiam, retro palatium, prope turrem, patulo inter
caminatas quidem palatii fito,* xv *kalendas maii, die domi-
nica, poft meridianam* [1]. « Cela fut fait, comme nous
« l'avons dit, dans la fortereffe de Blois, dans la cour,
« derrière le palais, près de la tour, dans le renfonce-
« ment [2] fitué entre les chambres à feu du palais, le
« dimanche, 15 des kalendes de mai, après midi. »
Peu de chartes contiennent un luxe d'indications femblables du lieu où elles ont été délivrées.

Il n'eft pas certain que, par le mot *caftrum*, on ait
entendu parler de la fortereffe feulement, & non de la
ville ; quant au mot *palatium*, il défigne évidemment
le château, dans le ftyle romain du rédacteur de ce
diplôme.

Cette defcription, du refte, s'applique parfaitement

---

[1] *Annales O. S. B.*, t. V,
p. 70.

[2] *Patulum*, diminutif de *pa-
tuum*, en vieux français *pâtis*,
fignifie proprement une cour
gazonnée. Mais M. J. Quicherat
penfe que le mot *patulum*, très-
latin dans le fens d'efpace vide,
fignifie ici un renfoncement de
la cour, & il penfe que, d'après
les curieux détails topographi-

ques de la charte, les chambres
à feu, *caminatas*, étaient placées
dans deux conftructions faifant
faillie fur l'alignement du château. Il induit très-ingénieufe-
ment de cette difpofition, que le
fyftème de chauffage était encore dû à des hypocauftes, ce
qui n'aurait rien d'étonnant dans
un édifice d'une auffi haute ancienneté.

à la tour du Foix & à la terraffe qui l'environne ; on verra plus loin, par un autre diplôme, que les appartements des comtes de Blois, de la maifon de Champagne, fe trouvaient effectivement placés de ce côté du château.

Etienne Ier, fils de Thibault III, lui fuccéda l'an 1088. Il fit reconftruire les murailles du château de Blois, comme le témoignait une infcription gravée fur nos vieilles portes de ville, & qui nous a été confervée par l'hiftorien Bernier. Voici la copie de cette efpèce de charte fur pierre :

Comes Stephanus & Adela comitiffa fuique heredes perdonaverunt hominibus iftius patrie butagium in perpetuum, eo pacto ut ipfius caftellum muro clauderent. Quod fi quis violaverit, anathema fit ; Datan quoque & Abiron malediccionem habeat [1].

« Le comte Etienne, la comteffe Adèle & leurs héri-
« tiers ont accordé aux hommes de ce pays la remife
« du butage à perpétuité, à la condition d'entourer
« leur château de murailles. Que fi quelqu'un viole
« cet accord, il foit anathème ; qu'il foit auffi maudit
« comme Dathan & Abiron [2]. »

---

[1] *Hift. de Blois*, p. 293.

[2] Ces fortes d'imprécations terminaient prefque tous les actes du XIe fiècle. — Bernier a conjecturé que la redevance féodale appelée *butage*, dont les Bléfois furent affranchis dans cette occafion, était une corvée qui fe faifait avec des hottes, connues encore aujourd'hui dans notre pays fous le nom de *buttets* (Bernier, *loc. cit. fup.*). Fourré, dans fon Commentaire fur la Coutume de Blois, p. 102,

Etienne, qui avait été l'un des chefs de la grande croifade chantée par le Taffe, mourut dans la Terre-Sainte, l'an 1102.

Adèle, ou Alix d'Angleterre, veuve d'Etienne, gouverna le comté de Blois pendant la minorité de fes enfants, & continua même de régner avec Thibault IV, ou *le Grand*, fon fecond fils, auquel elle avait fait échoir les bénéfices d'Etienne, au détriment de Guillaume qui était l'aîné [1]. Alix fe fit religieufe, en 1122, au couvent de Marcigny [2]; elle ne put donc recevoir au château de Blois, comme l'a dit Bernier, le pape Innocent II, ce pontife n'y étant venu qu'en 1131, ainfi que le témoigne une bulle qu'il y figna en faveur de l'abbaye de Saint-Jean-en-Vallée, dans le Pays-Chartrain [3].

a repouffé avec raifon l'étymologie de Bernier ; mais il n'a pas été plus heureux, en propofant de lire *focagium*, redevance de plufieurs journées de labour. *Butagium*, le même que *botagium*, dérive de *bota*, fignifiant, dans le latin du moyen-âge, un vaiffeau à mettre le vin. Le *butage* aurait donc été le droit de prélever un certain nombre de mefures fur le vin en fût que les Bléfois recueillaient dans leurs celliers, ou fur celui qu'ils faifaient entrer dans leur ville. C'eft de *buticella*, diminutif de *bota*, qu'eft venu notre mot de bouteille. (V. Du Cange, *v° Bota*, 3, & une differtation d'Eloi Johanneau fur deux infcriptions latines de la ville de Blois, p. 295 & fuiv. du t. III des *Mém. de la Soc. acad.* de cette ville.)

[1] *Art de vérif. les dates*, t. II, p. 616, édition in-f°.

[2] *Ibid.*, p 617. .

[3] Bernier, *Hift. de Blois*, p. 294.

En 1150, Thibault donna à l'églife de Bourg-Moyen de Blois la chapelle de Saint-Calais du château, ou du châtelet, *de caftelleto*, felon le texte de la charte qui nous fournit ce document [1]. Le nom de *caftrum* défignant alors la ville de Blois, celui de *caftellum* la forterefſe, le rédacteur de la charte avait cru devoir fe fervir d'un autre diminutif, *caftelletum*, pour indiquer le château.

Après la mort de Thibault-le-Grand, en 1152, les comtés de Chartres & de Blois furent le partage de fon fecond fils, du même nom que lui, & que l'on appela *le Bon*, parce qu'il remit à fes fujets, particulièrement à ceux du Bléfois, beaucoup de redevances féodales, & leur accorda auffi un grand nombre de priviléges.

Thibault V entrait en poſſeſſion de fon comté, quand Eléonore de Guyenne, qui venait d'être répudiée au concile de Baugency, paſſait par Blois pour retourner dans fes domaines. Thibault, féduit autant fans doute par les riches poſſeſſions que par les grâces de la belle ducheſſe, fit tous fes efforts pour lui plaire, & ne pouvant y réuſſir, il voulut la retenir en prifon dans fon château, & même l'y époufer de force, dit un chroniqueur [2]. Eléonore parvint à s'échapper, de nuit, & gagna la Touraine, où Geoffroy d'Anjou, épris du même défir que le comte de Blois, l'attendait en route & l'aurait enlevée, fi fon bon ange, dit le même chro-

---

[1] Bernier, Preuves, p. xj.

[2] *Eam per vim nubere fibi vo-* lente. (*Chron. Turon.*, *ap.* D. Bouquet, t. XII, p. 474, C.)

niqueur, ne lui eût infpiré de prendre brufquement un autre chemin.

Parmi les priviléges accordés aux Bléfois par Thibault-le-Bon, nous en citerons un, fort fingulier, par lequel il fe démettait, en faveur des chanoines de Saint-Sauveur, de tous fes droits féodaux pendant la vigile, le jour & le lendemain de l'Afcenfion, & qui commençaient, felon l'ancienne manière de compter, le foir du jeudi, au *couvre-feu fonnant*, pour finir le dimanche fuivant, à la même heure. Le chapitre rendait la juftice, par lui-même ou par fes officiers, & percevait tous les droits d'entrée, de péage, &c., excepté les droits royaux. Ce privilége exorbitant, que l'on appelait *la comté*, fubfifta dans prefque toutes fes claufes jufqu'à la Révolution [1].

Le comte de Blois l'avait accordé fans doute pour contribuer à la reftauration de l'églife de Saint-Sauveur, qui avait été détruite par une caufe dont la connaiffance n'eft pas venue jufqu'à nous. Dans une lettre de Pierre de Blois, écrite vers l'an 1160 au doyen & au chapitre de cette collégiale, il les félicite de ce que Dieu leur a fufcité un nouvel Othoniel dans la perfonne de Jean, évêque de Chartres, pour *réparer les ruines* de leur églife, qu'il appelle l'églife de Blois, *ecclefiam Blefenfem*, ce qui indique fa fuprématie fur toutes celles de la ville. Il donne auffi des louanges à un chevalier nommé Geoffroy, qui, dans une fortune

---

[1] Cf. Noël Mars, *Hift. man. de l'abbaye de Saint-Laumer*, f° 48; Fourré, *Coutumes de Blois*, p. 39 & fuiv.

médiocre, avait fait paraître le cœur le plus généreux, comme bienfaiteur de cette églife. Le célèbre archidiacre de Bath fe glorifie, plus loin, d'en avoir été le premier reftaurateur [1].

La plupart des chartes délivrées par le comte Thibault font datées de fon château de Blois, d'où l'on peut conclure qu'il y fit fouvent fa réfidence [2].

Une de ces chartes, précieux documents fans lefquels nous faurions fi peu de chofe fur l'hiftoire ancienne de notre château, nous apprend qu'il y avait, dans une des tours, une chapelle deffervie par un prêtre féculier, & qu'à la follicitation du prieur des chanoines de Saint-Calais, Thibault s'engagea à leur rendre, après la mort du chapelain, ce bénéfice qui leur appartenait précédemment. En 1190, il confirma aux mêmes chanoines tous les priviléges accordés à la chapelle de Saint-Calaïs, par lui ou fes prédéceffeurs [3].

Louis, fils de Thibault, exécuta fidèlement les intentions de fon père, comme on le voit par une charte datée de 1191, l'année même où il fuccéda à Thibault, mort au fiége de Saint-Jean-d'Acre. Louis impofa toutefois aux chanoines de Saint-Calais la condition expreffe de deffervir les deux chapelles, celle de la tour & celle de Saint-Calais, *contiguë*, dit la charte, *à la*

---

[1] *Epift.* LXXVIII, p. 117-119, *l'Hiftoire de Blois*, *paffim.* éd. Gouffanville. [3] *Archives Jourfanvault*, n°
[2] Cf. Bernier, *Preuves de* 3088.

chambre à coucher du comte [1]. L'emplacement de cette chapelle ayant toujours été le même, nous voyons clairement, par ce paffage, que les appartements des anciens comtes de Blois occupaient alors le terrain où fe trouvent aujourd'hui les conftructions des ducs d'Orléans.

Dans le diplôme que nous venons de citer eft énoncée une partie des revenus affignés par les comtes de Blois aux chanoines de Saint-Calais. Ils percevaient annuellement quarante-cinq fous de monnaie bléfoife, deux muids de blé fur les greniers du château, & deux muids de vin dans les celliers, à l'époque de la vendange. Chaque fois que les comtes couchaient à Blois, ils avaient, en outre, le droit de réclamer deux deniers pour le pain, deux deniers pour la cuifine, & une demi-bouteille de vin [2]. Il y avait auffi, pour le fervice de la Tour, une fondation annuelle de deux bouteilles d'huile, de trois livres de cire & de quarante-cinq fous de monnaie bléfoife [3].

Dans une charte délivrée folennellement au château

[1] *Tenebuntur defervire utrique capelle, ille vero de turre, & capelle que meo thalamo eft contigua.* (*Archives Jourfanvault, ibid.*)

[2] Bernier, dans les *Preuves de l'Hiftoire de Blois*, n'a donné que les premières lignes de cette charte. La portion des archives du baron de Jourfanvault, relative au Bléfois, que l'on doit vivement féliciter la ville de Blois d'avoir achetée, nous offre ici & nous offrira encore, plus d'une fois, des renfeignements que l'on chercherait vainement ailleurs.

[3] Les deniers des comtes de Blois de la maifon de Champagne pefaient 19 gr. & ne contenaient que 3 d. 6 gr. 132,48 du marc d'argent qui vaut aujourd'hui environ 54 fr. Au XIIe

de Blois, en 1196, le comte Louis fit de grandes donations aux différentes églifes de la ville. Il affranchit
plufieurs habitants qui étaient ferfs de condition, &
changea le droit de la taille en celui de cinq fous par
chaque maifon [1]; il accorda les droits d'ufage & de
pâturage entre les rivières du Coffon & du Beuvron,
droits qui fubfiftent encore en partie aujourd'hui [2].
Enfin, il fit tant de libéralités aux Bléfois, que Marie de
France, comteffe de Troyes, dit dans un titre que nous
a confervé notre hiftorien Bernier, *qu'un père ne pouvoit donner de plus grandes marques de tendreffe à fes
enfants* [3].

On doit voir combien la féodalité, à mefure que nous
avançons, perd de la barbarie & de la rudeffe de fon
origine; cet adouciffement de mœurs était dû à l'efprit
religieux qui animait fi vivement alors les populations
de l'Europe chrétienne, & qui fe manifeftait par les
croifades, les affranchiffements & la conftruction des
églifes & des abbayes. On preffent l'approche du beau
règne de faint Louis.

Comme fon père & fon aïeul, le comte de Blois
fuivit les croifades & y périt comme eux. Il fut tué en
1205, à la funefte bataille d'Andrinople qu'il avait témé-
rairement engagée [4].

---

fiècle, 45 fous de monnaie bléfoife pouvaient donc repréfenter
32 fr. 40 c.

[1] *Coutumes de Blois*, édit.
Fourré, p. 101.

[2] Le pâturage dans les prai-
ries appelées *les parcs* & dans la
forêt de Ruffy. (*Preuves de l'Hiftoire de Blois*, p. xxvj.)

[3] *Hift. de Blois*, p. 303.

[4] Villehardouin, *De la conq.
de Conftantinople*, ch. cxliv.

Thibault, VIe du nom, dit *le Jeune*, fuccéda en bas âge à Louis, fon père, & mourut en 1218 fans laiffer d'enfants. Dans quelques titres, paffés au château de Blois, il donna, à l'exemple de fon père, de grandes preuves de fon affection pour les Bléfois [1].

Marguerite, fille aînée de Thibault-le-Bon, fuccéda à fon neveu Thibault-le-Jeune ; elle avait époufé Gaultier d'Avefnes, qui fuivit, comme tous les guerriers de fon temps, les expéditions en Terre-Sainte. Il fe croifa deux fois, & fut tué devant Damiette en 1249. Marguerite était morte en 1230; en elle avait fini la dynaftie des comtes de Blois de la maifon de Champagne.

Le droit de battre monnaie était un des droits régaliens qu'ufurpèrent les barons de France, quand l'hérédité des bénéfices fut établie complètement, vers la fin de la dynaftie carlovingienne, & tout porte à croire que la puiffante famille des comtes de Champagne fut une des premières à frapper monnaie dans fes châteaux. En effet, l'atelier monétaire de Blois, fi actif encore fous le règne d'Eudes [2], ne fournit plus de pièces royales après cette époque qui touche à celle de l'établiffement du pouvoir héréditaire de nos comtes. Toutefois, il eft impoffible de préciſer le temps auquel commença de paraître la monnaie bléfoife baronale

---

[1] *Hift. de Blois*, p. 397. — Arch. *Jourfanvault*, n° 3088.

[2] Nous avons publié treize variétés des monnaies d'Eudes, frappées à Blois. (*Revue numifmat.*, 1838, p. 358 & 359.)

dont une charte citée tout à l'heure nous a offert le
fouvenir [1], le nom d'aucun des comtes de la feconde
dynaftie ne fe trouvant infcrit fur les pièces qui font
venues jufqu'à nous. Ces pièces font des deniers & des
oboles ; l'un des côtés offre la croix, commune à toutes
les monnaies du temps, & la légende BLESIS CASTRO;
l'autre, un fymbole bizarre, fans légende, reconnu
enfin, après de longues difcuffions, pour n'être que la
dégénérefcence réfultant d'une fuite de copies d'une
tête de profil [2].

Marguerite de Blois, mariée trois fois, ne laiffa
qu'une fille, qu'elle avait eue de Gaultier d'Avefnes,
fon dernier époux. Cette fille, nommée Marie, avait
époufé Hugues de Châtillon, comte de Saint-Pol, qui
devint, en 1230, le chef de la troifième dynaftie des
comtes de Blois. Hugues mourut en 1248, au moment
où il fe difpofait à accompagner le roi faint Louis dans
fa première croifade. Rien, dans fon hiftoire, ne fe
rattache à notre fujet.

Marie était morte dès l'année 1241, & Jean, fon fils

[1] Nous n'avons pas encore
trouvé de ftipulation, en monnaies bléfoifes, antérieure à
celle que donne Bernier dans fes
Preuves de l'Hiftoire de Blois,
année 1169, fous Thibault V.

[2] Cf. l'excellent travail de E.
Cartier fur les monnaies char-
traines, où les différentes expli-
cations du type de ces monnaies
font rapportées & difcutées, &
un article de M. Alfred de Longpérier qui fixe d'une manière
définitive la valeur de ce type.
(*Revue numifmatique*, 1844, p.
409 & fuiv., & 1859, p. 242-44.)

aîné, avait hérité de fes Etats. Nous ne trouvons rien de relatif au château de Blois dans la vie de ce prince, ni dans celle de Jeanne, fa fille unique, qui lui fuccéda en 1279. Elle avait époufé Pierre, comte d'Alençon, cinquième fils de faint Louis, & mourut en 1292, fans laiffer de poftérité.

Le comté de Blois échut à Hugues de Châtillon, IIe du nom, coufin-germain de Jeanne. On pourrait trouver une preuve du fréquent féjour de ce prince à Blois dans l'échange qu'il fit, vers l'an 1296, d'un privilége bizarre que l'hôpital de cette ville avait fur lui, & qui devait d'autant plus le gêner qu'il venait plus fouvent à fon château. C'était d'y prendre, *chaque fois qu'il y couchoit, vingt pains, une demi-jalée* [1] *de vin, fix pièces de chandelles & autant de foin & d'avoine qu'il en falloit pour deux chevaux.* Hugues échangea ce droit contre celui d'*ufage* & d'*herbage* qu'il avait fur les prés appartenant à l'hôpital [2].

L'hiftoire ne fournit rien de particulier à notre vieux château fous le règne de Guy de Châtillon, qui fuccéda, l'an 1307, à Hugues, fon père, dans le comté de Blois & la feigneurie d'Avefnes. Il mourut en 1342, à Chambord, & fut inhumé à l'abbaye de la Guiche

---

[1] La *jale* eft une ancienne mefure de liquides encore en ufage dans le Bléfois. (V. du Cange, aux mots: *Jalla, Jal-leia, Jaleata*, &c., Suppl., t. II & t. III.)

[2] Du Chefne, *Hift. de la maifon de Chaftillon*, p. 132.

qu'avait fondée Jean de Châtillon, & qui devint le lieu
habituel de la fépulture de nos comtes [1].

Lorfque Louis, fils aîné de Guy, hérita du comté de
Blois, il était à défendre, les armes à la main, les droits
de fon frère Charles au duché de Bretagne; les intérêts du roi fe trouvaient auffi mêlés à ceux de Simon
de Montfort & de Charles de Blois, qui avaient ranimé,
comme on fait, l'éternelle querelle entre la France &
l'Angleterre. Obligé de quitter le théâtre de la guerre
pour aller rendre foi & hommage à Philippe de Valois
& prendre poffeffion de fon comté, Louis ne fit que
paffer *haftivement* à Blois, preffé qu'il était de retourner
en Bretagne, où il avait déjà vaillamment fecondé fon
frère à la prife de Chantoceaux & à celle de la ville de
Nantes. Il figna cependant, dans fon château, des
lettres de confirmation des franchifes & priviléges
accordés par fes prédéceffeurs aux Bléfois [2].

Le 25 du mois d'août 1345, Jeanne de Hainault,
femme de Louis, qui était reftée dans fon château, em-
pruntait de Jean de Chambord, bourgeois de la ville
de Blois, 30 *efcus, 4 pavillons & 8 angles derreiniers d'or* [3]

---

[1] Voir, dans notre *Hiftoire
de Chambord*, le récit de l'en-
terrement de Jean de Châtillon
à l'abbaye de la Guiche.

[2] Charte de confirmation des
priviléges des habitants de Blois,
publiée par Du Chefne, dans

fon *Hiftoire de la maifon de
Chaftillon*, p. 154.

[3] Probablement les *angels* ou
anges de la dernière fabrication,
en 1342, qui vaudraient aujour-
d'hui 19 fr. environ. Les écus
de cette époque répondraient à

pour les envoyer à fon mari, *lequel eftoit allé*, dit la reconnaiffance donnée par la comteffe, *en l'aide de fon très chier & très amé frere le duc de Bretaigne* [1].

Le 26 du mois d'août 1346, le comte de Blois périt à la funefte bataille de Crécy [2].

Les enfants de Louis de Châtillon reftèrent jufqu'en 1351 fous la tutelle de leur mère & de Guillaume de Namur, fon fecond époux, puis de Charles de Blois, après la mort de Jeanne. Dans le partage fait au mois de juin 1361, le comté de Blois échut à Louis, IIe du nom, qui était l'aîné des enfants de Louis Ier [3].

Pendant la minorité de ce prince & les premières années de fon gouvernement, qui correfpondent au règne malheureux du roi Jean, le Bléfois fut, comme le refte du royaume, défolé par les armées anglaifes & par les *Grandes Compagnies*. Les archives de Jourfanvault renferment une quantité confidérable de titres relatifs aux dépenfes que le comte de Blois était obligé de faire pour tenir fon château en état de défenfe. Nous y voyons que Pierre de Fonteines, Macet Audent & autres étaient chargés de l'*artillerie* [4]. Ce nom d'ar-

---

15 fr. de notre monnaie, & les pavillons vaudraient 17 fr. La fomme empruntée par la comteffe de Blois peut donc être évaluée à 670 fr.

[1] *Arch. Jourfanvault*, n° 513.

[2] Froiffart, t. 1, ch. LXXX.

[3] *Hift. de Chaftillon*, p. 158.

[4] Ordre du comte Louis, de payer 6 écus du coin du roi à Pierre de Fonteines & autres, *à caufe de l'artillerie que ils font pour le chaftel de Blois*. (*Arch. Jourf.*, n° 3117, année 1357.)

tillerie, au refte, ne s'appliquait encore qu'aux anciennes armes de jet, quoiqu'il y eût eu déjà des effais
d'armes à feu, notamment à la bataille de Crécy ¹. Dans
les nombreufes quittances des fommes payées pour la
garnifon du château de Blois, il n'eft queftion que
d'archers & d'arbalétriers ². Le titre d'archer eft celui
que prend, dans les quittances de fes gages, Pierre de
Fonteines, qui cumulait en outre les fonctions de
portier du chaftel de Blois ³. Les *Archives de Jourfanvault*
nous fourniffent encore les noms de Guérin Moncom-
père, garde de la porte du côté des Jacobins ⁴, & de
Jehan Templier, garde de la *planche* (le pont-levis) du
château, aux appointements de 18 livres par an ⁵.
Danjau le Breton recevait la même fomme pour la
garde de la porte du donjon ⁶, & le châtelain, Thomas
Petit-Pas, touchait 80 livres ⁷.

Sous le règne de Charles V, la guerre continua

---

¹ « Tous les inftruments de
« jeft s'appeloient autrefois *en-*
« *gins & artillerie*, parce qu'il
« fallait avoir du génie [*inge-*
« *nium*] & de l'art pour faire &
« compofer ces ouvrages fub-
« tils…. Mais aujourd'hui feu-
« lement ceulx qui, pour opé-
« rer, font aidez de pouldre
« faite de charbon, de faulx
« [falpêtre] & de fouffre allumé
« par le feu. » (Cl. Fauchet, *de
l'Origine de la milice & des ar-*
mes, folio 55, édition 1600.)

² *Archives Jourfanvault*, nᵒˢ
3116 à 3120 & 3122, répon-
dant aux années 1354 à 1363.

³ *Ibid.*, nᵒ 3119, année 1360.

⁴ *Ibid.*, nᵒ 3119, année 1362,
& nᵒ 3129, année 1368.

⁵ *Ibid.*, nᵒ 3120, année 1363.

⁶ *Ibid.*, nᵒ 3129.

⁷ *Ibid.*, nᵒ 3120, année 1363.
— La valeur moyenne de la
livre tournois, fous le roi Jean,
répond à 19 fr.

contre les Anglais, mais avec des chances plus heureufes pour la France, & toutes les conquêtes du
Prince Noir furent fucceffivement reprifes. Le château
de Blois était toujours vaillamment gardé, comme le
témoignent un grand nombre de titres contemporains [1].

Vers cette époque, le comte Louis fit prendre le
fain, c'eft-à-dire la cloche [2] d'un prieuré ou ermitage
fitué dans la forêt de Blois, pour le mettre dans la tour
du donjon. Des lettres, données en 1367, par le gouverneur du comté de Blois au Maître des eaux & forêts
du comté, ordonnent de faire payer à *l'ermite de la
forêt* [3] dix livrées de bois, en indemnité de la cloche
qui lui avait été prife, afin de la fufpendre à la groffe
tour du château, où l'on faifait le guet [4].

Il eft queftion pour la première fois, fous le gouvernement de Louis II, d'une chapelle de Sainte-Conf-

---

[1] *Ibid.*, nos 3124 & 3128, années 1368-1371.

[2] *Ibid.*, n° 2787. — Le mot
faïn ou *fein*, employé pour cloche, venait de *fignum*, & c'eft
auffi l'origine du mot tocfin
(*toque-fing*). *Signa quoque eccle-
fiæ interdum multo fonante pul-
fantia.*(Eric.,*De mirac. S. Germ.
Autiffiod.*)

Et la roine mult grant joie li fift,
Li fein fonnerent tout contreval Paris,
Nez Dex tonnant ni poit on oir.

Roman de Garin, édit. P. Paris.

Voy. du Cange, v° *Signum*, 8.

[3] Il exifte encore aujourd'hui
deux maifons, l'une appelée le
Prieuré & l'autre l'*Ermitage*, qui,
en raifon des déboifements, fe
trouvent maintenant hors de la
forêt de Blois, dont les limites
venaient jufqu'aux murailles de
la ville. Le Prieuré dépendait
du couvent de Gâtines en Touraine.

[4] *Archives du baron de Jourfanvault*, nos 1787 & 2879, année 1367.

tance, fondée dans le château de Blois, à une époque qui nous eft inconnue [1].

Louis II mourut en 1372 & fut enterré dans l'églife de Saint-Sauveur. Il n'avait point été marié : fon frère, Jean, IIᵉ du nom, hérita de fes domaines [2]. Ce prince, qui avait eu de fon oncle maternel, Jean de Hainaut, de grandes poffeffions dans la Hollande, dans la Frife & la Zélande, & qui avait époufé Marguerite de Gueldres, ne quitta point fa réfidence des Pays-Bas [3]. Il mourut en 1381, ne laiffant que deux bâtards.

Guy II, dernier fils de Louis Iᵉʳ, devint feul héritier de tous les domaines de fes deux frères. Il habita notre pays de préférence à fes autres poffeffions, & chaque fois que les guerres malheureufes qui défolèrent le règne de Charles VI lui laiffaient des inftants de loifir, il venait les paffer dans fes châteaux de Blois ou de Châteauregnault [4].

Au commencement de l'année 1387, Jeanne d'Armagnac, ducheffe de Berry, accompagnée de fa belle-fille, Catherine de France, vint au château de Blois vifiter le comte & la comteffe de Châtillon & la jeune Marie de Berry, qui avait époufé, l'année précédente,

---

[1] *Archives du baron de Jour-fanvault*, nº 3111, année 1352. — Pouillé, mf. de l'ancien dio-cèfe de Blois.

[2] Du Chefne, *Hiftoire de la maifon de Chaftillon*, page 164.

[3] Froiffart, t. III, ch. xcvi.

[4] *Ibid.*, t. II, ch. cxxviii. — *Hift. de la maifon de Chaftillon*, p. 172, & *Preuves*, p. 115.

Louis de Châtillon, fils du comte Guy. La ducheffe &
fa fille reftèrent trois jours, & *fi furent recueillis*, dit
Froiffart, *bien gracieufement & puiffamment, car le comte
Guy le favoit bien faire*. Le célèbre hiftorien fe trouvait
lui-même au château [1], avec le comte de Blois, dont il
était le chapelain, & à la follicitation duquel il écrivit
fes immortelles chroniques, ce qui eft affurément le
plus beau titre du comte Guy auprès de la poftérité [2].

L'année fuivante, le château de Blois fut témoin d'un
fait d'une haute importance dans la politique du temps.
Les anciennes querelles entre la France & la Bretagne
étaient fur le point de recommencer ; Charles VI avait
pris parti pour Olivier de Cliffon contre Jean de Montfort, & avait fait fignifier à celui-ci de venir s'excufer
de fa conduite déloyale ; le duc Jean, loin de répondre
aux fommations du roi, faifait de grands préparatifs de
guerre ; l'Angleterre & le roi de Navarre, beau-frère
de Montfort, fe difpofaient à le foutenir.

Cependant les ducs de Bourgogne & de Berry, qui
gouvernaient, comme on fait, fous le nom de Charles VI,
ne partageaient pas fi vivement l'injure faite au connétable, dont les talents militaires les offufquaient
peut-être, & ils faifaient tous leurs efforts pour empêcher la guerre d'éclater. Ils envoyèrent à Montfort le
fire de Coucy, avec d'autres ambaffadeurs, & lui firent
offrir leur médiation auprès du roi, en engageant le
duc, s'il ne voulait pas aller le trouver à Paris, de venir

---

[1] *A toutes ces chofes dont je parle je fus préfent.* (Froiffart, en fon tiers volume, ch. CVI.)

[2] *Les Chroniques* de J. Froif-fart, t. III, chap. I & XCVII, t. IV, ch. LI.

au moins jufqu'à Blois, où ils fe rendraient également,
pour avoir une entrevue avec lui. Le fire de Coucy,
l'un des diplomates les plus habiles de l'époque, réuffit
parfaitement dans fes démarches auprès du duc de Bretagne & le fit confentir au rendez-vous propofé [1].

Le comte Guy, voulant fans doute refter étranger
aux conféquences politiques de l'entrevue, ne quitta
pas Châteauregnault, où il fe trouvait alors, & laiffa à
la comteffe de Blois & à fes enfants le foin de recevoir
les trois princes. Le duc de Berry arriva le premier &
defcendit au château. Peu après vint le duc de Bourgogne, *à grant arroy*, dit Froiffard, accompagné du
comte de Nevers, fon fils, & de Guillaume de Hainaut,
fon gendre; il fut reçu également au château de Blois.
Le duc de Bretagne arriva le dernier, *pas en trop grant
arroy*, n'amenant avec lui que les gens de fa maifon,
fon intention étant bien de ne pas aller plus loin. Il
logea dans la *baffe-cour* du château, chez un chanoine
de Saint-Sauveur; fes gens, ainfi que ceux des autres
princes, logeaient dans la ville; mais les trois ducs
tenaient leur cour au château, qui était, felon Froiffart,
« bel, grand, fort & plantureux, & un des beaux du
« royaume de France. » « Là, continue le naïf chroni-
« queur, furent les feigneurs en parlement enfemble,
« & firent les deux ducs, au duc de Bretaigne, bonne
« chère, & induifirent grand amour. » On paffa cinq
à fix jours en feftins & réjouiffances, & pendant ce temps
les ducs de Berry & de Bourgogne conduifirent fi bien
leur négociation, que Jean de Montfort fe décida à les

---

[1] Froiffart, t. III, ch. cxii & cxiv.

fuivre à Paris, à rendre hommage au roi, pour le duché de Bretagne, & à foumettre fa caufe au Parlement [1].

L'an 1391, Louis de Châtillon, fils unique de Guy, mourut fans laiffer de poftérité; le vieux comte n'efpérant plus avoir d'enfant & étant accablé de dettes, le roi, aidé encore du fire de Coucy, *grand contracteur*, felon l'expreffion de Froiffard, réuffit à lui faire vendre, au détriment de fes héritiers, fes domaines de Blois à Louis d'Orléans, qui avait à employer la riche dot de Valentine de Milan. Guy fe réferva la jouiffance du comté de Blois pendant fa vie, & reçut du duc d'Orléans deux cent mille couronnes d'or [2].

Le comte Guy de Châtillon étant mort, en 1397, Louis d'Orléans, frère du roi Charles VI, entra en poffeffion du comté de Blois & devint le chef de la quatrième dynaftie de fes comtes.

Les comtes de Blois, de la maifon de Châtillon, frappèrent une monnaie bléfoife à leur nom & au même type que leurs prédéceffeurs, jufqu'au règne de Guy Ier qui vendit, en 1328, fon droit de monnoyage à Philippe de Valois. Cette monnaie ne fe fabriquait plus au château depuis que la ville était fortifiée, mais dans un édifice dont il refte encore la tour de l'efcalier qui porte le nom de *Tour d'argent*.

[1] *Ibid.*, ch. cxiv.

[2] *Mémorial de la Chambre des comptes de Blois*, aux Archives de France. — Froiffart, t. IV, ch. xxxiv. —La couronne, ou écu d'or, de cette époque, paffait pour 22 f. 6 d., & vaudrait aujourd'hui 12 fr. Les 200,000 écus équivaudraient donc à 2 millions 400,000 fr.

6

III

LE CHATEAU DE BLOIS SOUS LES DUCS D'ORLÉANS.

Es chroniqueurs donnent fi peu de détails fur l'hiftoire générale des anciennes époques que nous venons de parcourir, qu'il fallait fe réfigner à en trouver bien moins encore pour une hiftoire particulière, refferrée comme la nôtre dans d'étroites limites de localité. Auffi n'avons-nous pu atteindre jufqu'ici à un intérêt plus élevé que celui d'une aride differtation, dans laquelle l'auteur cherche, longuement & péniblement, à reconnaître dans un pan de muraille, dans une médaille, une charte, un refte d'infcription, une phrafe de chroniqueur, les débris épars du monument qu'il veut reconftruire & qu'il eft forcé, malgré tous fes foins, de laiffer imparfait. L'hiftoire nous offrira, fous les comtes de Blois de la maifon d'Orléans & fous les rois de France, leurs fucceffeurs, une tâche moins ingrate : les documents deviennent plus nombreux & plus dignes d'intérêt; notre château commence à s'animer par des faits importants; de grandes opérations militaires, de hautes queftions politiques fe décident dans fes murs; les noms illuftres de Jeanne-d'Arc, de Dunois, de Louis XII, des Guife domineront notre récit; le fiége de l'Etat fe trouvera fouvent, pendant plus de deux fiècles, au château de Blois.

On fait la vie agitée de Louis d'Orléans, dépenfée tout entière à difputer aux deux ducs de Bourgogne, Philippe-le-Hardi & Jean-Sans-Peur, le gouvernement du royaume, funefte rivalité qui caufa la plus grande partie des malheurs du règne de Charles VI. Louis ne put venir prendre poffeffion lui-même de fon comté; ce furent des commiffaires qui le firent en fon nom, avec les cérémonies accoutumées; on changea les pannonceaux, aux armes de Châtillon, attachés aux portes du château & de la ville de Blois, *& une grant bannière, couleur de fin azur, à grans fleurs de lys d'or, painte à huile, fut mife ès portes du chaftel* [1].

Des lettres, données en 1398 par le duc d'Orléans, nous apprennent qu'en outre des chapelles de Saint-Calais & de la Tour, il y en avait une troifième dédiée à Notre-Dame, & fituée *au bout de la falle haulte*. En

---

[1] Johan, Berfejean, peintre à Blois, reçut 16 livres tournois pour cette bannière, une autre, plus grande, pour la ville de Blois, & 32 écuffons aux armes du duc, peintes fur bougran, pour les autres villes & châteaux de la comté. (*Archives du baron de Jourfanvault*, n° 823, année 1397.)

1409, Johan le Mire, *maiſtre en médecine*, *chanoine de Soiſſons, & chapelain de cette chapelle de Noſtre-Dame*, pour laquelle il n'était ſans doute pas obligé à la réſidence, faiſait toucher par un fondé de pouvoir 12 l. 15 ſ., montant d'une demi-année de la rente qui lui était due pour ce bénéfice [1]. Le bouteillier du comte de Blois payait, en nature, deux tonneaux de vin au chapelain de Sainte-Conſtance [2]. Et ici, il s'agit probablement du deſſervant de la chapelle de la Tour, car du moment où, dans les chartes, le nom de chapelle de Sainte-Conſtance devient uſité, l'autre diſparaît [3].

Le nouveau comte fit ſon entrée au château le 13 août 1403, comme on peut le conclure d'un acte délivré le même jour, dans lequel Louis accorde, *en faveur de ſon joyeux avénement*, à Jean Beſchebien, prévôt de Blois, la remiſe d'une ſomme dont il lui était redevable [4].

Louis d'Orléans était un prince lettré comme ſon père, le roi Charles V ; comme lui, il aimait les livres, & il plaça au château de Blois une bibliothèque deſtinée à devenir célèbre. Valentine de Milan, la femme la plus accomplie de l'époque, partageait les goûts littéraires de ſon mari ; dans les ſéjours trop rares qu'ils firent à Blois, ils amenèrent avec eux pluſieurs des écrivains marquants dont ils encourageaient les travaux, auxquels ils prenaient part eux-mêmes. Chriſtine de Piſan, Euſtache Deſchamps & Gilles Malet accompa-

[1] *Arch. Jourſanv.*, n° 3155.
[2] *Ibid.*, n° 3156.
[3] Cf. *Biblioth. de Blois, Fonds Jourſanvault*, 9 janv. 1351-52, 20 février 1354-55, 31 octobre 1368, 11 janv. 1382-83, 14 oct. 1398.
[4] *Ibid.*, n° 3157.

gnèrent fans doute le duc & la ducheffe dans notre ville ; le favant bibliothécaire de Charles VI fe chargeait du foin de ranger les livres du duc d'Orléans [1].

La bibliothèque du château fut commencée avec cinq volumes donnés par le roi ; c'étaient : deux Bibles, un Miffel, un livre intitulé le *Gouvernement des rois*, & les Voyages du célèbre Vénitien Marco Polo [2]. Le duc d'Orléans ne négligeait aucun des moyens d'augmenter cette petite collection. Les Archives Jourfanvault nous fourniffent les titres de plus de quarante ouvrages acquis fucceffivement par le duc, ou copiés & enluminés par fes ordres, entre autres : *Le Dit royal, payé 20 francs d'or à Jehan Froiffart, preftre & chanoine de Chimay* [3] ; le *Miroir hiftorial*, en 4 volumes, fait par ordre du duc ; les *Chroniques de France hiftoriées* (illuftrées, comme on dit aujourd'hui) *& toutes complètes ;* le *Roman de Lancelot*, les *Fables d'Ifopet* (Efope), la Cité de Dieu, le *Livre du Ciel & du Monde* [4], le Roman de la Rofe, le *Livre des Echecs* [5], Suétone, Tite-Live, Lucain, Boëce, &c., &c. [6].

---

[1] Cf. l'ouvrage de M. Aimé Champollion, intitulé : *Louis & Charles d'Orléans*, ch. xiii.

[2] *Catalogue imprimé de la Bibliothèque du Roi*, t. I, p. vij.

[3] Le franc d'or vaudrait aujourd'hui 13 fr.

[4] Traduction d'Ariftote par Nicolas Orefme.

[5] Le duc aimait beaucoup le jeu des échecs. On voit, fous le n° 654 des Archives Jourfanvault, que Mathieu Regnault, tréforier de Saint-Martin de Tours, lui gagna un jour, à ce jeu, *une aulmuce de gris à chanoine.*

[6] *Arch. Jourf.*, n°' 831, 833-835, 837-842, & 844-847, années 1376 à 1401. — Nous

Après l'affaffinat exécuté en 1407, par les ordres de Jean de Bourgogne, Valentine de Milan ayant follicité en vain la punition du meurtrier, vint, avec fes enfants, fe retirer au château de Blois. A la nouvelle de la mort de fon mari, elle y avait déjà envoyé fes deux aînés, dont le plus âgé, qui avait à peine quinze ans, était héritier du comté. Elle leur avait recommandé de fe tenir fur leurs gardes & de fe mettre en état de faire une vigoureufe défenfe, car le duc de Bourgogne, non content de l'impunité qui lui était affurée, femblait encore menacer la famille de fa victime. La duchefle, à fon arrivée à Blois, continua de faire fortifier le château; les chroniques contemporaines ne nous apprendraient pas ce fait, qu'il nous ferait révélé par le grand nombre de pièces confervées dans les Archives de Jourfanvault, & relatives au paiement de la garnifon [1].

Ce fut à fon retour à Blois que la duchefle d'Orléans, dont la tendrefle conjugale eft demeurée célèbre, prit pour emblème une *chantepleure* (un arrofoir), entre deux S, initiales de *Soupir & Soucy*, & la mélancolique devife,

RIENS NE M'EST PLVS,
PLVS NE M'EST RIENS,

voyons, fous le n° 600, qu'en 1398, Angelot de la Preffe, peintre & enlumineur à Blois, reçut 12 liv. 10 f. tournois, *pour avoir fait vingt hiftoires* (miniatures), *aux Heures en françois de madame la Duchefle*, et 8 liv. 4 f. *pour avoir fait relier & dorer lefdites Heures & le Traictié de l'âme & du cuer.*

[1] Le moine de Saint-Denis, liv. XXVII, ch. 261. — Monftrelet, ch. XXXVII. — *Arch. Jourf.*, n°° 3159 & 3160.

que l'on voyait répétée fur les murs tendus de noir
de tous fes appartements [1].

Valentine, du fond de fa retraite, ne ceffait de demander juftice; elle alla encore à Paris renouveler fes
plaintes, & revint à Blois fans avoir obtenu plus de
fuccès. Alors, fa douleur & le triomphe du coupable
la réduifirent à un fi profond défefpoir, qu'elle n'y put
furvivre. Une année après la mort du duc d'Orléans,
l'infortunée princeffe fuccombait à l'âge de trente-huit
ans. « Le quatriefme jour de décembre, dit Jouvenel
« des Urfins, mourut de courroux & de deuil la du-
« cheffe d'Orléans. C'eftoit grande pitié d'oüyr, avant
« fa mort, fes regrets & complaintes, & piteufement
« regrettoit fes enfans & un baftard nommé Jehan [1],
« lequel elle voyoit volontiers, en difant : qu'il lui avoit
« efté emblé [3], & que il n'y avoit aucun de fes enfants
« qui fuft fi bien taillé pour venger la mort de fon
« père [4]. »

Malgré la paix jurée, forcément à la vérité, à Chartres, en 1409, entre le duc de Bourgogne & les enfants
d'Orléans, ceux-ci continuaient de réfider dans leur
château de Blois & ne paraiffaient point à la cour,
attendant une occafion favorable de tirer vengeance

Brantôme, *Dames illuftres.*
— Cl. Paradin, *Devifes héroïques*, p. 55.

[2] Jean bâtard d'Orléans, qui
devint comte de Dunois; il n'a-
vait alors que fept ans, & laif-

fait deviner déjà ce qu'il ferait
un jour.

[3] Volé.

[4] Jouvenel des Urfins, *Hift.
de Charles VI*, p. 179 de l'édit.
Den. Godefroy.

du meurtre de leur père. Cette occasion ne tarda pas
à s'offrir.

Charles, chef de la famille d'Orléans, devenu veuf
d'Isabelle de France, morte au château de Blois, la
même année 1409, & qu'il avait épousée lorsqu'il avait
à peine seize ans, se remaria, en 1410, à Bonne, fille
du comte d'Armagnac & petite-fille, par sa mère, du
duc de Berry. La nouvelle alliance du duc Charles lui
amena deux puissants auxiliaires, auxquels se joignit
le duc de Bretagne, qui venait de se déclarer contre
Jean-Sans-Peur, & ce fut le signal d'une guerre atroce
entre les deux factions qui déchiraient le royaume depuis
le commencement du xve siècle. Une foule de malheurs
vinrent fondre de nouveau sur la France, chaque faction appelant à son aide les Anglais, qui vendaient leur
appui au plus offrant, dans des marchés coupables
dont le prix se composait d'un plus ou moins grand
nombre de nos provinces. Quand un sentiment tardif
de nationalité se réveilla chez les princes français, il
n'était plus temps d'arrêter l'invasion anglaise; le duc
d'Orléans fut pris, en 1415, à la funeste bataille d'Azincourt, & expia, par vingt-cinq années de captivité, la
faute qu'il avait commise en appelant l'étranger à son
secours.

Pendant le temps écoulé entre l'avénement du duc
Charles & la bataille d'Azincourt, le château de Blois
était devenu une redoutable forteresse & l'un des chefs-
lieux d'opérations militaires de la faction d'Orléans,
qui avait pris, comme on sait, le nom du comte d'Armagnac, beau-père de Charles. Le duc, se tenant con-

ftamment fur le théâtre de la lutte, ne venait que rarement à fon château; mais il était habité par fa famille,
& la garde en était confiée au capitaine Archambaud
de Villars, ayant fous fon commandement un grand
nombre d'hommes d'armes, d'archers, d'arbalétriers &
de *canonniers*, car on fe fervait généralement alors de
canons pour la défenfe des places [1]. Il y avait même
au château un armurier, nommé Lermite, qui en fabriquait pour le duc d'Orléans, & on en expédiait de
Blois pour garnir les châteaux du comte d'Armagnac [2].

Durant les premières années de la captivité du duc, les
précautions redoublèrent pour la garde de fon château.
Archambaud de Villars en était toujours le commandant; il faifait dreffer des devis pour les réparations à

---

[1] *Arch. Jour.*, n°ˢ 3160 à
3165, années 1408-1415. —
Les canons étaient faits en fer
fondu ou compofés de bandes
de fer réunies par des cercles
de même métal. Les boulets
étaient de pierre. En 1416, Jean
de Joinville, capitaine de Baugency, envoyait à Blois un mil-
lier de pierres à canon qu'il
avait fait fabriquer pour la garnifon du château. (*Archives
Jourfanvault*, n° 3086.)

[2] *Arch. Jourf.*, n°ˢ 3165 à
3168. — Archambaud de Villars, capitaine de Blois, recevait
200 liv. tournois par an, pour
la garde du château & de la
ville; Jean de Vernuche & Jean
de Menars, gardes des portes
du château, recevaient 6 livres
tournois par mois; Jean Lermite, l'armurier, était aux appointements de 100 liv. par an,
& Simon Verneau, garde des
engins (toutes les armes de jet),
avait 8 liv. 6 f. 8 d. par mois.
Pendant le règne de Charles VI,
il y eut de grandes variations
dans le titre de l'argent mon-
noyé, qui baiffait à chaque fabrication; la valeur moyenne de
la livre peut être évaluée à 7 fr.
10 c., environ.

faire aux murailles ; il organifait un fyftème de défenfe
complet, & un fervice de police régulier pour le château & la partie fortifiée de la ville. Nous avons un
inventaire exact, fait en 1418, par fes ordres, des *ar-*
baleftes, traits, artillerie, canons, lances, & autres abille-
mens de guerre eftans ou chaftel de Blois [1].

Les armées anglaifes avaient fait de grands progrès
dans l'intérieur du royaume, & la capitale était tombée
en leur pouvoir. On était en 1420 ; Melun venait d'être
pris, & Henri V avait traité la garnifon avec fa cruauté
ordinaire. Le comte de Blois fe réhabilite dans l'hiftoire ;
fes domaines tiennent pour le parti français, tandis que
Philippe-le-Bon, mu par la même penfée qui avait auffi
jeté Charles d'Orléans dans le parti anglais, vend la
France à Henri V par le honteux traité de Troyes.

Aux nouvelles reçues de la prife de Melun, le bailli
& gouverneur du Bléfois fit expédier en hâte des lettres clofes aux vaffaux du comté, pour qu'ils euffent
à venir, montés & armés, défendre le château de Blois
contre les Anglais [2].

Ce fut alors fans doute que les reliques de faint
Mundry, folitaire de la forêt de Ruffy, près de Blois,
furent tranfportées, *à caufe de la crainte des Anglais,*

[1] *Arch. Jourf.*, n° 3167.

[2] *Ibid.*, n° 3169. — Il ne faut
pas oublier que le nom de *vaffaux*
dont l'acception a été fouvent
changée par les romanciers &
les auteurs dramatiques, indi-
quait des feigneurs poffeffeurs
de fiefs, & obligés, en conféquence, à un fervice d'un certain nombre de jours, chaque
année, envers les feigneurs de
qui relevaient ces fiefs.

dans la *chapelle de Sainte Conftance, fituée en lieu fûr &
très-fort.* Ces derniers mots s'appliquent bien à la chapelle de la Tour & confirment ce que nous difions
plus haut [1].

Vers la fin de l'année 1420, le comte de Vertus,
frère de Charles d'Orléans, mourut au château. Les
funérailles furent faites avec magnificence ; une immenfe lître, ornée de deux cents écuffons, aux armes
du comte, était tendue autour de l'églife de Saint-
Sauveur, & d'après un ufage encore fuivi dans plufieurs
provinces de France, il y eut un grand repas au château de Blois le jour des obfèques, qui fe firent le 16
novembre [2].

Le comte de Vertus était chargé de l'adminiftration
du comté de Blois &, malgré fa captivité, le duc Charles
communiquait régulièrement avec lui. Le Bâtard d'Orléans remplaça le comte de Vertus [3].

Le 5 août 1421, le dauphin - régent, qui venait
d'être forcé d'abandonner le fiége de Chartres, datait

[1] *Ob metum Anglorum... ad
capellam Stæ Conftantiæ, in loco
tuto & fortalitio.* (Charte de la
châffe de faint Mundry, datée
de 1447.)

[2] Lynain de la Fontaine reçut
52 liv. pour la peinture des écuffons ; 30 aunes de drap noir,
pour habiller treize pauvres qui
portaient treize torches au convoi du comte, furent payées
36 liv. 7 f. 6 d. à Huguelin,
drapier à Blois. Anicet, épicier,
fournit 30 livres de cire, 7
quartes d'ypocras, &c. : *s'enfui-
vent les parties de panneterie,
efchançonnerie, cuifine, fruitterie
..... payées pour le difner fait au
jour de l'obfèque.* (*Arch. Jourf.*,
nᵒˢ 808, 823, 861 & 865.)

[3] *Arch. Jourf*, aux ann. 1420
& fuiv.

de Blois des lettres portant ordre aux nobles *de fe*
rendre en avant, & affembler des autres le plus qu'on pour-
roit, fous peine de perdre leur nobleffe, de voir leurs
maifons rafées & leurs biens confifqués [1].

En 1424, & non en 1451, comme l'a dit Bernier, fe
firent, au château de Blois, les noces de Jean II, duc
d'Alençon, avec Jeanne, fille du duc Charles & d'Ifabelle de France, fa première femme [2].

Cependant les ennemis continuaient d'envahir le
territoire français; le Maine & une partie de la Beauffe
étaient tombés en leur pouvoir. Dès 1427, on ne fe
croyait plus en fûreté au château de Blois; les chartes,
livres, tapifferies & autres objets précieux qu'il renfermait furent envoyés à la Rochelle, & remis à la garde
de Jean de Rochechouart, feigneur de Mortemart.
L'inventaire des livres contient les titres & la defcription fommaire de quatre-vingts ouvrages [3].

On fait tous les défaftres qui terminèrent l'année 1428.
Orléans, alors une des premières villes du royaume
& le boulevard des armées françaifes retirées fur la
rive gauche de la Loire, était affiégée; Chartres, Meung,
Baugency, toutes les autres forterefses de la Beauffe,
fauf Marchenoir, étaient au pouvoir de l'ennemi, qui

[1] *Recueil général des ancien-*
nes lois françaifes, par Ifambert,
t. VII, p. 655.

[2] Chronique manufcrite citée par la Clergerie, *Hift. des*
comtés du Perche & d'Alençon,
p. 318.

[3] *Archives Jourfanvault,* nᵒˢ
130 & 850. — Leroux de Lincy,
La Bibliothèque de Charles d'Or-
léans à fon château de Blois, en
1427 (Extrait de la *Bibliothè-*
que de l'École des Chartes, t. V,
p. 61 & fuiv.)

venait même de prendre pied fur l'autre rive de la
Loire, par la prife de la Ferté-Hubert. Blois était devenue ville frontière, quand Jeanne d'Arc vint fe mettre à la tête de la petite armée qui allait tenter le
dernier effort pour le maintien de l'indépendance nationale.

Au commencement d'avril 1429, le duc d'Alençon
était venu préparer un convoi de vivres, & devait effayer de le faire entrer dans Orléans avec la Pucelle.
Le maréchal de Bouffac, l'amiral de Culant, le fire de
Gaucourt, La Hire, Xaintrailles & tous les principaux
capitaines de Charles VII arrivaient fucceffivement
dans notre ville, fur la nouvelle de la venue de Jeanne
& fur la renommée de toutes les chofes admirables que
l'on racontait d'elle. Renaud de Chartres, archevêque
de Reims, fe trouvait auffi à Blois, avec un grand nombre de prêtres & de moines des abbayes voifines, fuyant
devant les Anglais. La ville & le château étaient encom-
brés d'hommes d'armes, de gens d'églife & d'une foule
de foldats & de peuple.

Vers la fin d'avril, Jeanne d'Arc fit fon entrée à
Blois aux acclamations de toute cette multitude. Elle
y refta trois jours, en attendant des renforts qui étaient
annoncés. Pendant ce temps, l'étendard qu'elle avait
fait faire à Tours [1] fut béni folennellement dans l'églife

---

[1] Plufieurs hiftoriens, entre
autres M. de Sifmondi & M. de
Barante, ont dit, d'après une
verfion différente, que l'étendard de Jeanne d'Arc avait été
fait à Poitiers. L'ouvrage ancien
le plus complet fur les premières
années de l'hiftoire de cette hé-

de Saint-Sauveur, par l'archevêque de Reims. Elle avait
auffi une bannière pour les prêtres qui devaient l'accompagner dans fon expédition.

Jeanne envoya enfuite par un hérault, aux chefs
anglais qui commandaient devant Orléans, une lettre
qu'elle avait dictée elle-même. Elle y fommait le roi
d'Angleterre de lui rendre les clefs de toutes les bonnes villes qu'il avait *enforcées*. Elle venait, difait-elle, *de
par le roy du ciel, corps pour corps, le bouter hors de France.*
« Si vous ne luy faictes raifon, ajoutait-elle, croiez
« fermement que le roy du ciel luy envoyra plus de
« force à elle, & à fes bonnes gens d'armes, que vous
« ne fçauriez avoir à cent affaulx. Entre vous, archiers,
« compaignons d'armes, gentilz & vaillans, qui eftes
« devant Orléans, allez-vous-en en voftre païs, de par
« Dieu ; & fe ainfi ne le faictes, donnez-vous garde de
« la Pucelle, & de vos dommaiges vous fouviengne.
« Ne prenez mie voftre opinion que vous ne tendrez
« mie France du roy du ciel, le filz fainte Marie ; mais
« la tendra le roy Charles, vray héritier, à qui Dieu l'a
« donnée, qui entrera à Paris en belle compaignie.

---

roïne & plufieurs des actes de
fon procès nous avaient fait dire,
dans les précédentes éditions de
ce livre, que c'était à Blois ;
mais on ne peut révoquer en
doute le témoignage de frère
Pafquerel, aumônier de Jeanne.
Or, il déclare, dans le procès de
réhabilitation, t. III, p. 103, de

l'édit. de la Soc. de l'Hift. de
France, que l'étendard avait été
fait à Tours, & qu'il avait lui-
même parlé au peintre : *Johanna
fecit fierit vexillum fuum in quo
depingebatur imago Salvatoris
Noftri..., & applicuit ipfe loquens
Turonis illo tunc quod depingebatur illud vexillum.*

« Se vous ne croiez le nouvelles de Dieu & de la Pu-
« celle, en quelque lieu que vous trouverons nous
« ferrons [férirons] dedans à horions, & fi verrez lef-
« quelz meilleur droict auront dé Dieu ou de vous... »
Il faudrait citer tout entière cette admirable lettre.

Tous les jours, Jeanne faifait faire à Blois des proceffions, fous la conduite du frère Pafquerel, fon aumônier, qui était fuivi des prêtres de la ville, des gens
de guerre & de tout le peuple, chantant des hymnes
& des cantiques. Jeanne était au milieu d'eux, priant
avec une grande ferveur & fe mettant continuellement
à genoux. Elle engageait les hommes d'armes à ne plus
jurer & maugréer, à renvoyer les *fillettes* qu'ils menaient avec eux, à fe confeffer & à fe préparer, par
une conduite fainte & régulière, à obtenir l'affiftance
du ciel dans l'entreprife qui allait être tentée. Ces
moyens, tout-puiffants à une époque où, malgré les
habitudes de défordre, fruits de l'état de guerre continuel, les croyances religieufes avaient confervé de pro-
fondes racines dans les cœurs, agiffaient fortement fur
les troupes. Elles étaient arrivées au plus haut degré
d'exaltation quand on fe mit en marche pour Orléans.

C'était le 28 avril : frère Pafquerel ouvrait la marche,
portant la fainte bannière & entouré d'un bataillon de
prêtres qui chantaient avec lui le *Veni Creator*. Jeanne
avait fait confeffer tous les hommes d'armes avant de
partir, & elle avait communié devant eux à Saint-Sauveur, en grande cérémonie. Elle était armée tout à
blanc [1], *fauf la tefte*, & montée fur un courfier noir. A

[1] Armée de toutes pièces.

fa fuite marchaient : fon frère, armé auffi à blanc, fes
deux héraults d'armes, Guyenne & Ambleville, fon
écuyer, plufieurs pages, & les cinq lances qui formaient
fon efcorte ordinaire [1]. Sa petite armée ne comptait
pas plus de fix mille hommes. L'exaltation religieufe &
l'enthoufiafme militaire qui animaient ces derniers débris des armées françaifes les rendaient capables des
plus grandes chofes; la levée du fiége d'Orléans & le
facre du roi à Reims, les deux objets de la miffion de
Jeanne, n'étaient plus un fujet de doute pour aucun
d'eux [2].

En 1431, la ville & le château de Blois furent mis
fous le commandement du premier homme de guerre
de l'époque, le célèbre Bâtard d'Orléans. Par lettres
datées de Hampthill, fon frère Charles lui donna ce
commandement à la place d'Archambaud de Villars
qui, *à caufe de fon grand aage & de fa débilité, ne pouvoit plus faire le fervice dans ces temps de guerre* [3]. Une
quittance, fignée du Bâtard, nous apprend qu'il touchait, pour cette charge, 200 livres par an, comme fon
prédéceffeur [4]. Au furplus, les événements importants

---

[1] Les cinq lances, c'eft-à-
dire les cinq hommes d'armes
qui accompagnaient Jeanne
menaient avec eux, fuivant l'u-
fage, chacun un page, un cou-
tillier & trois archers; ce qui
formait une fuite de trente cavaliers.

[2] *Procès de condamnation &*

*de réhabilitation de Jeanne
d'Arc,* fuivis de tous les documents hiftoriques que l'on a pu
réunir, &c., publiés par J. Quicherat, dans la collection de la
Société de l'Hiftoire de France.

[3] *Arch. Jourfanvault,* n° 132.

[4] *Ibid.,* n° 3187. — La valeur moyenne de la livre, fous

7

qui fe paffaient en France, & auxquels il prenait la plus
glorieufe part, ne lui permettaient guère de réfider au
château de Blois, qui était habituellement commandé
par Jamet du Tillay [1].

Les portiers, qui n'étaient que quatre en 1408, cinq
en 1430, s'élevaient alors au nombre de fept, comme
on le voit par les quittances des autres officiers pré-
pofés à la garde du château [2]. La nomination de Jean
Menart, garde de l'artillerie, eft auffi datée de Hampthill, en 1433 ; il y eft queftion de la *groffe tour ou
donjon* [3]. Un autre titre de la même année, la nomination du garde des clefs du château, eft daté de
Donington. On voit que, malgré fa captivité, Charles
trouvait le moyen de veiller à l'adminiftration & au
gouvernement de fes domaines, & n'était point étranger, par conféquent, à la défenfe de la caufe nationale,
qui n'avait même commencé à prendre une tournure
favorable que dans fon propre duché d'Orléans, &
fous la direction de fes officiers.

Quoique le théâtre de la guerre s'éloignât de plus
en plus, le château de Blois continuait à être tenu en
bon état de défenfe. En 1433, on donna un tel déve-

Charles VII, peut être évaluée
à 5 fr. 68 cent. Les 200 livres
repréfentent 1,136 francs, environ.

[1] *Arch. Jourf.*, n°ˢ 3176 &
3182, années 1432 & 1438. — Il
eft queftion d'Archambaud de
Villars & de Jamet du Tillay dans

la dépofition du comte de Dunois au procès de réhabilitation
de Jeanne d'Arc. (Voy. le recueil publié par la *Société de
l'Hiftoire de France*, t. II., p. 3.)

[2] *Archives Jourfanvault*, n°ˢ
3160 à 3165, 3175 & 3176.

[3] *Ibid.*, n° 3177.

loppement aux fortifications deftinées à protéger les
abords de la place, que, pour faire *un pal & ceinture*
(ceinture de pieux) *à l'entour du chaftel, du cofté des
champs*, on *dépouilla* fix arpents & demi de bois dans
la forêt de Blois, près Pigelée. On abattit, en même
temps, treize vieux chênes pour refaire le pont dor-
mant, les verges & le pont-levis du même côté. Ces
travaux avaient été ordonnés par le Bâtard d'Orléans,
pour la *fureté, tuicion & défence du dict chaftel* [1].

Au mois de mars de la même année, Jean Levefque
reçut 25 liv. 10 f. tournois, pour la façon de cent
deux toifes de *haie d'efpine, cotonnée & hériçonnée, garnie de paux* (pieux) *& javaux* (fafcines) *renforcez,
faictes à l'environ du chafteau* [2].

En 1434, par les ordres de Hue de Saint-Mars, gouverneur du comté de Blois, on donna des foutiens
aux chemins de ronde, on perça de nouvelles meur-
trières, du côté des champs, & on défendit les approches de la place par des *palis* ou enceinte de pieux [3].

Philippe-Antoine de Vertus, bâtard du comte de
Vertus, mort à Blois, vint, dans l'année 1436, du pays
de Lombardie, dont il était natif, pour réfider au château de Blois & s'y employer au fervice du duc d'Orléans, fon oncle [4].

L'année d'après, Philippe y reçut le bon roi René
qui fortait des prifons du duc de Bourgogne. Il s'en
allait vifiter Charles VII, alors à Tours, revoir fon

[1] *Archives Jourfanvault*, n°   [3] *Ibid.*, n° 3176.
3193.   [4] *Archives Jourfanvault*, n°
[2] *Ibid.*, n° 3177.   548 & 3179.

duché d'Anjou & fa comté de Provence, fans trop s'inquiéter du royaume de Naples & de Sicile dont il venait d'hériter, & dont il ne chercha à s'affurer la poffeffion que l'année fuivante, entreprife qui devait échouer comme toutes celles de cet excellent prince [1].

En 1438, la maifon de Bourgogne, partageant le défir général de voir fe terminer les diffenfions qui nuifaient fi fort au rétabliffement des affaires du royaume, cherchait les moyens de fe rapprocher à la fois de la cour de Charles VII & de la maifon d'Orléans. Le mariage entre Charles, fils de Philippe-le-Bon, & Catherine de France, avait été arrêté dès 1435, à la paix d'Arras [2]. Il fut enfin figné & conclu à Blois par le roi & par le fire de Crevecœur, ambaf-fadeur de Philippe, le 30 feptembre 1438, dans le château même de celui qui était naguère le plus impla cable ennemi de la maifon de Bourgogne [3].

Pourtant, de nombreux ferments de difcorde fub-fiftaient toujours & faifaient évanouir tous les projets pour le maintien de la paix intérieure. On venait de publier les belles ordonnances de 1439, deftinées à donner une organifation régulière à l'armée ; mais ce n'était pas une chofe facile de déterminer les chefs des anciennes compagnies à renoncer aux habitudes

[1] René arriva à Blois un jour maigre ; on fervit à fa table de magnifiques poiffons dont le prix s'élevait à 12 royaux d'or. Le royal d'or peut être évalué à 13 francs. (Archives du ba-ron de Jourfanyault, n° 3186.)

[2] Monftrelet, année 1438.

[3] Le contrat de mariage, fi-gné à Blois, eft dans le Recueil diplomatique de Dumont, tome III, p. 58.

de violence & de pillage, que rappelle d'une manière
fi énergique le nom d'*écorcheurs* qu'ils ne rougiſſaient
pas de ſe donner eux-mêmes, & ils ſe ſouciaient peu
de licencier leurs troupes, dans l'eſpoir incertain
d'être replacés par le roi capitaines des compagnies
régulières qui allaient être formées [1]. L'accroiſſement
de la puiſſance royale qui devait réſulter de l'exécution
des ordonnances ne pouvait convenir non plus aux
grands vaſſaux de la couronne. Auſſi les princes du
ſang eux-mêmes ſe mirent-ils à la tête de la révolte,
connue ſous le nom de *praguerie* [2], qui s'organiſa à
Blois dans les murs de notre vieux château, ſous les
auſpices du duc de Bourbon, du duc d'Alençon & du
comte de Dunois [3]. Le Bâtard de Bourbon & le ſire de
Chabannes, deux des plus célèbres chefs d'*écorcheurs*,
vinrent, ſuivis de leurs compagnies, y rejoindre les
conjurés ; le Dauphin, qui devait être Louis XI, con-
ſentit à être le chef des mécontents [4].

---

[1] Monſtrelet, année 1439.

[2] Les ſoulèvements de la
ville de Prague, pour la réforme
de Jean Hus, avaient tellement
occupé toute la chrétienté que
le nom de *praguerie* était devenu ſynonyme de *révolution*
ou *révolte*.

[3] Le Bâtard d'Orléans portait le nom de comte de Dunois
depuis les conférences de Gra-
velines, où Charles d'Orléans

avait eu la permiſſion de ſe
rendre en qualité de plénipo-
tentiaire français. A l'entrevue
qui eut lieu entre les deux frères, Charles, en reconnaiſſance
des ſervices que lui avait rendus, pendant ſa captivité, Jean
d'Orléans, détacha en ſa faveur
le comté de Dunois de ſes domaines de Pays-Chartrain.

[4] Monſtrelet, ann. 1439. —
Vie de Chabannes.

Sur ces entrefaites, le connétable de Richemont, venant de quitter Angers, où fe trouvait la cour, pour aller dans fon gouvernement de l'Ile-de-France, paffa par Blois. S'étant rendu fans défiance au château, il y trouva réunis Dunois, Bourbon, Vendôme & Chabannes. Ceux-ci cherchèrent, par des paroles irritantes & même des menaces, à faire perdre patience au connétable & engager une querelle avec lui, de manière à trouver l'occafion de s'emparer de fa perfonne. Mais Richemont, en homme fage & habile, fut fi bien fe contenir qu'ils n'ofèrent l'arrêter.

Cependant les nouvelles de la révolte étaient arrivées au roi, & il avait dépêché en toute hâte Gaucourt & Xintrailles vers Richemont, qu'ils rejoignirent à Baugency & ramenèrent avec eux, tandis que Charles venait au-devant de lui jufqu'à Amboife. Le connétable paffa encore par Blois, mais cette fois dans un bateau & à la faveur de la nuit [1].

La praguerie, faite uniquement dans l'intérêt des grands, ne trouva aucun appui dans le peuple, en faveur duquel avaient été promulguées les ordonnances, & le roi parvint promptement à fe rendre maître de la révolte.

Le befoin de la réconciliation entre les partis fe manifeftait de tous côtés, & un exemple remarquable en fut offert par les deux plus puiffantes familles françaifes. L'année 1440 vit le duc de Bourgogne folliciter & obtenir la mife en liberté du chef de la maifon

---

[1] *Mém. du connétable de Richemont*, p. 776 de l'édition Godefroy.

d'Orléans qui, devenu veuf, pendant fa captivité, de Bonne d'Armagnac, fa feconde femme, époufa, pour fceller la paix des deux familles, Marie de Clèves, nièce de Philippe-le-Bon & élevée à fa cour.

Le duc d'Orléans avait mis à profit les loifirs de l'exil. Il avait ajouté à la valeur militaire du guerrier les talents du politique, le favoir de l'homme lettré, l'efprit & l'amabilité du poète; c'était, fans contredit, le prince le plus accompli de fon temps. Sa réputation bien connue, fa longue captivité, & la part qu'il avait prife aux négociations pour la paix le firent accueillir, à fon arrivée fur le fol de France, avec des tranf-ports d'enthoufiafme. Son voyage fut un véritable triomphe jufqu'à Blois, où il fe rendit directement [1]. « Là, & ailleurs, partout où il paffa, dit Saint-Gelais, « le peuple en eftoit auffi refioui que fi c'euft efté un « ange qui fuft defcendu du ciel [2]. »

Charles, depuis fon retour en France, fe mêla peu des affaires publiques. Après avoir fait une tentative infructueufe pour conquérir le Milanais, fur lequel il avait des droits par fa mère Valentine, il ne fongea plus qu'à jouir des charmes d'une exiftence paifible. Il quittait peu fon féjour de Blois, où il vivait entouré d'une cour brillante & polie, occupé de l'adminiftra-tion de fes vaftes domaines, de l'embelliffement de fon château, & furtout de la culture des lettres qui avait

---

[1] Monftrelet, ann. 1440. — Saint-Gelais, p. 25.

[2] Monftrelet, ann. 1440. — Saint-Gelais, p. 25.

apporté de fi douces confolations aux ennuis de fa captivité.

Ce dut être au château de Blois que Charles d'Orléans, l'un des premiers jours du premier printemps qu'il revoyait en France, arrêtant fes yeux fur le magnifique payfage qu'il découvrait du haut de fa royale demeure, & favourant les beautés de la nature avec la fenfibilité du captif dont la prifon vient de s'ouvrir, compofa ce délicieux *rondel* :

> Le temps a laiffié fon manteau
> De vent, de froidure & de pluye,
> Et s'eft veftu de bourderie [1],
> De fouleil luyfant, cler & beau ;
> Il n'y a befte, ne oyfeau
> Qu'en fon jargon ne chante ou crie :
> Le temps a laiffié fon manteau
> De vent, de froidure & de pluye.
>
> Rivière, fontaine & ruiffeau
> Portent, en livrée jolie,
> Gouttes d'argent d'orfaverie,
> Chafcun s'abille de nouveau ;
> Le temps a laiffié fon manteau
> De vent, de froidure & de pluye [2].

La ballade fuivante n'a pu être écrite ailleurs qu'au château de Blois ; M. Aimé Champollion penfe même

[1] Broderie.

[2] Rondel, n° 398 du manufcrit $\frac{7\ 3\ 5\ 7}{4}$ de la Bibliothèque impériale, f° 112. — *Poéfies de Charles d'Orléans*, édition Guichard, p. 423.

que cette charmante pièce eſt la première que Charles
d'Orléans compoſa après ſon retour [1].

En tirant d'Orléans à Blois,
L'autre jour par eaue venoye ;
Si rencontray, par pluſieurs foiz,
Vaiſſeaulx, ainſi que je paſſoye,
Qui ſingloient leur droicte voye
Et aloient légierement,
Pource qu'eurent, comme veoye [2],
A plaiſir & à gré le vent.

Mon cueur, penſer & moy, nous trois,
Les regardaſmes à grant joye,
Et diſt mon cueur, à baſſe vois,
Voulentiers en ce point feroye ;
De confort [3] la voille tendroye,
Si je cuidoye [4] ſeurement
Avoir, ainſy que je vouldroye,
A plaiſir & à gré le vent.

Mais je treuve [5], le plus des mois,
L'eaue de fortune ſi quoye [6],
Quand au bateau du monde vois
Que s'avirons d'eſpoir n'avoye [7]
Souvent en chemin demourroye [8]
En trop grant ennuy longuement ;
Pour néant en vain attendroye
A plaiſir & à gré le vent.

---

[1] *Louis & Charles, ducs d'Or-*
léans, p. 337.

[2] Comme je voyais.

[3] De confolation.

[4] Si je penſais.

[5] Je trouve.

[6] L'eau de fortune ſi calme.

[7] Que ſi les avirons d'eſpoir
je n'avais.

[8] Je demeurerais.

Les nefz dont cy devant parlôye
Montoient, & je defcendoye ;
Contre les vagues de tourment,
Quant il lui plaira, Dieu m'envoye
A plaifir & à gré le vent [1].

Les goûts poétiques du duc Charles étaient partagés par fon illuftre compagne & par les officiers de fa maifon, choifis prefque tous parmi fes émules ou fes rivaux en poéfie. C'étaient : Aftezan, fecrétaire du prince, Boucicault, Philippe de Boulainvilliers, Jean & Simon Cailleau, Guillaume & Jean Cadier, Benoît d'Amiens, Garencières, Guyot Pot, Gilles des Ourmes, Tignonville, Vaillant, Redet & d'autres trouvères, parmi lefquels figurait avec honneur le Bléfois Guillaume de Villebrefme, fecrétaire de la ducheffe d'Orléans.

La Cour de Blois devint une école de beau langage, une forte d'Académie, dont les leçons formèrent Villon, qui enleva, bien à tort, au duc d'Orléans, l'honneur d'être regardé comme le père de la poéfie françaife. Le roi de Sicile, le duc de Nevers, les comtes d'Alençon & d'Etampes vinrent s'effayer dans les luttes d'efprit qui avaient lieu fous la préfidence du duc Charles, & dont il fourniffait lui-même les textes [2].

[1] Ballade 147 du mf. de la Bibliothèque imp., fº 37, vº. — Poéfies de Ch. d'Orléans, édit. Guichard, p. 164.

[2] Introduction à l'édition des poéfies de Charles d'Orléans, par J. M. Guichard. — Notice hiftorique fur Charles d'Orléans, en tête de l'édition donnée par M. Aimé Champollion.

La bibliothèque de Blois fut augmentée notablement par un nombre de manufcrits, affez confidérable pour l'époque, qui avait été rapporté d'Angleterre par le duc d'Orléans & provenait, en grande partie, de l'ancien dépôt enlevé de la tour du Louvre par le duc de Bedfort. Charles, comme on le penfe bien, ne négligea aucun moyen d'enrichir fa collection après fon retour en France [1].

Le duc Charles, qui était devenu très-dévot, fe livrait auffi au château de Blois à de grandes pratiques de piété. Monftrelet dit que, depuis fon retour d'exil, il donnait à dîner tous les vendredis de l'an à treize pauvres, pour l'honneur de Dieu, & les fervait à table lui-même avant de manger; puis leur lavait les pieds, à l'exemple de Notre-Seigneur, qui lava les pieds à fes difciples le jour de la Cène [2].

Sous un prince éclairé, ami des arts, le château de Blois prit une forme nouvelle. Jufqu'alors, ce n'avait été qu'une forterefle, couronnée de créneaux & de machicoulis, percée d'étroites ouvertures, flanquée de nombreufes tours, au milieu defquelles s'élevait triomphalement le donjon féodal, furmonté de fes guérites de pierre. Le château, en un mot, était, comme on a pu en juger, une formidable place forte, munie de tous les moyens de défenfe qu'exigeait l'état de guerre continuel où fe trouvait le pays.

---

[1] Voir la notice des ouvrages acquis par Charles d'Orléans, n° 848 à 852 des *Archives* *Jourfanvault*, & Leroux Lincy, *La Biblioth. de Ch. d'Orléans.*

[2] Monftrelet, année 1464.

Au milieu du XVe fiècle, les affaires de la France avaient complètement changé de face. La Normandie & la Guyenne avaient été reconquifes par le comte de Dunois. Le *roi de Bourges* était devenu le fouverain le plus puiffant de l'Europe ; il poffédait plus de provinces que n'en avait eus avant lui aucun des rois de la troifième race. Dans l'état de profpérité & de fécurité dont on jouiffait alors, les fortereffes femblaient déformais inutiles au centre du royaume ; les barons qui les poffédaient ne fongèrent plus qu'à les remplacer par des demeures élégantes, où ils employèrent tout le luxe apporté par la civilifation méridionale, qui venait enfin de fe faire jour dans un pays refté en arrière d'un fiècle, en raifon de fes guerres avec l'étranger & de fes diffenfions inteftines. Si, dans leur plan & leur ordonnance, les nouveaux édifices rappelaient les fortereffes dont ils tenaient la place, ils s'en éloignaient complètement dans les détails de leur architecture. Aux fenêtres longues & étroites fuccédaient les larges croifées ornées de cintres furbaiffés ; aux poternes baffes & hériffées de fer, les portes à tympans fleuronnés comme des porches d'églifes ; aux voûtes fombres, les élégants portiques furmontés de galeries. Les tours, leurs machicoulis & leur créneaux, derniers fouvenirs des anciens châteaux-forts, étaient traités avec une telle recherche, que c'était devenu une décoration plutôt qu'une défenfe.

On ne peut guère apprécier aujourd'hui les travaux exécutés au château de Blois par Charles d'Orléans ; le peu qu'il en refte n'étant qu'une galerie à arcades

deftinée à réunir les deux ailes de l'orient & de l'occident; les deffins de Du Cerceau donnent une idée
avantageufe de l'aile occidentale qui fubfiftait encore
de fon temps [1]. Au furplus, nous ne connaiffons aucun
document relatif à la date de ces conftructions ; mais
leur ftyle, autant que les différentes phafes hiftoriques
du vieux manoir des comtes de Blois, ne permet pas
d'attribuer à d'autres qu'à Charles d'Orléans la tranf-
formation de la fortereffe en château.

Malgré l'état peu avancé de l'horticulture, il eft
probable que, dès lors, des jardins furent établis à
l'entrée de la plaine & à la place des anciennes
enceintes de défenfe. On peut encore reconnaître,
dans la diftribution de ces jardins, les traces des bou-
levards, des *cavaliers* & des autres travaux de circon-
vallation. Toutefois, le plus ancien document hiftorique
relatif aux jardins du château de Blois, que nous
ayons pu trouver jufqu'ici, ne date que de 1484; mais la
teneur de ce document indique affez qu'ils exiftaient
déjà depuis un certain nombre d'années. En effet, on
y voit que Geuffroy Coctereau eft nommé « concierge
« & garde du grant jardin, aux gaiges de 10 livres
« tournois, par an, & autres droitz, prouffitz, reve-
« nues & efmolumens accouftumez, moyennant qu'il
« fera, cultivera & entretiendra ledict jardin de toutes
« bonnes façons, & en bon & compectant eftat, *ainfi*
« *que faifoit feu Eftienne Tardière, ou feu Guillaume*
« *Collin, premier concierge* [2]. »

---

[1] V. la pl. III.   [2] *Arch. Jourf.*, n° 2306.

En 1462, fe paffa au château de Blois un événement qui combla de bonheur la famille d'Orléans, & dont la France eut auffi un jour à fe réjouir. Le 27 juin, Marie de Clèves accoucha d'un fils, à qui le hafard devait donner le titre de roi de France, & l'amour de fes fujets, celui de *père du peuple.* Le baptême fut fait par l'évêque de Chartres ; le comte du Maine tint l'enfant étendu fur la cuve, le roi lui impofa les mains [1] & lui donna fon nom de Louis. Il fe fit enfuite, à l'occafion de ces heureufes couches, *de grandes chères à merveilles, qui feroient,* dit Saint-Gelais, *bien longues à mettre par efcrit* [2] ; ce qui nous privera, à notre grand regret, de raconter à nos lecteurs quelques-uns de ces détails de la vie intérieure au móyen-âge, que l'on aime fi fort à connaître aujourd'hui.

En voici un, pourtant, relatif au baptême de Louis XII, dont nous devons la communication à M. J. Quicherat ; il eft extrait de l'information faite pour procurer le divorce du roi ; les dépofitions font en latin, mais les paroles de Louis XI, qu'elles rapportent, font en français.

« Damoifelle Elifabeth, femme de Jean, bâtard Fri-
« con, écuyer, affiftait à la naiffance du duc. Elle n'a
« pu voir les cérémonies du baptême à caufe de l'af-
« fluence du peuple qui rempliffait la chapelle. Le feu
« roi donna fon nom à l'enfant. En revenant de la cha-
« pelle, il dit à l'accouchée : *Madame ma commère, ceft*

---

[1] Mf. 5973 de la *Biblioth. imp.*, f° 122.

[2] St-Gelais, *Hift. de Louys XII*, p. 29 ; Rec. de Th. Godefroy.

« *enfant qui ne fait que naiftre m'a p....* en *la manche*
« *quant je le tenois fur les fonts. Quel figne eft-ce ?* Et
« comme il fe retirait, fon éperon s'accrocha au coin
« du lit & faillit le faire tomber. Sur quoi, il s'écria :
« *Et deux !* Ces deux accidents lui femblèrent de mau-
« vais augure [1]. »

Dès l'année 1464, Louis XI négocia le mariage du
jeune Louis d'Orléans avec fa fille Jeanne, qui venait
de naître. Il fut paffé au château de Blois, entre le
duc Charles & Jean de Rochechouart, chargé de la
procuration du roi, un contrat par lequel Jeanne de
France était accordée à Louis d'Orléans. L'époque à
laquelle cetté union fut réfolue réfute fuffifamment
l'opinion de plufieurs hiftoriens qui prétendent que
Louis XI l'avait défirée dans la prévoyance que l'état
d'infirmité de fa fille ne lui permettrait pas d'avoir
d'enfants. Le roi, tourmenté pendant toute la durée
de fon règne par les entreprifes des princes du fang,
devait défirer une alliance avec le premier d'entre eux ;
ce fut là, fans doute, le feul but de fa politique.

Le duc Charles furvécut peu à cet événement.
Vers la fin de la même année 1464, Louis XI, voulant régler fes différends avec les ducs de Bourgogne
& de Bretagne, fit convoquer à Tours les princes du
fang & les gens de fon confeil. Le duc d'Orléans
s'étant rendu à la réunion déplut au roi par une

---

[1] *Proceffus diffolutionis ma-*
trimonii inter Ludovicum X II &
Johannam de Francia. (Manufcrit de la Bibliothèque impériale, n° 5973 du fonds latin,
f° 122.)

liberté de langage qu'il ne lui convenait guère de rencontrer, furtout chez les grands qu'il aimait peu, & chez les princes de fa famille qu'il aimait encore moins. Louis XI traita le duc, en pleine affemblée, d'une manière fi dure & fi injufte, *fans avoir regard,* dit Seyffel, *à la majefté de fa vieilleffe,* que le bon prince, qui avait hérité de l'extrême fenfibilité de fa mère Valentine, fuccomba deux jours après au reffentiment qu'il éprouva. Sa mort eut lieu le 4 janvier 1465, à Amboife, où il avait été forcé de s'arrêter en retournant à Blois. Son corps fut ramené à fon château, & les funérailles eurent lieu dans l'églife de Saint-Sauveur [1].

Charles d'Orléans emporta dans la tombe les regrets univerfels, laiffant un grand renom de piété, de vaillance, de libéralité & de favoir.

---

[1] Cl. de Seyffel, *Les louënges du bon roy de France, Louys XII;* dans le Rec. de Th. Godefroy   p. 84. — Saint-Gelais, *Hiftoire de Louys XII*, p. 39 du même Recueil.

IV

NOUS ne pouvons nous empêcher d'emprunter à Saint-Gelais l'hiftoire de l'éducation que reçut le jeune duc d'Orléans au château de Blois. Le récit du chroniqueur offre, dans fon vieux langage, une naïveté de penfée & un charme de ftyle dont nous nous ferions fcrupule de priver notre lecteur.

« La bonne dame Madame d'Orléans nourrit le jeune
« duc fon fils fi doulcement que il n'euft efté poffible
« de mieulx. Et quand il eut l'aage de fix à fept ans,
« elle le feit apprendre les lettres, où tellement il
« profita qu'il y appert, car je croy qu'il en eft peu
« ou nuls de fon eftat, ny de beaucoup moindre, qui
« foient fi grands hiftoriens qu'il eft, ne mieulx enten-
« dans de toutes chofes de quoy on parle devant luy.
« Et quand il fut plus avant en fon aage, elle le feit
« inftruire & endoctriner par faiges & vertueux gentils-

8

« hommes, le plus dont elle pouvoit finer, lefquels luy
« monftroient toutes chofes vertueufes & honneftes. Il
« alloit aux champs & à la chaffe pour s'accouftumer à
« chevaucher, & fçeut tant de tous ces déduicts qu'en
« peu de temps il en euft tenu l'efchole à tous autres.
« Et quand il vint en l'aage de feize à dix-fept ans,
« c'eftoit le meilleur faulteur, lucteur & joüeur de
« paulme que on fçeuft trouver ; bon archer, & qui
« plus eft, le meilleur chevaucheur & le mieulx menant
« & conduifant un cheval, & le plus adroict homme
« d'armes que l'on fçeuft veoir..... Et eft à noter
« qu'en tous fes jeux & esbatemens de jeuneffe il eftoit
« plus doulx, gracieux & benin que le plus petit de
« la compaignée, & n'y en avoit nul qui tant craigniſt
« de faire quelque chofe qui defpleuft ou ennuyaſt
« à quelque pauvre gentil-homme que ce fuft. Et
« pour vray, tout ce qu'il faifoit eftoit plaifant &
« agréable à chafcun, & monftra bien qu'il eftoit venu
« de très-bons & vertueux princes, comme il eftoit [1]. »

En 1483, il commença de figurer dans les affaires
du royaume & fe trouva dès lors, comme premier
prince du fang, le chef du parti des feigneurs français
qui difputaient à Anne de Beaujeu le gouvernement
du jeune Charles VIII.

Ce fut à Blois qu'il organifa la révolte armée & qu'il
parvint, par fes intrigues, à faire revivre, telle qu'elle
était compofée à la fin du règne de Louis XI, la ligue
que ce monarque avait continuellement combattue.

---

[1] Saint-Gelais, p. 31 & 32.

Mais l'habileté d'Anne de Beaujeu déjoua toujours les menées de fon rival, foit par les négociations, foit par les armes, & le parti d'Orléans finit par être anéanti, comme on fait, à la bataille de Saint-Aubin-du-Cormier, le 27 juillet 1488. Le duc y fut pris par la Trémoille & traîné enfuite de prifon en prifon, pendant trois années. Enfin, le roi, en le délivrant lui-même, donna le premier fignal de fon émancipation des mains de la dame de Beaujeu [1].

Déformais attaché à Charles VIII & lié à toutes les guerres & entreprifes de fon règne, Louis ne reparaît à Blois qu'à l'occafion d'une efpèce de difgrâce de la part du roi qui, devenu vieux avant l'âge & ayant perdu tous fes enfants, commençait, dit-on, à voir d'un mauvais œil fon fucceffeur [2].

Peu de temps après, le 7 avril 1498, des meffagers venaient de nuit annoncer au duc d'Orléans la mort imprévue de Charles VIII à Amboife. Le lendemain, Louis partit pour cette ville, où il ne refta qu'un jour pour ordonner les obfèques du feu roi [3].

A fon retour à Blois, il reçut la députation du parlement de Paris, les envoyés des villes de France, le duc de Bourbon & les autres grands feigneurs du

[1] Cf. le Mémoire de Lancelot, dans le recueil de l'Acad. des Infcrip., t. VIII, p. 716 & fuiv.; — D. Lobineau, *Preuves de l'Hift. de Bretagne*, col. 1426 & fuiv.; — Rapin-Thoyras, liv. XIII & XIV; — Saint-Gelais; p. 55, 56, 67 & 70; — Guillaume de Jaligny, p. 12, 14 & 18 du Recueil de D. Godefroy, & *Preuves*, p. 505.

[2] Saint-Gelais, p. 104.

[3] Saint-Gelais, pages 106 & 107.

royaume. Parmi eux fe trouvait le célèbre hiftorien
Philippe de Commynes qui, dans fes immortels mémoires, vante beaucoup la manière habile & fage dont
le duc d'Orléans prit poffeffion de la couronne, en ne
changeant rien aux faveurs, penfions, charges & em-
plois accordés par fon prédéceffeur, & en n'exerçant
aucune vengeance contre fes ennemis. C'eft au château de Blois que fut proféré le mot célèbre de
Louis XII à la Trémoille : *Ce n'eft pas au roi de France
à venger les querelles du duc d'Orléans* [1].

Louis XII, dont la conduite dans fa jeuneffe avait
été loin de juftifier fes vues ambitieufes, étonnait l'Europe, depuis fon avénement, par l'habileté de fon
adminiftration & furtout par fon défir ardent & fincère
de faire le bonheur de fon peuple. Au commencement
de l'année 1499, il convoqua au château de Blois une
affemblée de notables pour travailler avec lui à réformer la juftice & l'adminiftration générale du royaume.
Le réfultat de cette réunion fut la fameufe ordonnance,
en 162 articles, connue fous le nom d'*ordonnance de
Blois*. Tous les rouages du gouvernement y font paffés en revue, les abus du fyftème judiciaire y font
réformés, les libertés de l'églife gallicane garanties, &
quoique diverfes parties relatives à la procédure, telles
que l'information fecrète & la torture, y foient confervées, cette ordonnance eft néanmoins fi fupérieure
à tout ce qu'on avait fait jufque là, que fa promulga-

---

[1] *Mém.* de Commynes, liv. VIII, ch. 25; *Mém.* de la Tré-moille, p. 215 de l'édition D. Godefroy.

tion fut accueillie avec le plus grand enthoufiafme [1].

Le 15 avril 1499, Louis XII fignait à Blois un traité d'alliance avec la république de Venife & partait pour tenter, comme l'avait fait fon père, de recouvrer le Milanais qu'il regardait comme l'héritage de Valentine, fon aïeule. Une de ces peftes fi communes au moyen-âge régnait alors à Blois ; la reine Anne de Bretagne alla s'établir au château de Romorantin, où elle refta jufqu'au retour de Louis XII, qui eut lieu vers la fin de l'année [2].

Dans les courts intervalles de repos que lui laiffaient fes campagnes d'Italie, le roi féjournait habituellement à Blois. Il y était dans les premiers mois de l'année 1501. Pendant ce temps, dit Jean d'Auton, *les eftats furent tenus & les ambaffades ouïes* [3]. On a recherché curieufement ce que pouvaient être ces *états* dont on ne trouve aucune trace dans les autres hiftoriens [4] ; mais l'expreffion *tenir eftats*, ou *tenir fes eftats*, était l'équivalent de celle *tenir fa cour*, qui fut employée plus tard, & fignifie ici le féjour du roi Louis XII & de fa cour au château de Blois. Quant aux ambaffades, M. de Sifmondi conjecture qu'elles étaient envoyées pour la ratification du traité de Grenade, par lequel

[1] Ifamhert, *Anciennes lois françaifes*, t. XI, p. 323-379.

[2] Saint-Gelais, p. 145 & 153.

[3] *Chron. de Jean d'Auton*, t. II, p. 10.

[4] Cf. J. d'Auton, t. I, p. 239 ; — Sifmondi, *Hift. des*

Français, l. x v, p. 335 ; — P. Lacroix, *Hift. du XV I^e fiècle*, t. I, p. 402 ; — Henri Martin, *Hift. de France*, t. VIII, p. 421, not. 3, édit. de 1844 ; — les premières édit. de notre *Hiftoire du château de Blois*.

les deux couronnes d'Efpagne & de France s'accordaient pour la conquête & le partage du royaume de
Naples. Ce traité fut exécuté, comme on fait, d'une
manière perfide & impolitique à la fois; il rendit
Louis XII odieux à l'Italie & il y introduifit les Efpagnols qui en chaffèrent plus tard les Français [1].

Le roi fe rendit enfuite à Lyon, où il refta pendant
la campagne de Naples; il était de retour à Blois vers
la fin d'octobre, quand le malheureux Frédéric d'Aragon, chaffé de fon royaume, vint implorer fa pitié. Le
roi affigna cinquante mille livres de rentes fur le duché
d'Anjou au fouverain qu'il venait de détrôner, à la
condition qu'il ne fortirait pas de France, & il déguifa
fous le nom de garde d'honneur une efcorte chargée
de le furveiller [2].

Pendant le féjour du roi à Lyon, un projet de
mariage entre le fils de l'archiduc Philippe d'Autriche,
le jeune prince Charles, qui fut Charles-Quint, & la
princeffe Claude de France, enfant encore au berceau,
avait été arrêté. On était convenu en outre que le
fils à naître de Louis XII, ou tout autre qui pourrait
lui fuccéder, épouferait une fille de l'archiduc [3]. L'archiduc lui-même fe difpofait alors à fe rendre en Efpagne, avec fon époufe, Jeanne de Caftille, pour vifiter
Ferdinand & Ifabelle & fe faire connaître au peuple
qu'il devait gouverner un jour. Louis XII faifit avec

---

1 Sifmondi, *Hift. des Fran-*
çais, t. xv, p. 335.

2 J. d'Auton, t. II, p. 10;—
Saint-Gelais, p. 163.

3 J. d'Auton, t. I, p. 323;—
Rec. de Dumont, t. IV, Ire partie, p. 16;—Molinet, t. XLVII,
de la coll. Buchon, p. 150.

empreffement l'occafion d'une entrevue avec le père de fon futur gendre, & il fit inviter l'archiduc, qui était dans les Pays-Bas, à faire fon voyage par terre & à traverfer la France.

Louis XII l'attendit à fon château de Blois, qu'il faifait conftruire, dit Jean d'Auton, *tout de neuf, & tant fomptueux que bien fembloit œuvre de roy.* La façade orientale, qui fubfifte encore, venait d'être terminée. Ses délicieufes dentelures de pierre fe détachaient, d'une éblouiffante blancheur, fur un fond brillant de briques vermeilles; les figurines apparaiffaient dans toute la délicateffe de leur cifelure, dans toute la naïveté de leurs pofes; une pluie de fleurs-de-lys & de mouchetures d'hermine, fculptées ou peintes, inondait l'édifice; l'or, la pourpre & l'azur rayonnaient fur les vitraux & jufques fur les plombs des combles; de tous côtés le porc-épic dreffait fes longues épines, *pacifiques pour l'humble, terribles pour le fuperbe* [1]; au-deffus du porche, fous le dais de pierre aux mille feftons, s'élevait la

---

[1] Le diftique fuivant accompagnait les porcs-épics fculptés au-deffus des portes du château :

Spicula funt humili pax hæc, fed [bella fuperbo; Ex noftroque falus vulnere nexque [venit.

Voici la traduction qu'en donne Claude Paradin, en fes

Devifes héroïques, page 25 :

Aux humbles c'eft la paix, aux or-
[gueilleux la mort;
Bleffeure & guérifon de ce même
[lieu fort.

C'était une allufion à la clémence & à la valeur du roi, & une autre, probablement, à l'une des qualités fabuleufes que l'on attribuait au porc-épic.

ftatue équeftre du bon roi, repréfenté jeune & beau,
noble & gracieux, comme il était alors.

L'intérieur de l'édifice n'était pas moins magnifique-
ment décoré. De riches tapifferies à fleurs, à emblèmes
ou à perfonnages, garniffaient les murailles ; d'épais
tapis doublaient les planchers ; les manteaux de cheminée étaient couverts d'écuffons, de tableaux & de
fentences ; les folives brillaient d'élégantes peintures.
Des meubles fculptés avec la plus grande délicateffe,
des lits couverts d'étoffes tiffées d'or & de foie ornaient
les appartements.

Le bon roi Louis était fier de fa riche demeure & fe
préparait à y recevoir fes illuftres hôtes avec la magnificence qu'il favait déployer dans l'occafion, tout
économe qu'il fût d'ordinaire. Perfonne, au furplus,
ne pouvait lui reprocher fes fplendeurs d'un jour :
malgré l'épuifement du tréfor à la mort de Charles VIII,
& malgré la guerre d'Italie, il avait réorganifé les finances, tout en diminuant l'impôt, & il avait pu faire la
remife des 300,000 fr. d'or qu'il était d'ufage de payer
aux rois pour leur *joyeux avénement* à la couronne [1].

Ce fut le 7 décembre que l'archiduc & l'archiducheffe d'Autriche arrivèrent à Blois, accompagnés des
plus hauts perfonnages de la cour de France que le
roi avait envoyés au-devant d'eux, tant à Saint-Dyé
qu'à mi-chemin de Saint-Dyé à Blois, & dans le fau-

---

1 *Mémoires* de la Trémoille,   Seyffel, pages 13 & 14, dans
ch. X ; — Saint-Gelais, p. 122,   le Recueil de Théodore Go-
143, 151, 152 ; — Claude de   defroy.

bourg de Vienne. L'archiducheffe était fur une haquenée harnachée de velours cramoifi ; la ducheffe de
Vendôme, qui était allée de la part du roi recevoir
Jeanne de Caftille à la frontière, la fuivait avec toutes
fes femmes, fur des haquenées harnachées en velours
noir. Les chevaux des chariots, des litières & des perfonnes de la fuite étaient au nombre de plus de fix
cents. On avait éclairé la ville par des torches, parce
qu'il commençait à faire nuit, l'archiduc s'étant amufé
à Saint-Dyé, à l'après-dînée, avec les *oifeaux du roi* qui
les lui avait envoyés par fon grand fauconnier. Il n'y
eut point à Blois d'entrée en cérémonie, comme dans
les autres villes, parce que le roi & la reine s'y·trou-
vaient.

A fon arrivée dans la baffe-cour du château, l'archiduc fut reçu *à hauts fons de trompettes, clairons, tabou-*
rins & huchets [1]. Depuis l'entrée de la baffe-cour
jufqu'à la porte du château, étaient placés, fur deux
rangs, une partie des archers de la garde, revêtus de
leurs *hoquetons d'orfèvrerie* [2] & leurs hallebardes en
main ; depuis la porte jufqu'à la *grande vis* [3] fe tenaient
les Suiffes, auffi fur deux rangs, & depuis l'efcalier,
tout le long de la grande falle, jufqu'à la chambre du
roi, était le refte de fes quatre cents archers, tous
tenant des torches allumées. L'archiduc defcendit de
cheval à l'entrée du porche & s'avança entre les haies
d'archers & de Suiffes. La foule avait tellement envahi

[1] Cornets.
[2] Cafaques brodées d'argent.
[3] Le grand efcalier de Louis XII.

les avenues du château & le château lui-même, que l'archiduchefſe ne put arriver en même temps que ſon époux.

La ſalle où ſe tenait Louis XII était richement tendue : devant la cheminée, ſur *un grand tapis velu*, était poſée la *chaire* ſur laquelle le roi était aſſis. Il avait auprès de lui le comte d'Angoulême, qui fut François Ier, le cardinal-légat Georges d'Amboiſe, & M. de Brienne. Nous prendrons le récit de l'entrevue des deux princes dans la relation laiſſée par un écrivain qui en fut témoin, probablement un des hérauts d'armes de France, dont l'une des fonctions conſiſtait, comme on fait, à tenir regiſtre des cérémonies de la cour.

« A l'entrée d'icelle ſalle, l'archiduc oſta ſon bon-« net, & dit M. de Brienne au roy : *Sire, voilà monſieur* « *l'archiduc*. Et le roy en ſouriant reſpondit : *Voilà un* « *beau prince*. L'archiduc fit juſques à trois honneurs « [révérences] avant qu'arriver au roy. Au commen-« cement que l'archiduc entra dans la ſalle, le roy ſe « leva & commença à marcher vers ledit archiduc à « petis pas ; au ſecond honneur que fit ce prince, le « roy s'avança & oſta ſon bonnet, & au troiſième hon-« neur le roy l'embraſſa, puis parlèrent quelques mots « aſſez bas ; enſuite le roy remit ſon bonnet, ledit « archiduc reſtant tousjours la teſte nüe, ſurquoy le « roy le preſſa beaucoup de ſe couvrir, mais il reſ-« pondit qu'il eſtoit en ſon devoir ; ils ſe remirent la-« deſſus encore à parler enſemble. »

L'archiducheſſe, parvenue enfin à la porte du châ-

teau, y fut reçue par la duchesse de Nevers, made-
moiselle de Montpensier, madame de Rohan & un
grand nombre de femmes de la reine qui la condui-
sirent à l'appartement de Louis XII. « A l'entrée, il luy
« fut demandé à haute voix si elle baiseroit le roy,
« dequoy elle demanda congé à l'évesque de Cor-
« douë, qui lui respondit qu'ouy ¹... Elle entra en la
« salle, où dès que le roy sceut qu'elle venoit, il laissa
« l'archiduc avec les autres seigneurs qui estoient là,
« & s'en vint au-devant d'elle jusques à l'huys, tellement
« qu'elle n'eust le loisir que de luy faire deux hon-
« neurs, qu'elle fit bien bas, & la baisa le roy, la teste
« nuë, puis la prit par le bras, la mit au-dessus de
« luy [lui donna la droite], & la mena le long de la
« salle jusques au lieu où estoit sa chaire, où il trouva
« l'archiduc & monseigneur d'Angoulesme, lequel
« l'archiduchesse baisa. Puis luy dit le roy : *Madame je*
« *sçay bien que vous ne demandez qu'à estre entre vous*
« *femmes, allez-vous-en voir ma femme & nous laissez icy*
« *entre nous hommes.* »

L'archiduchesse s'étant retirée, se dirigea vers les
appartements de la reine ; mais la foule, que le bon
roi Louis XII ne se souciait point d'éloigner de lui,

¹ Le salut se faisait alors en
donnant un baiser sur la bouche.
L'archiduchesse avait fait connaître, avant d'entrer en France,
que la coutume d'Espagne n'é-
tait point que les femmes sa-
luassent ainsi les hommes, &
qu'elle ne baiseroit que le roi.
(*Cérémonial françois*, tome II,
page 714.) On va voir qu'elle
fit une autre exception en faveur du jeune comte d'Angoulême, qui n'avait pas encore
sept ans.

était toujours fi grande qu'elle eut beaucoup de peine
à y arriver. Je laiffe le chroniqueur continuer fon
récit que j'abrége feulement par quelques coupures :

« La reyne eftoit affife en fa chaire, devant la che-
« minée, fous le doffelet [le dais d'étoffe], ayant
« auprès d'elle le prince d'Orenge & autres grands
« perfonnages qui feroient longs à raconter. Dès que la
« reyne apperceut l'archiducheffe, elle fe leva debout,
« & ladite dame luy fit l'honneur feulement en pliant
« le genoüil; madame de Bourbon, qui la tenoit par
« le bras, le fit jufques à terre, & acheva fes deux
« honneurs un peu plus bas. La reyne ne marcha
« au-devant d'elle que deux ou trois pas, puis la
« baifa en luy faifant très bonne chère & grand accueil,
« luy donnant à entendre qu'elle eftoit très aife de fa
« venuë... Au bout du tapis, fur quoy eftoit la chaire
« de la reyne, eftoient mefdames les ducheffes d'Alen-
« çon & comteffe d'Angoulefme, & un peu plus der-
« rière eftoient madamoifelle de Foix & la comteffe
« de Dunois. Tout au long de la parroy de la falle
« eftoient toutes femmes. L'archiducheffe baifa les
« quatre dames deffus nommées & non pas les autres
« femmes, parce que madame de Bourbon l'en empef-
. cha, car elle n'euft eu jamais fait. De là elle paffa
« pardevant la reyne, en luy faifant de rechef l'hon-
« neur, & fe retira en fon logis... A l'huys de la falle,
« devant fa chambre, elle trouva madame Claude que
« portoit la fille de madame de Tournon... laquelle
« dame Claude eftoit accompagnée de madame d'An-
« goulefme, madamoifelle Anne d'Alençon & la

« ducheffe de Valentinois, & après cela madame de
« Tournon, avec quatre ou cinq femmes de grande
« apparence. Et après ce, y avoit vingt ou vingt-
« quatre petites filles, dont la plus âgée n'avoit que
« treize ans, avec une damoifelle qui les gouvernoit.
« La petite madame Claude fe prit fi fort à crier que
« l'on ne luy dit point pour lors le Dieu-gard, & ne
« fut fait là aucun honneur ; mais fut portée la petite
« dame en fa chambre. »

Madame de Vendôme conduifit enfuite l'archiducheffe dans tous les appartements du château, pour
lui en faire admirer la diftribution & la décoration.
Nous emprunterons encore au chroniqueur la plus
grande partie de la defcription de ces appartements ;
elle offre des détails extrêmement curieux fur l'ordonnance intérieure du château de Blois fous Louis XII :

« La grande falle par où entrèrent lefdits archiduc
« & archiducheffe eftoit fort grande, & eftoit tenduë
« d'une tapifferie de la Deftruction de Troye, &
« pareillement une chapelle qui eftoit au bout de
« ladite falle. La falle où mangeoit le roy, & où l'ar-
« chiducheffe le trouva, eftoit tenduë d'une tapifferie
« qu'on appeloit la tapifferie de Fromigny ¹... Sur la
« cheminée avoit un doffelet de drap d'or frizé, bien
« riche. La chambre de la jeune madame Claude, qui
« eftoit fuivant la falle du roy, eftoit tenduë d'une
« bergerie où eftoient écriteaux, & eftoient tous

---

¹ Cette tapifferie repréfentait   de Formigny, qui acheva la ruine
probablement la célèbre bataille   des Anglais en France.

« petits perfonnages, qui eftoit tapifferie fort belle...
« Après, eftoit la falle de la reyne, qui eftoit tenduë
« d'une tapifferie d'hiftoires & batailles, & fur la che-
« minée un doffelet, auffi de drap d'or frizé. En la
« chambre de la reyne y avoit une tapifferie de beftes
« & oifeaux eftranges [étrangers], avec perfonnages
« d'eftranges pays; & y avoit en ladite chambre un
« lict de camp tout accouftré de drap d'or frizé bien
« riche; fur la couche, un pavillon de damas cra-
« moify.

« Au logis de l'archiduc y avoit une galerie tenduë
« des faicts des Troyens. Après, une grande falle ten-
« duë des geftes d'Alexandre-le-Grand, & un doffelet
« fur la cheminée, de drap d'or frizé bien riche. Au
« plancher de cette falle pendoient deux chandeliers
« merveilleument gros, qui eftoient d'argent & en
« croix, pour mettre à chacun quatre flambeaux,
« lefquels chandeliers pendoient à de groffes chaifnes
« d'argent... Au bout de la falle, eftoit la chambre
« de l'archiducheffe où lefdits fieur & dame cou-
« choient, laquelle eftoit tenduë de drap d'or ras,
« rouge & noir, avec deux licts de camp, dont celuy
« où ils couchoient eftoit d'or trait, les rideaux de
« mefme, doublez de damas blanc, & par-deffus ce
« lict de camp eftoit tendu un grand ciel de drap
« d'or frizé, les rideaux de taffetas jaune & rouge. A
« l'autre bout de cette chambre y avoit un autre lict
« de camp, de drap d'or frizé, les rideaux de mefme,
« doublez auffi de damas blanc; fur les deux licts y
« avoit des couvertures de mefme, & pardeffous

« des draps de toile de Hollande. Tout à l'entour
« defdits licts de camp, & fur le buffet, eftoient des
« tapis de drap d'or de mefme que la dite chambre.
« Au coin du lict y avoit une chaire dorée, fort
« bien menuifée & ouvrée, venant d'Italie, dont le
« fond eftoit couvert de drap d'or frangé, tout à l'en-
« tour, de grandes franges d'or & d'argent [1]. Devant
« le feu y avoit une autre chaire, couverte auffi de
« de drap d'or, & un tapis de pareille étoffe par
« deffus, de mefme la chambre, & largement des car-
« reaux pour fe feoir. Outre ce, y avoit une autre
« chambre tenduë de veloux cramoify brodé de K &
« de A couronnez [2], pareillement le tour du chalit
« de la couchette, le tapis fur le buffet de mefme ;
« parmy ladite chambre y avoit largement des tabou-
« rets couverts de veloux verd ; & fur la couchette y
« avoit un pavillon merveilleufement beau & bien fait,
« qui eftoit de foye, en manière de bourfes faites fur
« des planchettes. Ce fut l'une des pièces que l'archidu-

[1] Plus tard, Louis XII fit venir d'Italie les artiftes eux-mêmes pour exécuter les ouvrages
en bois fculpté dont il décorait
fon château. Nous voyons, fous
le n° 3211 (année 1510) des
Archives Jourfanvault, que Dominique de Cortone, menui-
fier italien, était logé au château
même. Etait-ce le père du Dominique Boccadoro de Cortone
qui donna les premiers plans de
l'hôtel de ville de Paris, & dont
on lifait le nom au-deffus de la
porte principale : *Dominico Cor-
tonenfi architectante ?* (Guiller-
my, *Hift.archéol.de Paris*, p.132)

[2] Initiales de *Karolus* & d'*An-
na*. — C'était fans doute la
chambre qu'occupaient Charles VIII & Anne de Bretagne,
quand ils venaient à Blois.

« cheffe eſtima autant que tous les autres accouſtre-
« ments de ſon logis, non tant pour la richeſſe que
« pour la rareté & la délicateſſe de ſon ouvrage. Outre
« ladite chambre, y en avoit une tenduë de ſatin
« cramoiſy brodé de cordelières & orangé aux armes
« de Bretagne...

« En haut, vers les galetas, eſtoit logée madame de
« Halluyn [1], en la chambre de laquelle eſtoit tenduë
« une tapiſſerie de damas gris & jaune ſemée de S de
« veloux noir brodez... [2].

« Au logis du ſeigneur de Bourbon, qui eſtoit ſous
« celui de l'archiduc, y avoit une ſalle tenduë de
« belle tapiſſerie à perſonnages; & pareillement la
« chambre dudit ſeigneur de Bourbon, dont le tour
« du lict eſtoit de ſatin cramoiſy broché d'or, fait
« par brodeur, en forme de langues de feu. Au
« milieu duquel lict, & aux quatre coins, y avoit en
« un rondeau un lyon heaumé [caſqué], tout cou-
« vert de perles, ce qui eſtoit fort riche à voir, &
« diſoit-on, qu'il avoit bien couſté de quarante à cin-
« quante mille ducats... [3].

[1] Dame d'honneur de l'archiducheſſe.

[2] Cet appartement avait con-
ſervé la tenture de deuil de Valentine de Milan : Les S ſignifiaient
que Seule, Souvent Se Soucioit
& Souſpiroit. (Voir Brantôme,
Diſcours ſur Catherine de Médicis, & plus haut, p. 92.)

[3] Cette eſtimation nous paraît exagérée. Les ducats d'Italie couraient en France, ſous
Louis X I I, pour 37 ſous, ou 37
ſous 6 d., ſelon leur poids, qui
variait de 2 den. 19 gr. à 2
den. 18. Les 50,000 ducats, en
les mettant à 37 ſous, auraient
valu 92,500 livres tournois, qui
repréſentent environ 370,000
francs.

« Et faut noter que la plufpart des tapifferies deffus
« dites eftoient auffi fraifches que toutes neuves ; celles
« qui eftoient tenduës, tant aux logements du roy &
« de la reyne, que defdits archiduc & archiducheffe,
« eftoient toutes pleines d'or ; & celles de draps d'or
« & de draps de foye en avoient d'autres deffous, à
« perfonnages & hiftoires, prefque auffi riches que
« celles qui eftoient deffus... Et à la vérité il y avoit
« fi grand nombre de tapis velus, riches tapifferies &
« licts de camp de drap d'or & de foye, qu'il n'y
« avoit chambre ny garde-robe qui n'en fuft pleine. »

L'archiduc foupa avec Meffieurs de Nevers, de Ligny
& le comte Palatin. Quant au roi, qui était fort pieux,
comme c'était la veille de la *Noftre-Dame des Advents*,
il jeûnait au pain & à l'eau, & il fe retira de bonne
heure. L'archiducheffe fe tint dans fa chambre ; vers
les fept heures, on lui porta des confitures avec le
cérémonial fuivant :

« Premièrement, y avoit un des maiftres d'hoftel du
« roy qui alloit devant ; après, fix petits pages veftus
« de damas jaune, bandé de veloux cramoify, qui
« tenoient chacun un chandelier d'or avec un flam-
« bleau de cire vierge, & après eux, madame de Bour-
« bon portoit une grande boitte d'or, pleine de
« diverfes boittes de confitures. Puis venoit madame
« d'Angoulefme, portant une autre boitte d'or pleine
« de ferviettes. Après, madame de Nevers portant
« une autre boitte d'or, pleine de couteaux & four-
« chettes qui avoient les manches d'or. Puis venoient
« la ducheffe de Valentinois & madamoifelle de Foix,

9

« tenans chacune un drageoir, en leurs mains, plein
« de diverſes dragées, dont l'un eſtoit d'or merveil-
« leuſement beau, l'autre eſtoit d'argent doré, qui
« eſtoit ſi grand que, quand on le tenoit à la main,
« il touchoit preſque juſques à terre. Et après ces
« choſes, vindrent cinq ou ſix gentilshommes, chacun
« tenant deux pots d'or pleins de toutes ſortes de
« confitures. Et puis marchoit l'apothicaire de la
« reyne, qui tenoit en ſes mains des bougies de cire
« vierge avec un chandelier d'or ; mais il n'entra en
« la chambre de l'archiducheſſe que les dames deſſus
« dites..., ce qu'apportoient les gentilshommes fut
« pris à l'huys par aucunes dames ſervant les dames
« ſuſdites... & fut le tout mis tant ſur le buffet que
« ſur les licts. »

On porta auſſi en cérémonie les linges de lit & de
toilette, les *rechauffouërs, baſſinoires & autres choſes ſer-*
vans à ladite chambre, le tout d'argent. Les concierges & tapiſſiers du château apportèrent un grand
coffre couvert de velours vert qui contenait les objets
ſuivants : « Premièrement, quatre mirouërs enchaſſez
« en argent doré, trois pots où eſtoient les éponges
« & leſſives, trois chandeliers à queuë, à mettre des
« bougies, trois paires de vergettes dont les manches
« eſtoient de veloux cramoiſy, trois pelotons [petites
« pelottes] de ſatin cramoiſy, & largement papiers
« pleins d'épingles. *Item*, trois étuys, couverts de veloux
« cramoiſy, tous pleins de peignes, une grande poi-
« gnée de bougies, un drap, pour ſervir de drap de

« pied, de toilette [petite toile] de Hollande, & lar-
« gement des couvrechefs de toilette. »

Le chroniqueur anonyme qui nous fert depuis quelque temps de guide, véritable Dangeau de l'époque,
occupé feulement du cérémonial de la cour, déclare
que pendant les cinq jours que paffèrent à Blois l'archiduc & l'archiducheffe d'Autriche, *il ne fe fit chofe
de mémoire.* Les offices de Saint-Sauveur prirent la plus
grande partie du lendemain de l'arrivée, jour de la
Bonne-Dame de décembre ; les jours fuivants, le temps
était fi mauvais qu'il n'y eut pas moyen de donner des
fêtes au-dehors. Le roi & l'archiduc effayèrent, par
deux fois, de la chaffe à l'oifeau ; mais la pluie les
empêcha d'y prendre plaifir. On paffait le temps à fe
vifiter, on donnait de *grands & magnifiques feftins* au
château ; le foir, après fouper, on danfait pendant trois
heures ; après quoi, chacun prenait congé, *avec de fort
grands adieux & révérences, & cinq journées fe paffèrent
en tels compliments.* « Sa Majefté prenoit grand plaifir à
« voir l'archiduc & à l'entretenir de difcours beaux &
« grands, & l'archiduc, de fa part, eftant fort gracieux,
« ne manquoit en rien de fon devoir. La reyne & l'ar-
« chiducheffe s'entrevirent fouvent, ainfi que leurs
« dames & damoifelles, tant le long du jour que aux
« foirs, ès danfes ordinaires qui fe faifoient, puis
« eftans retirées, eftoient fervies de confitures très
« excellentes & magnifiques [1]. »

[1] *Le Cérémonial François*, t.   ton, t. II, p. 77, & Saint-Gelais,
II, p. 727 à 735. — Jean d'Au-   p. 165, parlent de joutes & de

Quoi qu'en dife notre auteur, il fe fit *chofe digne de mémoire* pendant le féjour de l'archiduc. Un traité figné à Blois, le 13 décembre 1501, par les deux princes, nous apprend que toutes les queftions relatives à la politique avec l'Autriche avaient été difcutées entre eux, & ce fut là, fans doute, le fujet des difcours *beaux & grands* de Louis XII [1].

Le dimanche 12 décembre, le roi & l'archiduc avaient entendu la meffe, célébrée dans la chapelle de Saint-Calais par l'archevêque de Cambrai, & avaient juré fur le *corpus Domini* (l'hoftie confacrée), le roi en fon nom & l'archiduc au nom de fon père, la paix *entre les deux grands rois des Romains & de France* [2].

Le lundi, après le dîner, l'archiduc & l'archiducheffe fe difpofèrent à partir & prirent congé de Louis XII, qui les avait, dit Jean d'Auton, *doucement accueillis, amiablement reçus & triomphalement traités* [3]. « Le roi, « ajoute Saint-Gelais, leur monftra fi très grand fem- « blant d'amour, que par nobleffe & honefteté de « cœur, il les obligeoit envers luy de leur en fou- « venir toute leur vie [4]. »

Peu après le départ de l'archiduc d'Autriche, arriva au château un envoyé de Ladiflas, roi de Hongrie, avec miffion de voir mefdames Germaine & Anne de

---

tournois qui auraient eu lieu pendant le féjour de l'archiduc ; mais il eft permis de croire mieux informé l'auteur de la relation circonftanciée qui nous a fervi de guide.

[1] Dumont, t. IV, part. Ire, p. 17

[2] Molinet, ch. cccxv.

[3] Jean d'Auton, tome II, page 77.

[4] Saint-Gelais, p. 165.

Foix, l'une nièce du roi, l'autre coufine de la reine,
& d'en rapporter les portraits. Des négociations, pour
le mariage de Ladiflas avec l'une d'elles, avaient été
entamées, l'année précédente, par des ambaffadeurs
que Louis XII avait chargés de conclure un traité d'alliance avec ce monarque. Le roi procura à l'envoyé,
dit Jean d'Auton, *la vue defdites damoifelles & les pour-
traictures d'icelles prifes fur le vif*. Mais le roi de Hongrie
fe trouva fort embarraffé, en préfence de *beautés tant
fingulières*, quand les portraits lui furent remis : *à la fois
l'une luy duifoit, & puis s'arreftoit à l'autre*. A la fin,
pourtant, il fe décida pour Anne de Foix, & l'envoya
époufer à Blois par procuration. Elle quitta le château au mois de mai fuivant. Ce mariage & ce départ
caufèrent grand déplaifir au comte de Dunois, fils du
grand Bâtard, qui éprouvait pour Anne un vif amour
& avait fait, pour obtenir fa main, d'inutiles démarches auprès du roi [1].

Pendant le mois d'avril 1502, Louis XII avait eu à
Blois une entrevue avec le roi de Navarre, fur laquelle
nous manquons de détails, & où les deux fouverains
refferrèrent leurs liens politiques. Il conduifit enfuite
la reine à Lyon & paffa en Italie [2].

Il était de retour à Blois au mois de mars 1503,
lorfque l'archiduc traverfa de nouveau la France en
revenant des Etats de fon père. Louis XII était allé
au-devant de lui jufqu'à Lyon & y avait figné un traité

---

[1] Jean d'Auton, t. II, p. 78,   [2] Jean d'Auton, tome II, page
82, 106 & 107.   105.

deftiné à rétablir, avec Ferdinand-le-Catholique, la paix qui avait été troublée par les entreprifes des Efpagnols dans le royaume de Naples. Des ordres furent expédiés de part & d'autre pour fufpendre les hoftilités ; ceux du roi furent feuls exécutés. Philippe revint à Blois avec Louis XII, & ce fut là qu'il apprit que fes injonctions avaient été méprifées par les généraux efpagnols, qui avaient reçu d'autres ordres de Ferdinand & d'Ifabelle. Honteux & irrité de ce manque de foi, il jura qu'il ne quitterait pas Blois avant d'avoir reçu la ratification du traité qu'il venait de conclure au nom de l'Efpagne. Les fouverains catholiques cherchaient à gagner du temps ; le royaume de Naples était en leur pouvoir & ils défiraient le garder, fe plaignant que l'archiduc avait dépaffé leurs pouvoirs, & ils envoyèrent des ambaffadeurs à Blois pour faire des propofitions nouvelles ; mais ceux-ci furent forcés, fur les vives inftances du roi & de l'archiduc, d'avouer qu'ils ne pouvaient ratifier le traité de Lyon. Louis les congédia avec colère, en leur adreffant de vifs reproches fur la conduite déloyale de leurs maîtres [1].

Les trois armées que Louis XII, irrité, leva pour tirer vengeance de la perfidie des Efpagnols, lui coûtèrent beaucoup & ne produifirent aucun réfultat. L'Efpagne conferva les Deux-Siciles par la trève de trois ans, conclue à Lyon le 25 février 1504.

Une des ordonnances les plus importantes du règne

---

[1] Rymer, t. II, p. 8 & 12. — I", pages 36 & 55, & part. II, *Recueil de Dumont*, t. IV, part.   page 58.

de Louis XII, & celle qui fit faire, fans contredit, le plus de progrès à la légiflation du royaume, fut rendue à Blois, le 4 mars 1504. Le roi voulut que toutes les Coutumes du royaume fuffent difcutées en affemblée des Trois-Etats de chaque bailliage, ou fénéchauffée, rédigées & mifes par écrit, pour lui être enfuite remifes ; elles étaient alors examinées par des commiffaires royaux & publiées officiellement, pour être déformais regardées comme lois & fervir de preuve en juftice, fur la citation du texte [1]. Cette fage mefure ne put recevoir que lentement fon exécution, & la rédaction de la Coutume de la ville qui avait vu naître l'ordonnance ne fut terminée qu'en 1522 [2].

Le 22 feptembre de la même année, fut figné, au château de Blois, un traité célèbre entre Louis XII & les ambaffadeurs d'Autriche. Les claufes de ce traité, fi elles étaient venues à exécution, auraient été funeftes à la France. Premièrement, la paix était rétablie avec Maximilien & avec fon fils, l'archiduc Philippe, qui prenait le titre de roi de Caftille & de Léon, & l'inveftiture du duché de Milan était accordée à Louis XII, pour la fomme de deux cent mille francs ; en retour, Louis confirmait & promettait de foutenir tous les droits féodaux que l'empereur prétendait exercer fur l'Italie ; on ftipulait de nouveau le mariage de la princeffe

[1] *Ordonn. des rois de France,* t. XI, p. 332.

[2] L'édition princeps fut publiée cette année 1522, *pour Meffieurs les eschevins de la ville de Bloys,* fur le manufcrit original qui fubfifte encore dans notre bibliothèque.

Claude avec le fils de l'archiduc. En fecond lieu, le
roi & l'empereur promettaient d'attaquer, fous quatre
mois, la république de Venife, & de fe partager fes
États; claufe auffi injufte qu'impolitique de la part de
Louis XII, car d'un côté la république était fon alliée,
& de l'autre il enlevait à la France les barrières indé-
pendantes qui la féparaient de l'Autriche, puifqu'il
était ftipulé qu'à défaut d'héritiers mâles, la part de
Louis XII, ainfi que le duché de Milan, reviendrait
au fils de Maximilien. Troifièmement, en raifon du
mariage de Claude de France avec Charles de Luxembourg, le duché de Bourgogne, les comtés d'Auxonne,
d'Auxerre, de Mâcon & de Bar-fur-Seine étaient reftitués à Charles, comme héritiers des ducs de Bourgogne, & Louis XII tranfportait à fa fille les duchés
de Milan, de Gênes & de Bretagne, & les comtés d'Afti
& de Blois. Ainfi fe préparait un futur démembrement
de la France [1].

On a cherché à excufer ce manque d'intelligence &
de droiture de la part de Louis XII, par l'état habituel
de maladie où il était alors, par les idées politiques du
temps, mifes en faveur par Louis XI, & qui confiftaient
à tromper tout le monde, & furtout par les intérêts
particuliers de la reine à laquelle il avait donné pouvoir pour négocier le mariage de la princeffe Claude.
Ayant perdu les deux fils qu'elle avait eus de Louis XII,
les jours du roi étant menacés, Anne voulait faire de la
fille qui lui reftait une fouveraine plus puiffante que le

---

[1] Sifmondi, *Hiftoire des Français*, t. XV, ch. XXX, p. 429-433.

comte d'Angoulême, héritier préfomptif de la couronne de France, & Charles de Luxembourg était affurément le plus grand parti de l'époque [1].

Cependant le roi recouvra la fanté. Son rétabliffement fut fignalé par un de ces actes de juftice qui lui étaient ordinaires dans l'adminiftration de fon royaume. Il ordonna une recherche fevère des malverfations dont les gens de finances s'étaient rendus coupables dans les fournitures & dans les paiements des troupes qui avaient fait la campagne d'Italie. Plufieurs d'entre furent arrêtés à Blois, privés de leurs biens & condamnés à différentes peines ; mais le roi ne voulut autorifer aucune fentence de mort [2].

On tranfporta, vers cette époque, aux Céleftins de Paris, lieu de fépulture de la famille d'Orléans, le corps du duc Charles, qui était refté à Saint-Sauveur [3].

Louis XII, alors à Paris, y retomba malade, & les médecins lui ayant confeillé le changement d'air, il revint à Blois ; mais une rechute plus grave mit fes jours en danger. Il reçut les facrements de l'Eglife & fit fon teftament, en préfence de Guy de Rochefort, fon chancelier, & de Florimond Robertet, fecrétaire des finances. Le pape, à la prière de la reine, ordonna des proceffions générales en déclarant : « que tous « confés & repentants qui prieroient Dieu pour le roi « & fa fanté gagneroient les grands pardons comme « en l'an du jubilé. » Le cardinal d'Amboife fit un

---

[1] Sifmondi, *ibid.*   pages 98 & fuivantes.
[2] Jean d'Auton, tome III,   [3] Jean d'Auton, *ibid.*, p. 113.

pélerinage à Notre-Dame de Cléry, le fire de la Trémoille voua fon maître à Notre-Dame de Lieffe & promit d'y aller à pied. Le roi fe voua lui-même à la
Sainte-Hoftie de Dijon, il lui envoya fa couronne & il
faifoit tout fon poffible, dit Saint-Gelais, *pour mettre
Dieu de fon côté.* La reine ne quittait pas la chambre de
Louis XII, lui prodiguant les foins les plus empreffés
& donnant les témoignages de la plus vive douleur.
« Ce feroit chofe incroyable, ajoute Saint-Gelais, d'ef-
« crire ny racompter les plainctes & les regrets qui fe
« faifoient par tout le royaume de France, pour le
« regret que chafcun avoit du mal de fon bon roy.
« On euft veu & jour & nuict à Blois, à Amboife & à
« Tours, & partout ailleurs, hommes & femmes aller
« tous nuds [en chemife & pieds nus] par les églifes
« & aux faincts lieux, afin d'impétrer envers la divine
« clémence, grâce de fanté & de convalefcence à
« celuy que l'on avoit fi très-grand peur de perdre,
« comme s'il euft efté père d'un chafcun... Et ne fault
« révoquer en doubte que la prière de tant de bon-
« nes gens & du peuple, lequel fi très humblement en
« faifoit à Dieu fupplications & requeftes, tant en pro-
« ceffions générales qu'autrement, ne fut caufe d'en-
« cliner la divine grâce à luy donner fanté, car nulle
« aide humaine ne l'euft fçeu faire [1]. »

Le roi, rétabli contre toute efpérance, parut vouloir
rompre les engagements du traité de Blois qui avaient
caufé en France une douleur univerfelle. Il avait com-

[1] Saint-Gelais, p. 175 & 176.

pris fa faute, & fon teftament, daté de Blois, en offre
la meilleure preuve. Dans cet acte, il revient à la véritable politique qu'il convenait de fuivre, dans l'intérêt
du royaume, en recommandant le mariage de fa fille
unique avec l'héritier préfomptif de la couronne,
François de Valois, comte d'Angoulême [1].

L'Angleterre, apprenant ce changement dans la politique de la cour de France, envoya le duc de Som-
merfet à Blois, en ambaffade extraordinaire, pour
propofer le mariage de Henri VII avec Marguerite
d'Angoulême. Louis XII en ayant référé à fon confeil,
il fut décidé d'un commun accord que cette alliance
devait être refufée, comme offrant les mêmes dangers pour la France que celle avec la maïfon d'Autriche, fi le roi mourait fans enfants mâles & fi le duc
de Valois ne donnait pas non plus d'héritiers à la couronne [2].

On faifit avec empreffement, pour fe brouiller avec
l'Autriche, le prétexte d'une infulte faite en Flandre

---

[1] Art. 5 & dernier. « Item,
« voulons, ordonnons & com-
« mandons très expreffément,
« que notre dite fille faffe fa
« demeure en notre royaume,
« fans partir d'iceluy, jufqu'à
« ce que le mariage d'elle & de
« notre cher & amé neveu le
« duc de Valois, comte d'An-
« goulefme, fois fait & con-
« fommé.

« En témoignage de ce,
« nous avons figné ces préfentes
« de notre main, au chaftel de
« Blois, ce dernier jour de mai,
« l'an de grâce 1505, & de no-
« tre règne le viii°. » (Teftament de Louis XII, dans le Recueil d'Ifambert, t. XI, page
444.)

[2] Jean d'Auton, t. III, p.
138 & 139.

par les officiers de justice de Philippe à un sergent royal;
le roi envoya le comte de Nevers en demander répa-
ration. Philippe, de son côté, députa cinq de ses conseillers à Blois, en les chargeant de conserver à tout
prix les bonnes relations qu'il avait avec la cour de
France [1].

Les conseillers de Philippe s'aperçurent bientôt que
les gens de Louis XII, chargés de discuter avec eux,
avaient l'intention de rompre les amicales relations des
deux cours. En effet, pendant la durée même des négociations, le roi avait contracté secrètement une alliance
avec Ferdinand-le-Catholique, devenu veuf, & qui
voulait dépouiller de ses Etats son gendre Philippe. Par
un traité, signé au château de Blois, le 12 octobre,
Louis avait accordé à Ferdinand la main de Germaine
de Foix, sa nièce, en lui abandonnant ses prétendus
droits à la couronne de Naples, moyennant une rente
de cent mille ducats pendant dix ans [2].

Au commencement de l'année 1506, un combat à
outrance fut demandé entre Maugiron, gentilhomme de
la Bretagne, & un autre gentilhomme du même pays,
en raison d'une accusation d'adultère, portée sans preuves contre une dame bretonne par le seigneur de
Maugiron. Le combat devait avoir lieu à cheval, selon
l'usage entre gentilshommes, dans la cour du château,

---

[1] Saint-Gelais, p. 178. —
Lettres du roy Louis XII, t. 1,
p. 7-15, du rec. de J. Godefroy.
[2] Lettres de Louis XII, t. 1,

p. 15 & 32. — Rymer, t. II, p.
15. — Dumont, t. II, part. 1ᵉʳ,
p. 72. — Jean d'Auton, t. III,
p. 139.

fous les yeux même de Louis XII [1]. Toute la nobleffe
des environs s'était rendue à Blois pour y affifter,
ainfi qu'un grand nombre de feigneurs de la Bretagne.
Mais le roi, dont le caractère doux & l'efprit éclairé
fe refufaient à permettre l'accompliffement d'une coutume auffi barbare, déclara vouloir prendre auparavant l'avis de fon confeil. Le réfultat de la délibération
fait un égal honneur au roi & à fes confeillers. Il fut
décidé que : Combien que tels combats étaient répu-
tés avoir force de juftice, en l'abfence de preuves,
toutefois, felon les lois, étaient reprouvés, & par nul
prince catholique ne devaient être permis, « car en
« telles chofes eft veu Dieu, contre fon divin com-
« mandement, eftre tenté, pour ce qu'il eft vraifem-
« blable que le plus fort fubmarche le plus débile. »
Le roi tint enfuite fes états [2] à Blois, & là, dit Jean
d'Auton, « paffa tout doulcement la faifon du carefme,
« & puis très dévotement célébra la joyeufe fefte de
« Pafques, la reyne avec luy & madame Claude, leur
« fille, laquelle eftoit en l'aage de fept à huict ans,
« très belle & moult bien enfeignée. Et fe paffa le

---

[1] J. d'Auton, t. III, p. 145.—
Le combat judiciaire, profcrit
par les établiffements de faint
Louis, avait complètement difparu de notre légiflation depuis
la fin du xiiie fiècle ; mais il était,
en quelque forte, continué comme duel public, dont l'autorifa-
tion était demandée au roi pour
la vengeance d'une infulte perfonnelle. Le combat judiciaire
dura fous cette forme jufqu'à la
fin du xvie fiècle. On peut dire
qu'il fubfifte encore dans le
duel particulier.

[2] On a vu plus haut (p. 12)
ce qu'il faut entendre par cette
expreffion.

« temps en joye & plaifir, car le roy eftoit très fain
« & en bon poinct, & tous fes pays heureux en paix
« & plantureux en biens [1]. »

Louis XII fe rendit vers le mois de mai à Tours,
où devait avoir lieu la convocation des Etats-Généraux,
qu'il avait provoquée fans doute pour fe faire relever
d'une manière honorable de fes engagements envers
Philippe d'Autriche. En effet, d'après le vœu des députés, huit jours après l'ouverture des Etats, eurent lieu
les fiançailles du duc de Valois & de Claude de France [2].

La mort inopinée de Philippe, arrivée au mois de
feptembre, empêcha qu'il ne fût tiré vengeance de la
violation du traité de Blois.

Au printemps de l'année 1507, Louis XII partit pour
foumettre la ville de Gênes révoltée contre les Français. La campagne terminée, il revint vers le mois de
feptembre à fon château de Blois & y refta jufqu'à la
fin de l'hiver [3]. Nous manquons de renfeignements fur
fa vie politique & adminiftrative pendant ce féjour.

Durant l'hiver de l'année 1509, fe célébrèrent à
Blois les noces de Guillaume Paléologue, marquis de
Montferrat, avec Anne·d'Alençon ; il y eut, à cette
occafion, des fêtes magnifiques, mais fur lefquelles
nous avons peu de détails. Fleurange nous rapporte
feulement qu'en « un tournoy que feuft faict en la

---

[1] J. d'Auton, tome III, p.
146, 151 & 152.

[2] Saint-Gelais, p. 181 &
fuiv. — *Relations des ambaffa-*

deurs d'Autriche, dans *les Lettres
de Louis XII*, t. I, p. 44.

[3] Saint-Gelais, *ibid.*, page
339.

« grande cour du chafteau de Blois, devant le donjon
« dudict chafteau, feuft joufté les premiers jours
« au grand appareil, & les autres jours hors lice, à
« l'efpée & à la barrière, qui feuft chofe fort belle
« à veoir... [1]. »

Au repas de noces, Louis XII, fi l'on en croit Seyffel, infulta publiquement l'ambaffadeur de la république
de Venife à laquelle il allait déclarer la guerre, aux
termes des conventions de la *Ligue de Cambrai.* Lorfque l'ambaffadeur s'approcha de la table royale, où
étaient déjà affis les ambaffadeurs d'Ecoffe & d'Aragon,
il lui fut dit qu'il n'y avait point de place pour lui [2].
La république de Venife, infultée dans la perfonne
de fon ambaffadeur, fut peu de temps après battue,
au combat d'Agnadel, par le roi lui-même.

Au retour de la campagne contre les Vénitiens,
Louis XII maria, le 2 décembre de l'année 1509,
Charles, duc d'Alençon, dernier rejeton de cette bran-
che royale, avec Marguerite d'Angoulême. La cérémonie eut lieu à Saint-Sauveur; le roi conduifit & ramena
la mariée. Le dîner eut lieu enfuite dans la grande falle
du château, laquelle, dit Saint-Gelais, *eft des plus grandes que l'on faffe.* Outre la table royale, où fe tenaient
les princes & princeffes & les ambaffadeurs des fouverains étrangers, la falle était remplie d'autres tables
pour les feigneurs, gentilshommes, dames & damoifelles
de la cour [3]. Le roi mangea feul dans fes appartements,

[1] Mém. de Fleuranges, ch. v.
[2] Cl. de Seyffel, p. 282 du Recueil de Th. Godefroy.

[3] Ces détails pourraient faire croire que le feftin eut lieu dans la falle des États.

felon l'étiquette en ufage. La table royale était préfidée par la reine. Il n'y avait de couverts que d'un feul côté. La reine, la mariée & la douairière de Bourbon étaient fervies en vaiffelle d'or, ainfi que les ambaffa- deurs ; les autres convives avaient de la vaiffelle d'ar- gent. Pendant le repas, la reine remit aux hérauts & trompettes un grand vafe d'argent doré, rempli de mon- naie pour être jetée au peuple en criant : *Largeffe*[1] !

On danfa après le dîner, & on alla voir enfuite les joutes. Le comte d'Angoulême, qui n'avait encore que feize ans, était le *tenant*. Il était accompagné du duc de Nemours, du comte de Foix & de quatre gen- tilshommes qui *tenaient le pas* à tous venants. Les joutes & le tournoi qui les fuivit prirent trois jours. « Le « premier jour monfeigneur d'Angolefme, habillé de « drap d'or, & les aultres, fes compagnons, de drap « de foye jaune, tindrent le pas à la groffe joufte, & « le roy mefme le vint accompagner, habillé de mefme, « & le fervit au long de la joufte. Et quand ledit feigneur « d'Angolefme euft achevé fes coups, ledit feigneur « roy defcendit au logis de monfeigneur le légat & « fe mit avec ledit légat à une feneftre à veoir le demeu- « rant de la joufte [2], & y euft tout plein d'affaillans « accouftrez de diverfes couleurs, & les faifoit très bon

---

[1] Saint-Gelais, p. 221 & fuiv. — *Lettres de Louis XII*, t. I, p. 106 & fuiv.

[2] Le tournoi eut lieu dans la baffe-cour du château, où fe trouve l'hôtel du cardinal d'Am- boife (Voyez plus haut, pages 5 & 47). On peut voir encore, au pignon de cet hôtel, la fenêtre à laquelle dut fe tenir Louis XII pour regarder les joutes.

« veoir, combien que les lançes eſtoient ung peu
« petittes à cauſe des jeunes princes qui tenoient le
« pas. Le lendemain, qui fut le lundy, ledit ſeigneur
« d'Angoleſme, avecq les aultres tenans, vindrent tous
« habillez de ſatin blanc, & couroit chaſcun ung coup
« de lance ſans lice, & après vindrent à l'eſpée, à douze
« coups par chaſcun, & y en euſt à l'eſpée de bien
« battuz & les faiſoit beau veoir. L'aultre jour, qui fut
« le mardy le jour ſainᛢte Barbe, il combattirent à la
« barrière, tous armez à blanc, & eſtoient à pied,
« combattans aux lances tant qu'elles duroient, & après
« à courtes eſpées. Et ce jour fut achevée toute la
« ſolemnité des nopces [1]. Les pris furent donnez par
« les dames... & aſſez toſt enſuivant, chaſcun print
« congé du roy & de la royne, pour s'en aller para-
« chever l'hyver en leurs maiſons [2]. »

Le célèbre Machiavel paſſa une partie de l'année 1510
à Blois, & prit part aux conférences diplomatiques qui
eurent lieu au château, comme ambaſſadeur de la
république florentine, alliée de Louis XII [3].

Une ſeconde fille naquit à Louis XII, au château
de Blois, le 25 oᛢtobre 1510. La jeune princeſſe fut
tenue ſur les fonts de baptême par Meſdames de Bourbon & du Bouchage, & par le maréchal de Trivulce;
elle reçut le nom de Renée, qu'elle devait illuſtrer un

---

[1] *Relation des ambaſſadeurs d'Autriche,* p. 208.

[2] Saint-Gelais, p. 223.

[3] Machiavel, *Legazioni,* lettres écrites de Blois, le 29 juillet & le 2 ſeptembre 1510.

jour par fon favoir & par la protection qu'elle accorda
aux lettres [1].

Le 7 novembre 1510, fut figné au château de Blois,
entre Maximilien, repréfenté par l'évêque de Gurck,
fon fecrétaire intime, & Louis XII, un traité deftiné à
refferrer l'alliance des deux monarques, & dans lequel
Maximilien s'engageait à faire tous fes efforts pour réunir un confeil œcuménique, deftiné à réformer l'E-
glife, dans la perfonne de fon chef lui-même & dans
celle de fes membres [2]. Louis XII, dans ce traité,
donnait une marque éclatante de fon reffentiment
contre le pape Jules II, qui s'était féparé de la ligue
de Cambrai & qui était devenu, en Italie, l'ennemi
le plus dangereux des Français.

Nous trouvons un récit naïf de la première entrevue de l'évêquis de Gurck avec Louis XII & Anne de
Bretagne, dans une lettre écrite à Marguerite d'Autriche par Jean Caulier, l'un de fes ambaffadeurs à la
cour de France :

« Jeudy troifiefme de ce mois [octobre 1510], après
« le difner du roy, mondit fieur de Gurce, monfieur
« de Burgo & moy, allafmes vers luy qui eftoit en une
« falle à part, accompagné feullement de Meffieurs le
« chancelier, duc d'Albanye, duc de Longueville,
« évefque de Paris, de la Trimouille, du Bochage,

---

[1] Saint-Gelais, 229 & 230.
— D. Lobineau, Hift. de Bretagne, tome I, p. 830.

[2] Recueil diplomatique de Dumont, tome IV, partie 1re, page 132.

« bailly d'Amiens, tréforier Robertet [1], & le maiftre
« d'hoftel Rigault... En la préfence defquels nous
« feifmes la révérence au roy, & après aucuns petits
« remercimens faits au roy par mondit fieur de Gurce,
« des honneurs & feftoyements que l'on luy a fait en
« fon royaulme, le roy fit apporter un bancq auprès
« de luy fur lequel il feit feoir mondit fieur de Gurce,
« ledit fieur de Burgo & moy. Et nous illecq [là] affis,
« ledit fieur de Gurce s'excufa de ce qu'il ne fçavoit
« parler françois, dont luy defplaifoit, pour luy décla-
« rer l'entier, bon & fraternel amour & affection que
« avoit l'empereur voftre père à Sa Majefté ;... à cette
« caufe avoit prié ledit fieur de Burgo le dire. Et en
« enfuivant ce, icelluy fieur de Burgo commença à
« expofer le contenu ès inftructions dudit fieur de
« Gurce, bien & honnorablement, qui dura deux heu-
« res, ou environ, & fut très voluntiers oy par le roy,
« lequel refpondoit de foy mefme & de très bon cou-
« rage à chafcun article. Et après qu'il eut achevé,
« fut requis par le roy de mettre par efcript, en brief,
« les articles & chofes propofées, fur lefquels eftoit
« requis y refpondre, pour iceulx befongner & con-
« clure le plus brief qu'il feroit poffible, ce qui fut
« fait le jour mefme.
      « ... Après avoir fait vers le roy ce que deffus,

---

[1] L'hôtel occupé à Blois par le tréforier Robertet fubfifte encore, en grande partie ; il eft fitué rue Saint-Honoré, n° 6, & occupé par la Société d'affurance mutuelle contre l'incendie, qui donne fes foins à la confervation de ce remarquable édifice.

« mondit fieur de Gurce luy requit de pouvoir aller
« vers la royne luy préfenter une lettre de l'empe-
« reur, pareillement luy requit y aller luy préfenter
« les voftres ; ce qu'il accorda, & nous fit mener en
« la chambre où elle eftoit, par Monfieur le duc d'Al-
« banye, laquelle trouvafmes contre une feneftre, toutte
« droite, très fort enchainte, auffy elle eft au neu-
« fiefme mois, paffé dix-huit jours. Et ung petit loing
« d'elle eftoit madame Claude, auffy droite, & affés
« près d'elle madame la ducheffe douagiere de Bour-
« bon, aufquelles trois feifmes la révérence, & puis
« retournafmes vers la royne, à laquelle mondit fieur
« de Gurce préfenta fes lettres & luy fit expofer fa
« crédence par mondit fieur de Burgo, à qui elle ref-
« pondit bien fagement & honneftement [1]. »

Vers le mois d'avril 1511, le roi partit pour Lyon,
afin de diriger plus facilement les affaires d'Italie, qui
avaient pris une tournure très-défavorable depuis que
le pape s'était mis à leur tête & lançait fes excommunications contre Louis XII & ceux qui fervaient fa
caufe.

Pendant les féjours qu'Anne de Bretagne faifait feule
au château de Blois, elle avait auprès d'elle plufieurs
beaux efprits qui s'occupaient, pour la diftraire, à compofer de petits poëmes fur la guerre d'Italie. Les conquêtes du roi, la douleur de la reine pendant fon
abfence. Ces poëmes étaient en forme d'épîtres, &
plufieurs d'entre eux étaient adreffés par Anne de Bre-

---

[1] *Lettres du roy Louis XII*, t. II, pages 52 & fuivantes.

tagne au roi, fon époux. Louis XII avait auffi avec lui des poètes chargés de chanter fes triomphes, & qui rédigeaient également des lettres en vers, en réponfe à celles de la reine.

De ces différentes poéfies on fit, pour Anne de Bretagne, un magnifique volume, fur beau vélin, orné de riches miniatures. Ce précieux manufcrit, qui, de la bibliothèque du château de Blois, après plufieurs féjours dans d'autres bibliothèques, était arrivé à celle de Saint-Germain-des-Prés, ne s'y retrouva plus quand elle fut réunie au dépôt de la rue Richelieu. Heureufement, le favant Montfaucon en a laiffé une analyfe très-complète & en a fait graver les miniatures, qui font des plus belles que l'on fit au XVe fiècle, & où il eft aifé de reconnaître la main des maîtres italiens dont s'enrichiffait alors la France [1]. Quelques-unes d'elles font particulièrement curieufes parce qu'elles offrent des portraits authentiques du roi, de la reine & de plufieurs perfonnes de la cour. Elles ne font pas moins intéreffantes par les détails qu'elles donnent fur l'ameublement des réfidences royales & fur quelquesunes des fcènes d'intérieur qui s'y paffaient. On nous permettra de nous arrrêter un peu fur ce livre, compofé prefque en entier au château de Blois, & dans lequel font repréfentés plufieurs des appartements de

[1] Voyez le Catalogue de la Bibliothèque de Saint-Germaindes-Prés par Montfaucon, & fes Monuments de la monarchie françoife, t. IV, pp. 107 & fuiv. Le manufcrit de Blois eft aujourd'hui à la Bibliothèque impériale de Saint-Pétersbourg. (Cf.Cte de la Perrière, L'Hiftoire de France en Ruffie.)

cet édifice & des perfonnages hiftoriques dont il était
la demeure.

La compofition du recueil nous fait voir que, parmi
les hommes de lettres attachés à la cour, aucun n'était
plus en faveur que le poète italien Faufto Andrelini,
de Forli. Mais Andrelini, qui méprifait fon nom vul-
gaire & affectait de ne figner que celui de *Fauftus*, fuivi
ordinairement du titre de *poëta regius & regineus*, poète
du roi & de la reine, ne daignait guère écrire en d'autre langue que le latin [1]. Un poète bléfois, Macé de
Villebrefme, valet de chambre ordinaire du roi, était
le traducteur, ou plutôt le paraphrafeur des vers du
poète royal, vers affez riches d'expreffions & d'harmonie, mais prefque toujours pauvres de penfées, & qui
perdaient en outre beaucoup à être délayés dans la
profe rimée de notre compatriote [2].

La première pièce du recueil eft de Fauftus & de
Villebrefme. C'eft un épître dans laquelle la reine
témoigne fa douleur de l'abfence de fon époux, fe

[1] Voy., p. 7, les vers fur le
porche du château. — Andrelini s'était fixé en France dès le
règne de Charles VIII ; il avait
beaucoup contribué, comme
profeffeur de rhétorique, à
faire connaître le génie de l'antiquité & à préparer l'époque
de la Renaiffance. Erafme, qui
avait d'abord partagé l'engoue-
ment général pour Andrelini.

prétendit plus tard qu'il ne
manquait à fes vers qu'une
fyllabe, νοῦς en grec, *mens* en
latin, c'eft-à-dire, en français,
le fens commun. (Michaud,
Biographie Univerfelle.)

[2] Ce Villebrefme était peut-
être le fils d'un autre poète de
la cour du duc Charles, Guillaume de Villebrefme. (V. p.
105.)

réjouit de la victoire qu'il vient de remporter fur les Vénitiens, & fait un vœu à la Sainte-Vierge pour lui obtenir un heureux retour. Voici les quatre premiers vers latins de Fauſtus, & les douze vers français que· Villebreſme a employés pour les traduire ; on nous faura gré de nous être borné à cette citation.

Cara ſuo conjux mittit pia ſcripta marito
  Quem dolet, & patriis gaudet abeſſe focis.
Scilicet afflictam mens anxia torquet amantem
  Quod tam deliciis orba ſit illa ſuis.

La chère épouſe ayant le cœur marry,
Pour le deſtour de ſon royal mary,
Joyeuſe auſſi pour ce que conquérir
Va ſes pays & triumphe acquérir.
En contemplant néantmoings l'adventure
De guerre extrême & doubteuſe rupture,
Auſſi qu'il eſt en eſtrangère voye,
Ce triſte eſcript lui tranſmet & envoye,
Pour ce que tant une loyalle amante
Penſer doubteux fort opprime & tourmente,
Quant en grief deuil, de triſteſſe ſaiſie,
De plaiſirs deubs eſt toute déſſaiſie.

Une belle miniature, placée en tête de l'épître, repréſente la reine Anne dans ſa chambre à coucher. Elle eſt vêtue de noir & aſſiſe ſur une chaiſe, devant une petite table fort ſimple, couverte d'un tapis vert ſur lequel eſt un gros volume, relié en velours rouge & à fermoirs d'or, qui déſigne probablement le livre dont nous nous occupons ici. La reine écrit, & tient de la main gauche un mouchoir pour eſſuyer ſes lar-

mes. Un petit chien blanc eft couché fur les plis de
fa robe qui eft traînante. Près de la table font affifes,
fur le plancher même de l'appartement, des dames
d'honneur, toutes vêtues & coiffées de la même manière. A côté de la reine eft fon lit, dont les courtines
& le ciel font en drap d'or rehauffé de rouge ; deux
images de faints font au-deffus du chevet. Dans le
fond de l'appartement on aperçoit un de ces petits
buffets à pied, en bois fculpté, qui font fi recherchés
aujourd'hui. Entre le lit & le petit meuble eft une
cage renfermant un perroquet vert. Cet animal devait
être encore rare, car, en 1468, lors de la grande
expédition entreprife par Louis XI contre les oifeaux
jafeurs de Paris, pour favoir s'ils ne parlaient point
de l'affaire de Péronne, il n'eft queftion que des pies,
des geais & des chouettes.

Cette première épître eft fuivie de trois autres,
compofées par frère Jean d'Auton, hiftoriographe du
roi, & adreffées à Louis XII, au nom des trois Etats du
royaume, *Eglife*, *Nobleffe* & *Labeur*. Elles ne contiennent
que des félicitations fur la guerre déclaréé aux Vénitiens par toutes les puiffances de l'Europe, & que le
roi entreprit & termina feul. On voit que ces trois pièces fe rapportent à la brillante campagne de 1ʃ09, fi
promptement achevée. Les miniatures, toutes allégoriques, n'appartiennent pas à notre fujet.

L'épître fuivante eft de la reine Anne au roi Louis ;
Fauftus l'a écrite en vers latins, comme la première,
& Macé de Villebrefme l'a *tournée en rimes françoifes*. Elle
eft relative à la nouvelle expédition de 1ʃ10, contre

les Vénitiens, pour laquelle le roi était fur le point de partir, mais dont la conduite fut confiée à Chaumont. La reine fe plaint de ce que, après la victoire d'Agnadel, Louis n'était pas monté fur mer pour prendre Venife, & lui reproche d'avoir commis la même faute qu'Annibal après la bataille de Cannes, & que Pompée après fon premier fuccès contre Céfar.

La miniature placée en tête de la lettre repréfente la reine affife fous un dais, & fur une chaife de ftyle antique. Sur fa robe eft une efpèce de pardeffus de velours rouge, doublé de drap d'or & traînant jufqu'à terre. Ses pieds font appuyés fur un carreau à glands d'or. Elle remet une lettre à un courrier qui la reçoit un genou en terre ; il porte fur l'épaule droite un petit écuffon de France, infigne de fes fonctions ¹ ; au dos de la lettre eft écrit : *A Monfeigneur le Roy.* Près de la reine eft un perfonnage de diftinction, debout, un collier d'or au cou ², & une calotte tiffue d'or fur la tête. Il eft revêtu d'une robe longue à larges manches, & tient à la main un bonnet de couleur rouge. Peut-être eft-ce le poète Fauftus. Dans le fond de l'appartement font les dames de la reine, qui femblent affifes à terre comme dans la miniature déjà décrite. Mais on

---

¹ Voyez, dans le Recueil d'Ifambert, l'ordonnance de Louis XII, fur les *chevaucheurs d'efcurie,* donnée à Blois en février 1511, t. XI, p. 553.

² Brantôme, *Difcours fur Anne de Bretagne,* dit que « cette prin-

« ceffe eftoit très libérale, & « qu'il n'y avoit grand capi-« taine de fon royaume à qui « elle donnaft des penfions & fit « des préfents extraordinaires. « ou d'argent ou de *groffes* « *chaifnes d'or.* »

doit ʃuppoʃer que les plis des vêtements cachent de ces carreaux dont il eʃt parlé dans la deʃcription du château de Blois, à l'occaʃion de la réception de l'archiduc d'Autriche [1].

A la ʃuite de la lettre de la reine eʃt la réponʃe de Louis XII, écrite en vers latins par Jean-Franciʃque Suard, de Bergame, & traduite en vers français par Jean d'Auton.

Andrelini & Villebreʃme ont compoʃé la cinquième épître ; la reine s'y déchaîne aʃʃez ouvertement contre la conduite du pape Jules II dont les excommunications devaient ʃi fort l'inquiéter, un peu plus tard. En tête de la lettre, la reine eʃt repréʃentée aʃʃiʃe ʃur un trône, écrivant à une table ʃemblable à celle que nous avons déjà décrite, mais couverte d'un tapis plus riche. Les dames d'honneur ʃont placées comme dans les autres miniatures ; l'une d'elles tient à la main un ouvrage de broderie. La porte de l'appartement eʃt ouverte, un page entre & montre du doigt à la reine un meʃʃager à cheval qui attend ʃa lettre. Les tapiʃʃeries de l'appartement ʃont décorées de la cordelière, & les vitraux des fenêtres ornés d'A couronnés, de fleurs de lys & d'écuʃʃons mi-partis de France & de Bretagne.

L'épître qui vient après celle-ci eʃt en vers français, de la compoʃition de Jean d'Auton. Heĉtor écrit des Champs-Elyʃées à Louis XII le plaiʃir qu'il a d'apprendre, par les âmes de ceux qui ont été tués dans les batailles d'Italie, la valeur & les ʃuccès d'un prince

---

[1] Voyez plus haut, p. 1ʒ1.

iſſu de ſa race. On ſait que les Grandes-Chroniques de Saint-Denis avaient rendu populaire l'opinion que les Français deſcendaient d'un fils d'Hector appelé Françion.

Jean le Maire ſe chargea de la réponſe du roi à Hector ; elle eſt intitulée : *Épiſtre du roi très chreſtien, Loys douzieſme, à Hector de Troye, chef des Neuf Preux*. Le roi lui dit, entre autres choſes, qu'il ſouhaiterait fort qu'il y eût aujourd'hui un pape auſſi ſaint que l'était celui qui tira Trajan des enfers & le mena au ciel, & qu'un tel pape pourrait bien rendre le même ſervice à Hector. Cette idée bizarre ne ſe trouve probablement là que pour amener l'épigramme ſuivante contre Jules II, épigramme qui paraît bien innocente aujourd'hui :

Que pleut à Dieu qu'euſſions ore un tel pape,
Qui ſuſt content de ſa mître & ſa chappe,
Sans armes prendre & ſoi tant déguiſer,
Qu'on ne le peut bonnement deviſer.

Dans la miniature, on voit le roi aſſis ſur un trône & ſous un grand dais orné de fleurs de lys & de porcs-épics, dictant ſa lettre à Jean le Maire qui l'écrit ſur ſon genou. Derrière le roi, ſe tiennent debout les officiers de ſa maiſon, & à gauche eſt le vent *Boréas*, en coſtume de page, une grande épée au côté & des ailes aux épaules, attendant la lettre du roi pour la porter à Hector. Elle eſt datée de l'année 1511 & fut

écrite au château de Blois, le 10 de novembre, comme
l'indiquent les deux derniers vers .

> Efcrit à Blois par ung lundi matin,
> L'an que deffus, vigile Sainct-Martin.

La fiction de Jean le Maire eut probablement beaucoup de fuccès, & engagea M. de Mailly à faire écrire
au roi, par le dieu Mars, une autre lettre de félicita-
tation fur fes victoires. Il y eft parlé des beaux faits
d'armes de Gafton de Foix & de la prife de Brefcia ; fa
date eft du 1er mars 1512 (1513). Nous ne dirons rien
des peintures allégoriques qui font en tête de plufieurs
de ces épîtres.

La dernière du recueil eft écrite par Jean d'Auton,
au nom de l'*Églife militante*, qui exhorte Louis à continuer de la défendre dans un malheureux temps où
elle eft attaquée de tous côtés, & où le pape même
femble s'appliquer à la détruire.

Si ces différentes poéfies ne font pas remarquables
fous le rapport de l'invention & du ftyle, elles devaient
donner néanmoins beaucoup de charme à la vie de
château que menait la reine Anne à Blois, & nous forment une idée avantageufe des goûts littéraires de
cette princeffe.

Ce fut probablement auffi pendant les abfences de
Louis XII, que la reine Anne s'occupa de faire conftruire dans le jardin bas du château, le pavillon décrit
dans notre premier chapitre [1]. Ce bâtiment, au dire

---

[1] Voyez page 48.

de Félibien, lui fervit de retraite qnand elle fit un vœu
pour avoir des enfants. D'autres auteurs prétendent
que ce fut pour fe féparer du roi, fon époux,
lorfqu'il était excommunié par le pape. On fait en
effet que la reine, qui avait d'abord partagé le reffentiment de Louis XII, finit par être très-effrayée des
conféquences de la guerre contre le chef de l'Eglife [1],

L'affeƈion que témoignait la reine Anne pour le
jardin bas, ou le petit jardin du château, & le pavillon
qu'elle y conftruifit, lui firent donner le nom de *Jardin de
la Reine.* Les différents jardins royaux de Blois furent mis
fous la direƈion d'hommes fpéciaux, empruntés à l'Italie, en poffeffion alors de fournir à la France des maîtres
dans toutes les parties de la fcience ou de l'art. Les archives de Jourfanvault nous ont confervé les noms de
Pacello & d'Edme de Mercoliano, *jardiniers & concierges* des jardins du château de Blois [2].

---

[1] Mém. mff. d'A Félibien,
fur les maifons royales.

[2] Ces *horticulteurs* étaient venus d'Amboife où Charles VIII
les avait amenés lui-même de
Naples. Le premier était pourvu,
en outre, d'un canonicat à Saint-
Sauveur, & l'autre de la cure de
Saint-Viƈor-lez-Blois ; ce qui fer-
virait à prouver, s'il en était befoin, que ces titres de jardinier,
concierge & autres du même
genre indiquaient des officiers
royaux chargés de la direƈion,
& non des foins matériels des établiffements qui leur étaient con-
fiés. — Voir *Archives Jourfanvault,* n° 3221, 3215, 3220 &
3221 ; années 1510 à 1542. —
Voir auffi un article d'E. Cartier, dans la *Revue Numifmatique* de 1848, p. 223-225. —La
charge de jardinier du roi était
payée 300 livres par année,
c'eft-à-dire 1200 fr., la livre
d'alors pouvant être évaluée à
4 francs, environ. (V. les Tables
de Pauƈon.)

On pourrait croire que la culture des fleurs & des plantes rares était déjà, dans ces jardins, l'objet d'une attention particulière. Le goût de la reine Anne pour la botanique nous femble révélé par le magnifique manufcrit de l'ancienne bibliothèque du château de Blois, connu fous le nom d'*Heures d'Anne de Bretagne* [1]. Toutes les marges de ce précieux livre font ornées de la figure d'une plante, peinte d'après nature, avec l'indication du nom latin & du nom français, & ces figures, dont le nombre s'élève à trois cents, font exécutées avec un goût & une exactitude qu'on furpafferait à peine aujourd'hui. Il eft probable que le genre de décoration choifi par le peintre devait être un hommage rendu au goût de la reine pour l'étude des plantes.

Bernier rapporte que, de fon temps, la tradition attribuait à Louis XII la penfée d'avoir voulu amener dans fes jardins les eaux de la fontaine Saint-Bohaire, fituée à trois lieues de Blois. N'ayant pu réuffir dans fon projet, il fit creufer un énorme puits dans le jardin haut, pour fournir des eaux jailliffantes aux parterres fitués dans le jardin bas [2]. Les travaux de toute forte, exécutés par fes ordres pour l'embelliffement de ces jardins, excitèrent une grande admiration parmi

---

[1] Mf. du Mufée des Souverains.

[2] *Hiftoire de Blois*, p. 24. — Cf. Leroux de Liny, *Vie de la reine Anne de Bretagne*, t. II, pp. 46 & fuiv. — En creufant l'avenue de l'embarcadère du chemin de fer à Blois, en 1845, on a rencontré les tuyaux de terre cuite qui conduifaient les eaux du jardin haut au jardin bas.

les comtemporains. En voici l'un des témoignages :

Rex duodenus aquas Lodovicus nominis hujus
Et dedit hos fractis rupibus Helifios ;
Caftra voluptati genioque paravit, ut hofpes,
Hìc Venus, hìc poffet vivere Pythagoras,
Rupit Athon Xerfes, Alpes ferus Hannibal, hortos
Hic colit arctois cautibus Hefperidum [1].

« Le roi Louis, douzième de ce nom, nous a donné
« ces eaux & ces jardins élyféens, en brifant des
« rochers ; il a élevé un château pour le plaifir & pour
« l'efprit ; ici Vénus, ici Pythagore pourraient égale-
« ment y recevoir l'hofpitalité. Xerxès a percé le
« mont Athos, le farouche Annibal a rompu les Alpes ;
« Louis a tranfporté le jardin des Hefpérides fur un
« roc du Septentrion. »

L'année 1512 vit la ligue formée par le pape fortifiée de l'acceffion de Henri III, qui efpérait profiter
des conjonctures fâcheufes où fe trouvait la France
pour reconquérir la Guienne. Le 22 avril, le roi d'armes d'Angleterre vint à Blois porter à Louis XII la

---

[1] *Ludovici Heliani in hortos*
regios Blefis, dans les poéfies
recueillies par Jean Robertet,
f° 89 du manufcrit 7686 de
la Bibliothèque impériale. —
Helianus, ou plutôt Eliano,
était fans doute un poète italien,
rival d'Andrelini, & rival mé-
content, comme il réfulte de ce

quatrain qui accompagne la
pièce précédente :

Cum pedibus noftris reficis carmina,
[Faufte,
Altera fumma volant, alta relapfa
[ruunt.
Alter Atlantiadæ pes eft tibi, ligneus
[alter ;
Rectus eris, pedibus fi potes ire tuis.

déclaration de guerre de fon fouverain. Le roi chercha vainement à conjurer l'orage [1].

Le 16 juin de la même année, fut promulguée à Blois une bulle du concile fchifmatique réuni à Pife par Louis XII & Maximilien. Par cette bulle, le fouverain pontife était fufpendu de la papauté & ajourné pour venir expliquer fa conduite. Jules répondait à ce concile par un autre beaucoup plus nombreux, réuni à Saint-Jean de Latran : Maximilien y déclarait qu'il était étranger à celui de Pife, & le royaume de France était mis en interdit [2].

Le 17 juillet, Louis XII figna au château de Blois un traité d'alliance entre la France & le roi de Navarre ; ce qui n'empêcha pas celui-ci d'être dépouillé entièrement de fes Etats, avant la fin de l'année, par Ferdinand le Catholique [3].

Au commencement de l'année 1513, l'Europe prefque entière était liguée contre Louis XII. La fituation critique dans laquelle il fe trouvait l'engagea à faire des tentatives de réconciliation auprès de Ferdinand & de Maximilien. Les inftigations du premier de ces princes & le penchant naturel de la reine pour le fecond l'avaient engagée à protéger vivement des négociations qui furent entamées au château de Blois

---

[1] Dumont, t. IV, part. 1ʳ, p. 137. — Rymer, t. XIII, p. 310. — *Lettres de Louis XII*, t. III, p. 236, 241 & fuiv.

[2] Recueil d'Ifambert, t. XI, p. 631. — *Conc. gener.*, ap. Labbe, t. XIV, p. 27.

[3] Dumont, t. IV, part. Iʳ, p. 147. — Mariana, *Hift. de Efpaña*, ch. XI à XV.

pour un mariage entre fa feconde fille, Renée de
France, & le duc Charles d'Autriche. Cette alliance
devait être un gage de paix & d'union durable avec
Maximilien; mais ce dernier, fe rappelant la manière
dont il avait été trompé dans fes efpérances, à l'occafion du mariage projeté entre ce même Charles & la
fille aînée de Louis XII, exigea que la jeune princeffe lui fût confiée jufqu'à la célébration des noces.
La reine ne voulut point fe féparer de fa fille, & les
négociations furent rompues. On doit croire d'ailleurs
qu'elles n'avaient été entreprifes par Anne de Bretagne que pour en revenir à fon projet favori, qu'elle
n'abandonna qu'avec la vie, le mariage de la princeffe
Claude de France avec le duc Charles [1].

Les démarches faites auprès des fouverains de l'Efpagne & de l'Autriche étant demeurées fans fuccès,
Louis XII chercha à fe rapprocher de fon ancienne
alliée, la république de Venife, qu'il avait pourtant
fi maltraitée, mais qui avait encore plus à fe plaindre
de fes nouveaux protecteurs. Une réconciliation entre
le roi & les Vénitiens eut lieu à Blois, par les foins
du fénateur André Gritti, fait prifonnier à Brefcia,
l'année précédente. Le 23 mars, on figna au château
un traité par lequel les Vénitiens s'engagèrent à aider
Louis XII dans la conquête du Milanais [2].

La première de nos lois relatives à la librairie fut
rendue à Blois, le 9 avril 1513. Louis XII donna cette

---

[1] Guicciardini, l. xi. — *Mém.*
de Fleuranges, p. 154 de la
collect. publiée en 1786.

[2] Saint-Gelais, p. 384, dans
le *Recueil* de Th. Godefroy. —
Guicciardini, l. xi.

loi à la demande de l'Univerfité de Paris, « pour la
« confidération, difait-il, du grand bien qui eft advenu
« en noftre royaume au moyen de l'art & fcience d'im-
« preffion, l'invention de laquelle femble eftre plus
« divine que humaine : laquelle, grâce à Dieu, a efté
« inventée & trouvée de noftre temps par le moyen &
« induftrie defdits libraires, par laquelle noftre faincte
« foy catholique a efté grandement augmentée & cor-
« roborée, la juftice mieux entenduë & adminiftrée, &
« le divin fervice plus honorablement & curieufement
« faict, dict & célébré. » Les libraires, relieurs, enlumineurs & écrivains jurés de l'Univerfité, alors au nombre de trente [1], fe trouvaient difpenfés par cette loi
de l'impôt de guerre qui venait d'être mis fur Paris,
ainfi que de toutes tailles, aides, gabelles, &c., impo-
fées ou à impofer par le roi & fes fucceffeurs, pour
quelque caufe que ce fût ou pût être ; & auffi de tous
guets de ville & gardes des portes, fors en cas d'émi-
nent péril. Les livres étaient exempts de tous péages,
traverfes, entrées & iffues de villes, &c. [2] Les fouverains fe font montrés depuis moins bienveillants envers
la preffe ; mais celle-ci le leur a bien rendu.

La preuve la plus éloquente de l'amour de Louis XII
pour les livres eft la riche collection bibliographique
qu'il forma au château de Blois, & qui compofe encore
aujourd'hui la partie la plus précieufe des manufcrits
de la Bibliothèque Impériale. A peine monté fur le

---

[1] Vingt-quatre libraires, deux
relieurs, deux enlumineurs &
deux écrivains (loi citée).

[2] Ifambert, *Recueil des anciennes lois françaifes*, t. XI,
p. 642 & fuiv.

trône, Louis XII avait joint aux livres de fon père &
de fon aïeul, Louis & Charles d'Orléans, tous ceux
qu'avaient amaffés les rois fes prédéceffeurs. Ses conquêtes dans le Milanais l'ayant rendu poffeffeur de la
bibliothèque formée à Pavie par les Vifconti & les
Sforce, le mirent à même de réunir les richeffes bibliographiques du nord de l'Italie à celle du midi, enlevées au roi de Naples par Charles VIII. Lorfque, plus
tard, il y eut ajouté les manufcrits du célèbre Pétrar-
que & la riche collection de la Gruthufe, la bibliothèque de Blois devint, au dire des favants, l'admiration
de toute l'Europe [1]. Louis de Bologne, dans fon
curieux livre des quatre plus remarquables fingularités
de la France, ne craint pas de lui donner le premier
rang [2].

Le roi, à l'exemple de fon père, Charles d'Orléans,
n'avait pas moins de goût pour les arts que pour les
lettres ; la magnifique galerie qu'il fit faire au château
de Blois en eft le plus brillant témoignage.

Peu après la publication de la loi fur la librairie,
Louis XII, très-fouffrant de la goutte, fe fit tranfporter
en litière à Amiens, afin d'être plus près des Anglais qui
venaient de débarquer fur les côtes de l'Artois. Au
mois de juin fuivant, la bataille de Novarre ruinait
encore une fois fes affaires en Italie ; on fait les autres
défaftres qui fuivirent la campagne du Milanais. Le roi,
à fon retour de Picardie, théâtre de fes dernières

---

[1] *Mém. hiftor. fur la Biblioth.*
du Roi, t. 1, de l'ancien catalogue imprimé, p. viij.

[2] Lud. Bolonienfis, *De qua-
tuor fingularibus in Gallia re-
pertis*.

défaites, trouva à Blois un nouveau fujet d'affliction :
Anne de Bretagne, depuis longtemps atteinte d'une
maladie qu'elle avait regardée comme une punition de
la guerre contre le chef de l'Eglife, était dans un état
de fouffrance fi grand que fa mort était regardée
comme prochaine.

Malgré fa fituation défefpérée, Anne pourfuivait toujours fes projets d'alliance avec l'Autriche; le 15
novembre 1513, elle fit confentir le roi à abandonner
fes droits fur Milan, Gênes & Afti à Renée, fa feconde
fille, pour qu'elle les portât en dot à celui des deux
archiducs que fon aïeul, Ferdinand d'Aragon, lui choi-
firait pour époux [1]. On ne peut douter que la reine
n'eût en vue le plus jeune des deux & qu'elle ne con-
fervât toujours l'efpoir de marier la princeffe Claude
à l'aîné. Fleuranges rapporte qu'Anne de Bretagne,
dans les derniers jours de fa vie, le fit appeler près
d'elle « pour quelque menée qu'elle voulloit faire avec
« le roy de Caftille & toute fa maifon d'Autriche, &
« avoit le cœur merveilleufement affectionné à faire
« plaifir à cette maifon de Bourgogne [2]. »

Le 2 janvier 1514, la reine eut une attaque très-
violente de la maladie à laquelle elle fuccomba peu de
jours après.

Anne de Bretagne, par fon mérite & par fa beauté,
avait fu fixer l'inconftance première de Louis XII dans
fes affections. *Il l'avoit fi tant aimée*, dit Seyffel, *qu'il*

---

[1] *Recueil de Dumont*, t. IV,   [2] *Mém. de Fleuranges*, p.
part. Ire, pp. 12 & 13.   154, édition de 1786.

avoit dépofé en elle tous fes plaifirs & toutes fes délices [1].
Auffi lui donna-t-il à fa mort les témoignages d'une
affliction profonde. Il voulut porter le deuil en noir,
contre l'ufage, & il refta trois jours enfermé dans fon
cabinet, fans voir perfonne ; il chaffa de la cour tous
les *violons, comédiens & batteleurs*, & défendit que nul
ne parlaft à luy s'il n'eftoit veftu de drap noir [2].

Des funérailles d'une grande magnificence furent
ordonnées par Louis XII. Le roi d'armes de la reine,
Bretagne, en a laiffé une relation fort circonftanciée,
dont plufieurs copies, ornées de très-belles miniatures,
furent offertes par lui aux principaux perfonnages de
la cour [3]. Nous donnerons une courte analyfe de
cette curieufe relation.

---

[1] Page 101 du recueil de
Th. Godefroy.

[2] *Mém. de Fleuranges*, p. 154.
— *Mém. de Bayard*, ch. LVIII.
— Add. à Monftrelet, f° 248,
tome III, de l'éd. de 1572.

[3] La Bibliothèque impériale
poffède, à elle feule, onze de
ces copies, dont la plus belle,
n° 9309 du catalogue, eft dédiée à Louife de Savoie. M. le
marquis de Clermont-Tonnerre,
defcendant d'une des familles
illuftres auxquelles Bretagne fit
hommage de fon livre, eft encore
propriétaire de l'exemplaire offert à l'un de fes aïeux, & en a
publié, en 1849, une édition en
fac-fimile. Montfaucon a donné
une analyfe de la relation de Bretagne, d'après une copie de la bibliothèque de l'évêque de Metz,
& Th. Godefroy a imprimé,
avec quelques retranchements,
le texte même du héraut de la
reine Anne. Il n'eft donc pas
exact de dire, dans une édition
récente de ce livre par MM. Mer-
let & de Gombert, in-18, Paris,
Aubry, 1858, qu'il eft publié pour
le première fois. — (V. *Monum.
de la Monarch. franç.*, t. IV,
pp. 128 & fuiv., *Cérémonial de
France*, éd. 1619, p. 98 à 146,
& *Vie de la reine Anne*, par Le
Roux de Lincy, t. IV, p. 221.)

Peu après le trépas de la reine, André de la Vigne,
fon fecrétaire, avait compofé plufieurs rondeaux *en
forme d'épitaphe & complainte de mort.* Le plus original d'entre eux eft celui fous le titre : *Rondeau de l'ef-
perit & du cueur du roy, fur le trefpas de la royne, en
forme de dyalogue,* dans lequel l'efprit parle au cœur
en manière de reconfort. Mais les poéfies d'André de la
Vigne font fi mauvaifes, que nous n'avons pas le courage de tranfcrire plus de deux quatrains, empruntés
à un autre rondeau intitulé : *La déploracion, au chafteau
de Bloys, des lieux où la royne fréquentoit le plus fouvent.*
On remarquera la richeffe des rimes.

AV JARDIN ET GALLERIE DES CERFS.

Pauvre Jardin & gallerie gente
De trifteffe fault que vous pourvoyez,
Puifque perdez votre royne & régente
Par mort cruelle ainfi que vous voyez.

AV CHASTEAV DE BLOYS.

Chafteau de Bloys de lermoyer ne ceffe
Et prends le temps tel que tu trouveras,
Car je fuis feur qu'une telle maiftreffe,
Que tu avoys, plus ne retrouveras.

Le corps de la reine refta expofé dans la chambre
où elle mourut, depuis le lundi 9 janvier, jufqu'au
famedi fuivant. Il était entouré de dames, de feigneurs
& d'un grand nombre de religieux, priant nuit & jour
& récitant les vigiles & vêpres des morts.

Le famedi, le corps fut porté dans la *falle d'honneur,*

au corps de la maison neuf, sur le devant du chasteau, où on le laissa jusqu'au lundi suivant. Cette salle était ornée d'une tapisserie *ouvrée sur soye & fil d'or, histo-ryée de l'histoyre de la vengeance de Nostre Seigneur & destruction de Jherusalem que feit Titus - Vespasien.* Le corps de la reine, en habits royaux, était exposé sur un lit de parade, couvert d'un drap d'or de trente-six aunes de long & fourré d'hermine. Le ciel & le dossier du lit étaient de drap d'or, *frangé de soye rouge.* La reine était couchée, les mains jointes, revêtues de gants blancs, & sa couronne sur la tête qui était soutenue sur un coussin & un carreau de drap d'or. Elle avait une robe & un corsage en velours pourpre, fourré d'her-mine, & des manchons en drap d'or garni de pierre-ries. Un grand manteau, aussi en velours pourpre, fourré d'hermine, était attaché sur ses épaules. A droite & à gauche, on avait mis deux coussins de drap d'or : l'un pour le sceptre, l'autre pour la main de justice. Au pied du lit, sur un grand carreau, était placé un cru-cifix d'or, & à côté, deux bénitiers & deux asperfoirs d'argent.

A cet endroit du manuscrit de Bretagne, se trouve une miniature très-bien exécutée, représentant la reine sur son lit de parade, autour duquel sont age-nouillés ses hérauts d'armes, & des religieuses dont il n'est pas question dans le récit.

Le lundi soir, huitième jour depuis la mort de la reine, son corps fut enlevé du lit de parade & déposé dans le cercueil, en présence de madame de Mailly, dame d'honneur, de madame de Soubise, dame d'a-

tours, & des autres dames de la cour. Les officiers de
fa maifon étaient également préfents, ainfi que les
trois hérauts d'armes, Bretagne, Rennes & Hennebon.
On remarqua avec étonnement que les traits de la
reine n'avaient encore éprouvé aucune altération, &
chacun difait que, « pour avoir tant aimé & fervi Dieu
« pendant fa vie, Dieu lui préfervoit fa beauté des
« outrages de la mort. »

« Lors fut là, continue Bretagne, grant pitié & grans
« regreǳ, force pleurs & lamentacions, & à hault cry
« quand veint à luy couvrir la face, car l'un crioit :
« *Ha noble dame !* autres : *Ha fouveraine & notable prin-*
« *ceffe, faut-il pour jamais perdre la veue de voftre noble*
« *face !* Plufieurs luy touchoient, les ungs au corps,
« les autres à la face, les ungs befoient le cercueil,
« les autres le fuaire, & par plufieurs foiz feut celle
« noble face découverte, & moult longuement durè-
« rent les pleurs & criz. »

Une autre miniature repréfente cette feconde partie
de la cérémonie des funérailles.

Le lendemain, mardi, la falle fut tendue de noir, &
on cacha le cercuil dans le lit de parade, qui fut couvert d'un drap de velours noir chargé d'une croix
blanche. « Les ornements de la falle, dit Bretagne,
« feurent faitz de couleur dollante & mal plaifante à
« la veue des affiftants, car ce feut veloux noir enrichy
« d'orfrayes [1], armoyées & remplies des armes de
« ladite dame & des cordelières de fa devife. »

---

[1] Bordures en étoffe d'or.

Une troifième miniature eft deftinée à aider le lecteur dans l'intelligence du texte de la relation.

Pendant tout le temps que le corps de la reine demeura expofé dans cette falle, on célébra chaque jour quatre grandes meffes, une du Saint-Efprit, une de Notre-Dame & deux de *requiem*. On difait en outre plufieurs meffes baffes. Tous les chapitres de la ville de Blois & des environs, le clergé des abbayes & des églifes paroiffiales venaient chanter des *libera* & autres prières, & il arrivait fans ceffe un concours de monde confidérable. Les membres de la famille royale y venaient auffi prier ; les princeffes étaient revêtues de robes noires, dont la queue, d'une très-grande ampleur, n'était portée par perfonne, en figne de deuil [1].

Le corps de la reine refta dans la falle de deuil jufqu'au vendredi 3 février, qu'il fut tranfporté à l'églife Saint-Sauveur, vers deux heures du foir, par les gentilshommes de fa maifon, précédés du cardinal de Bayeux, des évêques de Paris, de Limoges, de l'abbé de la Noue & d'un grand nombre de gens d'églife. Le comte de Saint-Paul & MM. de Lautrec, de Laval & de Nevers tenaient les coins du drap de deuil, & le

---

[1] La queue de la robe de la ducheffe de Bourbon était de trois aunes de *fine ferge de Florence*, celle des robes de mefdames d'Angoulême & d'Alençon n'avait que deux aunes & demie de la même étoffe. « Ladite « dame de Bourbon, dit Breta- « gne, avoit fa queue trop « plus longue que les autres ; « je m'enquis pour quoy : l'on « me dit que c'eftoit pourtant « qu'elle eftoit fille de roy & « qu'elle préféroit toutes les « autres qui là eftoient préfen- « ͞es »

poêle [dais] était porté par MM. de Penthièvre, de
Châteaubriant, de Candal & de Montafillant. Le prince
de Chalais fe tenait à gauche, qui était fa place habituelle du vivant de la reine dont il était le chevalier
d'honneur ; à droite, M. d'Avaugour fervant de grand-
maître ; & aux pieds, M. de Montmor, grand-écuyer
de Bretagne.

A la defcente de la falle fe trouvaient un grand
nombre de religieux, d'officiers de la reine & quatre
cents pauvres, vêtus de noir, qui accompagnèrent le
cortége, portant des torches armoriées aux armes des
couvents, abbayes & paroiffes de la ville de Blois. Le
capitaine Gabriel de la Chaftre & fes archers dirigeaient
la marche & l'ordre de la cérémonie.

Après eux venaient les hérauts & les deux rois d'armes de France & de Bretagne, Montjoye & Bretagne, à
la tête & près du corps. A leur droite, marchaient le
premier maître-d'hôtel, Regnault de Brignac, feigneur
de Kerfilly, & les maîtres-d'hôtel ordinaires, tenant le
bâton de deuil : à droite des hérauts, les *feigneurs* des
requêtes.

Monfieur & le duc d'Alençon conduifaient le deuil,
en tête duquel on voyait madame de Bourbon, madame d'Angoulême & la ducheffe d'Alençon, fa fille.
Les dames & damoifelles de la reine les fuivaient, marchant deux à deux. Les ambaffadeurs & un grand nombre de gentilshommes venaient enfuite, chacun felon
fon rang. Les Suiffes, commandés par M. de la Marche,
efcortaient le convoi, fur deux files, pour contenir la
foule.

Arrivé dans l'églife, le corps fut mis fous une chapelle ardente à cinq clochers & croix recroifetées,
dont une miniature offre la repréfentation. On voyait
autour de cette chapelle deux mille cierges allumés. Après les vigiles des morts & le fervice qui
fut célébré par le cardinal de Bayeux, le cortége
retourna au château, à l'exception du prince de Chalais, chevalier d'honneur de la reine, des dames d'honneur, du grand-maître, du grand-écuyer, des maîtres-
d'hôtel, des rois & hérauts d'armes qui demeurèrent
auprès du corps.

Le lendemain famedi, le cortége retourna à Saint-
Sauveur, où l'on chanta trois grandes meffes. La première fut dite par l'évêque de Paris, la feconde par
celui de Limoges, la troifième par le cardinal de
Bayeux, affifté de quatre prélats, portant la croffe &
la mître. Les meffes achevées, maître Parvy, confeffeur du roi, prononça l'oraifon funèbre d'Anne de
Bretagne. Il commença fon difcours par la généalogie
de la reine, qu'il fit defcendre de Brutus, petit-fils
d'Afcagne & de la Lavinie, & fondateur du royaume
de Bretagne, felon les croyances de l'époque. Malheu-
reufement, le temps lui manqua pour traiter ce point
auffi longuement qu'il le défirait ; *mais bien y revint à
Paris & à Saint-Denis.* Il continua enfuite fur ce texte,
que la reine ayant vécu trente-fept ans, il lui appartenait trente-fept éloges de trente-fept vertus différentes,
& il termina en dreffant un charriot d'honneur, envi-
ronné de ces trente-fept vertus, pour la conduire en
paradis.

Nous ne tranfcrirons pas un rondeau affez long,
placardé fur la porte de l'églife Saint-Sauveur, & dû
encore au fieur de la Vigne. Il nous fuffira de citer un
dernier quatrain qui fut placé fur la porte du château
de Blois, au retour du fervice :

> Chafteau de Bloys plus n'as caufe d'eftre aife,
> Puifque la royne, en triftefſe & douleur,
> Le vendredi d'après la Chandeleur
> Mort la ravit, l'an mil cinq cens & treize [1].

On a pu juger par les différents vers que nous
avons cités, combien les poètes du règne de Louis XII
font inférieurs à Charles d'Orléans, qui écrivait pourtant un demi-fiècle avant eux.

Le départ du cortége pour Saint-Denis fut annoncé
à fon de trompe. Dans les rues où il devait paffer,
il y avait, à chaque maifon, une torche allumée à
laquelle était attaché un écuffon aux armes de la reine.

En tête, & comme une efpèce d'avant-garde, marchaient les valets chargés des bagages, le maître d'hôtel
ordinaire de fervice, fuivi des *menus officiers* de la maifon du roi.

Venaient enfuite des commiffaires chargés de conduire les quatre cents pauvres, porteurs de torches.
Après eux, chevauchait Regnaut de Brignac, fuivi des
autres maîtres d'hôtel & des gentilshommes de la maifon, pannetiers, échanfons, valets tranchants, &c.,
chacun à fon rang de préféance.

---

[1] Selon la manière de comp-   commençait que le jour de
ter, en ufage alors, l'année ne   Pâques.

Arrivait enfuite Miraumont, écuyer de la dépenfe, précédé de tous les pages, vêtus de velours, defquels fix étaient montés fur des *hobins* [1], tous couverts de velours jufqu'à terre, avec une grande croix blanche de fatin blanc fur les houffes, *en façon qu'il n'en apparoiffoit que les yeux.* Et après était *le cheval de crouppe, houffé pareillement de velours,* mené en main par un palefrenier vêtu de velours & ayant *le chaperon rabattu fur le col.* Il était fuivi de la *haquenée d'honneur,* équipée de même, fauf le couffin pour monter en croupe, & conduite de la même manière.

Puis s'avançait le charriot où était le corps de la reine; il était attelé de fix chevaux, harnachés comme les précédents. En avant & en arrière, fe tenaient les hérauts & pourfuivants d'armes de France & des feigneurs du fang, les deux rois d'armes, Monjoye & Bretagne, à droite & à gauche du charriot. Hennebon & Vannes portaient le fceptre & la main de juftice, Bretagne, la couronne.

Le deuil & les autres perfonnes qui accompagnaient le cortége marchaient dans le même ordre qu'en fe rendant à l'églife de Saint-Sauveur. Tout le monde était vêtu de noir & portait le chaperon de deuil. Meffire Robert d'O, grand aumônier de la reine, devait donner l'aumône à tous les pauvres qui feraient rencontrés fur la route.

Au moment du départ, on entendait des cris & des gémiffements de tous côtés. On plaignait vivement

---

[1] Chevaux d'Écoffe.

cette bonne reine, enlevée fi jeune au monde, &
l'on accufait hautement les médecins de fa mort. « La
« pitié fut grande, dit Bretagne, quand veint au partir
« hors la grande baffe court, & que l'on emme-
« noit ladicte dame, car plufieurs feigneurs, dames &
« officiers, qui là demeuroient entour la perfonne du
« Roy & de mes Dames, non contens de pleurer &
« larmoyer, mais à hault cry, plains de défolation,
« raifonnant contre fortune & criant que leur fouve-
« raine dame & maiftreffe leur avoit efté oftée en fi
« briefz jours & en fon jeune aage, difoient que elle
« eftoit morte fayne & que médecins avoient faict de
« leur Royne faulx jugement; & eftoient de chafcun
« l'oppinion que chaffez devoient eftre [1]. »

La mort d'Anne de Bretagne eft le dernier événement hiftorique arrivé au château de Blois, fous le
règne de Louis XII. Des motifs politiques déterminèrent bientôt le roi à contracter un nouveau mariage ;
cette union mal affortie devait promptement le conduire au tombeau. Le bon prince, qui avait changé
toutes fes habitudes pour plaire à fa jeune époufe, ne
revint plus à Blois, & mourut le 1er janvier 1515, loin

---

[1] *Commémoracion & adver-
tiffement de la mort de très cref-
tienne, très haulte, très puiffante
& très excellente princeffe, ma
très redouptée Dame, ma Dame
Anne, deux fois Royne de France, ducheffe de Bretaigne, comteffe de Montfort, de Richemont,*
d'Eftampe, &c. Enfeignement
de fa progéniture & complainte
que fait Bretaigne, fon premier
hérault & l'un de fes rois d'armes, &c. Tel eft le titre *abrégé*
du récit des funérailles de la
reine Anne par Pierre Choque,
dit Bretagne.

de fon château qu'il aimait tant, loin du pays qui l'avait vu naître, & aux mœurs franches, douces & généreufes duquel il dut peut-être les belles qualités qui lui méritèrent le furnom de *Père du Peuple*.

V

HISTOIRE DU CHATEAU DE BLOIS DEPUIS
FRANÇOIS 1er JUSQU'A HENRI III.

'INTÉRÊT que le féjour de Louis XII a con-
centré fur notre vieux château, & qui tient,
à la fois, à l'hiftoire, dans ce qu'elle préfente de grave, à la chronique, dans ce
qu'elle offre de piquant, perdra de fa vivacité fous les
règnes que nous allons parcourir; car il ne réfultera
plus que d'une férie de faits, curieux fouvent, dramatiques quelquefois, mais accidentels, comme les
paffages de plus en plus rares des rois dans notre
ville. Il nous deviendra prefque impoffible de donner
aux événements que nous aurons à raconter, cette liai-
fon, cette fuite, & d'en tirer ces inductions qui font
le charme de l'hiftoire.

François 1er, le *roi chevalier*, n'avait nullement hérité
des goûts fédentaires & royalement bourgeois de fon
prédéceffeur, & l'inconftance de fon caractère le portait fans ceffe à des changements de réfidence comme

12

à des changements d'amour. Elevé fous l'œil févère
de Louis XII & d'Anne de Bretagne, le fentiment de
gratitude que devait lui infpirer la demeure privilégiée
de fes bienfaiteurs ne pouvait que s'effacer par le fouvenir de fa jeuneffe contrainte au milieu d'une cour
trifte & auftère. Auffi, devenu roi, fi un refte d'habitude, fi la magnificence de cette belle demeure, &
peut-être un fentiment de convenance, parurent vouloir l'y fixer encore, ce fut feulement pendant les
premières années de fon règne. Peu après, les féjours
qu'il fit à Blois eurent lieu à de longs intervalles, &
furent feulement de quelques femaines, foit en fe rendant à fes armées d'Italie, foit au retour de fes campagnes.

Sa mère, Louife de Savoie, qui, dans fon journal,
donne avec complaifance la date de l'année & du jour
où mourut au château de Blois le petit chien Hapegai,
fi gentil à fon maître, ne nous a laiffé aucun détail fur
les féjours qu'y faifait fon fils, *fon Céfar*[1].

Cependant, en perdant Louis XII, le vieux *chaftel*
n'avait pas encore perdu toute l'affection & tout l'intérêt qu'il méritait fi bien d'infpirer. Ces fentiments revi-
vaient encore dans le cœur de Claude de France, avec
une calme mais profonde & fincère fidélité. Née dans
le Bléfois, Claude n'avait jamais voulu quitter les lieux
où elle avait reçu le jour; une touchante conformité
de caractère doux & paifible l'attachait aux habitants :
car, fimple & bonne comme fon père, elle aimait le

---

[1] *Journal de Louife de Savoie.*

peuple bléfois, aux mêmes titres que Louis XII l'avait
aimé. Nous fommes heureux de pouvoir rappeler ici
ce double attachement, pour notre pays, d'un de nos
meilleurs rois, & d'une des princeffes les plus regret-
tées du peuple.

En mariant fa fille aînée à François, comte d'Angoulême, Louis XII lui avait conftitué en dot les comtés
de Blois, d'Afti, de Coucy, de Montfort, d'Etampes
& de Vertus. Une ordonnance de François Ier lui laiffa,
en 1516, l'adminiftration du comté de Blois [1].

Le roi fit commencer, dans la même année, les travaux de cette belle partie du château connue fous le
nom d'aile de François Ier, & dont nous avons donné
la defcription au commencement de ce livre. Nous
trouvons en effet dans les archives du baron de Jourfanvault, une pièce qui en fixe parfaitement la date.
On y lit : « Je, Raymon Phelippeaux [2], commis par le
« Roy à tenir le compte & faire le payement des baf-
« timens, édifices & réparacions que ledit feigneur
« fait faire en fon chaftel de Blois, confeffe avoir eu &
« reçeu... la fomme de trois mille livres tournois...,
« le cinquiefme jour de juillet, l'an mil cinq cens &
« feize [3]. »

Ce fut dans notre château, en 1523, que François Ier

---

[1] Bernier, *Hift. de Blois*, pp. 449 & 450. — Les archives de Jourfanvault renfermaient plu-fieurs chartes données par cette princeffe, en qualité de comteffe de Blois. (Voir les nᵒˢ 3214 & 3216, années 1515 & 1519.)

[2] Chef de l'illuftre famille des Phelippeaux qui fournit à l'État un chancelier & onze mi-niftres.

[3] *Arch. Jours.*, nᵒ 3214.

s'occupa de réprimer le désordre qu'avaient amené
dans l'administration financière les dépenses excessives
auxquelles il s'était livré, pour subvenir aux besoins de la
guerre & à ses plaisirs, & qui avaient excité un mécontentement général. Le 28 décembre, il signa un édit
par lequel il établissait un contrôle plus régulier entre
les différents comptables, & faisait diriger sur Blois
tous les fonds perçus dans les provinces. Il mettait
même des bornes à ses dépenses personnelles en
ordonnant que les présents qu'il faisait ne fussent
acquittés qu'à la fin du dernier quartier de l'année, &
par conséquent après toutes les autres dépenses, *non
compris, toutefois*, disait-il, *l'ordinaire de nos menues néces-
sités & plaisirs* [1].

Le roi avait été inspiré, au château de Blois, d'une
de ces idées qui firent la gloire du règne de Louis XII.
A partir de cette époque, il apporta un tel ordre
dans l'administration des finances du royaume & des
siennes propres que, malgré les sommes considéra-
bles dévorées par les guerres d'Italie, le paiement
de sa rançon, son amour des fêtes & des constructions,
il légua à son successeur des finances en bon état &
une épargne considérable.

François Ier était en Provence, occupé à réprimer la
conspiration du connétable de Bourbon, lorsque la reine
mourut à Blois, à l'âge de vingt-cinq ans, le 20 juillet
1524, « fatale année pour la France, dit un historien, car
« elle perdit le duché de Milan, deux armées & sa reine [2]. »

---

[1] *Lois françaises*, Recueil d'I-   [2] Taillandier, *Hist. de Bre-*
sambert, t. XII, pages 222-227.   *tagne*, t. II. p. 250.

Le corps de Claude de France fut porté de Blois à Saint-Denis, avec la même pompe & les mêmes cérémonies qu'aux funérailles d'Anne de Bretagne [1].

La petite princeſſe Charlotte de France mourut à l'âge de huit ans, peu de temps après. Son corps fut réuni à celui de la reine ſa mère [2].

Le droit héréditaire que Claude tenait de ſa mère à la ſouveraineté de la Bretagne ſe trouva, ainſi que le comté de Blois, acquis à ſon fils, Henri de France, depuis Henri II.

Ce fut auſſi dans notre château que l'on réunit les

---

[1] Brantôme, *Dames illuſtres.* — Gilb. Ducher., *ſup. pompa in funere reginæ Claudiæ.*

[2] Nous avons dû à l'amitié de feu C. de Landreſſe, bibliothécaire de l'Inſtitut, la poſſeſſion d'un feuillet manuſcrit ſur vélin, qui contient pluſieurs pièces de vers, en français & en latin, ſur la mort de la princeſſe Charlotte. Un petit deſſin à la plume, deſtiné à recevoir une enluminure, accompagne les poéſies & repréſente le lit de parade où ſont expoſés les corps des deux princeſſes. On lit au-deſſus :

Cy deſſoubs ſont les os de la fille &
[la mère
Dont ſi grand perte avons que, par
[doulleur amère,

Nous fauldra dire hélas ! Et nos en-
[fants avecques
D'avoir enſepveli la fille ès obſeques
Qui pour la mère eſtoyent, etc.....

Ces pièces de vers ſont ſignées *Theocrenus*, & les archives Jourſanvault nous font connaître que le poète qui ſe cachait pédanteſquement ſous ce pſeudonyme était le précepteur des enfants de France. (Voir la quittance d'une gratification de 500 écus donnée à Théocrenus, *régent d'eſcolle de meſſeigneurs les enfants du roy, pour ſes ſervices à l'érudition & endoctrinement de meſdits ſeigneurs, es ſciences & bonnes lettres ;* n° 832, année 1531.)

fommes ftipulées par le traité de Madrid, pour la rançon du roi.

Depuis l'élévation de Chambord, les faits relatifs aux féjours de François Ier au château de Blois deviennent de plus en plus rares. Nous ne trouvons à rappeler qu'une ordonnance dont la caufe mérite d'être fignalée ; elle porte la date de l'année 1534. Quelques proteftants, dont le zèle irréfléchi & le fanatifme excitèrent fouvent les mefures rigoureufes dont ils étaient l'objet, firent imprimer plufieurs articles injurieux contre la meffe. Ces articles furent placardés dans tous les carrefours de Paris, & on pouffa même l'audace jufqu'à en afficher un à la porte de la chambre à coucher du roi, alors au château de Blois, *ce qui le mit en telle furie*, dit Théodore de Bèze, *qu'il délibéra de tout exterminer, s'il eftoit en fa puiffance* [1].

En 1536, le roi figna à Blois le contrat de mariage de Magdeleine de France, fa fille, avec Jacques V, roi d'Ecoffe [2]. Cet événement avait pour toute l'Europe un grand intérêt politique, car Henri VIII offrait à Jacques fa fille Marie, Charles-Quint lui offrait cette même princeffe qui était fa nièce, & les trois monarques auraient formé ainfi une alliance dont cette union eût été la garantie. Le dévouement de Jacques pour la France conferva à François Ier, aux portes mêmes de l'Angleterre, un allié bien important dans un moment où fon crédit fe perdait de jour en jour.

---

[1] Théodore de Bèze, *Hiftoire Eccléfiaftique*, liv. 1, page 15.

[2] *Traités de paix & d'alliance*, t. II, p. 205.

Cependant la faveur royale qui, du château de Blois, était allée à Chambord, s'était depuis portée à Fontainebleau. La prédilection de François pour cette dernière réfidence, qui lui faifait dire quand il s'y rendait : *Je m'en vais chez moi*, l'engagea fans doute à y placer la bibliothèque de Louis XII, en 1544. Mellin de Saint-Gelais, bibliothécaire du roi, en dreffa alors un inventaire qui conftate que cette collection fe compofait de 1,890 volumes, dont 109 feulement étaient imprimés. Trente-huit manufcrits grecs avaient été apportés à Blois par le célèbre Jean Lafcaris [1].

Sous le règne de Henri II, l'hiftoire du château de Blois ne préfente aucun fait remarquable. Quelques édits, deftinés à fubvenir aux befoins de la guerre & à remplir les coffres épuifés du roi, furent datés de Blois, dans l'année 1552 [2]; l'un d'eux créa les dix-fept grandes divifions du royaume en *généralités*. Ces mefures, conçues dans un efprit de fifcalité, en pourvoyant à la détreffe du tréfor par la vente de chaque office nouveau, eurent néanmoins pour réfultat important de rendre plus facile & plus régulière la comptabilité des finances.

En 1556, Henri II jura à Blois, entre les mains du comte de Lallain, envoyé de Charles-Quint, la trève

---

[1] *Catalogue in-fº de la Bibliothèque royale*, t. I, p. IX. — Le plus ancien bibliothécaire de Blois, dont le nom nous foit connu, eft Adam Laigle, aumônier de la reine & *garde de la librairie du roi*. (*Arch. Jourf.*, nº 255, année 1516.)

[2] *Recueil d'Ifambert*, t. XIII, p. 236.

de cinq-ans, dite *paix de Vaucelles*, entre lui, l'empereur & Philippe II, fon fils. L'Empire, épuifé dans fa lutte contre la France, lui laiffait la jouiffance de toutes fes conquêtes. Charles-Quint avait voulu entamer lui-même les premières négociations relatives à la conclufion de la paix, & ce fut fon dernier acte politique ; il abdiqua même avant la fignature du traité [1].

L'an 1559, Catherine de Médicis fit repréfenter, au château de Blois, par les gentilshommes & les dames de la cour, la *Sophonifbe* de Triffin, traduite en profe, avec les chœurs en vers, par Mellin de Saint-Gelais. La Reine avait fait de grandes dépenfes pour la mife en fcène ; mais la pièce eut peu de fuccès, quoiqu'elle renferme des parties affez remarquables [2]. C'eft, au furplus, la première tragédie régulière, en profe, qui ait paru fur le théâtre, & le point de départ d'une queftion difcutée avec une grande vivacité au commencement du XVIIe fiècle.

C'eft à Henri II que fe termine l'hiftoire du comté de Blois. N'étant que prince du fang, il en avait hérité, comme nous l'avons dit, de Claude de France, fa mère, &, en montant fur le trône, il le réunit à la couronne.

Après la mort de Henri II, en 1559, la cour fe ren-

---

[1] De Thou, tome III, liv. xvii, p. 14, édit. de Londres. — *Cérémonial françois*, t. II, p. 892. — *Traités de paix &* *d'alliance*, t. IV, 3e partie, p. 84.

[2] Brantôme, *Difcours fur la reyne Catherine de Médicis*.

dit à Blois, & le château fut témoin de l'un des premiers fuccès des Guife dans leurs tentatives pour s'emparer de l'autorité royale. Le vieux connétable de
Montmorency, *le compère & l'ami* de Henri II, qui lui
avait, jufqu'au dernier moment, témoigné entière confiance, fut difgracié. Il était grand-maître de la maifon
du roi. Le duc de Guife défirait cette charge, qui le
rapprochait de la perfonne d'un prince enfant & mala-
dif; le vieux connétable refufait énergiquement de
s'en démettre, en invoquant la promeffe du feu roi
qui.en avait affuré la furvivance à fon fils. Mais Catherine de Médicis fecondait les Guife; elle haïffait le connétable, & ne lui avait jamais pardonné fa remarque
indifcrète, que de tous les enfants de Henri II, un
feul reffemblait à fon père, Diane, fa fille naturelle.
Menacé de la colère de la reine s'il ne remettait la
démiffion de fon emploi, le connétable l'envoya par
le duc de Montmorency, fon fils, à Blois, & ce fut au
château que le duc de Guife fut nommé grand-maître.
Le duc de Montmorency reçut en compenfation le
titre de maréchal de France furnuméraire [1].

Le règne de Henri II avait donné aux perfécutions
religieufes un élan & une vivacité qui devait fe manifefter encore par de rigoureufes pourfuites fous le règne
de fon fucceffeur. La haine contre ceux de la religion
réformée était le mobile de prefque tous les actes éma-
nés du gouvernement; auffi le féjour habituel de la
cour à Blois devait-il nous fournir l'occafion de fignaler
de nouvelles mefures de rigueur contre les protef-

---

[1] De Thou, *Hift. univ.*, t. III, édit. de 1734, p. 385.

tants. Nous trouvons, à l'année 1559, plusieurs déclara-
tions de François II datées de Blois, portant commiffion pour informer contre ceux qui favorifaient les
facramentaires ou entachez d'autre crime d'héréfie. Les
maifons où fe tenaient les *conventicules noƈturnes*,
devaient être rafées, & les propriétaires punis de
mort [1]. Au furplus, ces ordonnances diƈtées par un
fentiment de haine & une paffion que notre éloignement de ces époques, autant que notre tolérance
aƈtuelle, nous fait paraître aujourd'hui barbares &
inexplicables, recevaient prefque toujours quelque
adouciffement lorfqu'elles étaient enregiftrées, & le
parlement n'en autorifait l'exécution que *fub modifica-
tionibus in regiftro curiæ contentis* [2].

On fait que Blois avait été choifi par la Renaudie
pour le lieu où devait éclater la conjuration qui valut
à Amboife une trifte célébrité. Nous ne dirons pas
ici quel était le but réel de cette entreprife; ce ferait
fortir du cadre où nous fommes forcé de nous renfermer. Le prétexte fut d'ôter aux Guife l'autorité
fouveraine ufurpée, difaient les conjurés, fans le confentement des Etats, & de demander tolérance pour la
religion réformée, *combien pourtant que le bruit fut qu'en
tout cela, il y avoit plus de mal contentement que de hugue-
noterie* [3].

Quoi qu'il en foit, après les conventions arrêtées
à Nantes, au mois de février 1560, La Renaudie s'é-

[1] *Mém. de Condé*, t. I, p.
310. — Fontanon, *Recueil d'ordonnances*, t. IV, p. 260.

[2] Sous les réferves contenues
aux regiftres de la cour.

[3] *Journal de Bruflard*.

tait rendu à Blois, &, dans ces conférences avec le
prince de Condé qui était alors avec le roi, il lui avait
foumis le plan de la conjuration, dont le prince *trouva
la conclufion bonne*[1].

Le 15 mars, les conjurés devaient fe réunir dans
notre ville & aux environs[2]; mais l'avocat Avenelles,
à qui La Renaudie avait cru pouvoir s'ouvrir fur le but
des conjurés, dénonce leur projet à un maître des
requêtes dévoué au cardinal de Lorraine, & tous deux
partent immédiatement pour Blois.

C'eft au château que l'on apprend au jeune roi l'exif-
cence de la conjuration. Dans fa frayeur, il ne fait
qu'éclater en fanglots : *Qu'ay-je fait à mon peuple, s'écrie-
t-il, qu'il me veut tant de mal?* Puis, après des plaintes
& des reproches infpirés par la crainte & la faibleffe,
il accufe publiquement le duc de Guife & le cardinal
de Lorraine de le rendre odieux à fes fujets[3]. Mais
les Guife avaient déjà calculé les dangers & les reffources de leur pofition, & combiné leur plan de
défenfe. Par leurs ordres, la cour fe tranfporte au
château d'Amboife; cette place femblait plus forte, &
d'ailleurs l'effentiel était de rompre le rendez-vous
des proteftants au jour marqué[4].

On fait le réfultat de cette réfolution décifive; la
conjuration avorta; les Guife furent fauvés. Le châ-

[1] De Thou, t. III, liv. xxiv,
p. 467. — Caftelnau, t. I, p. 16
de l'édition in-f°.

[2] Regnier de la Planche, *Eftat de France fous François II.*

[3] Le Laboureur, *Mémoires
de Caftelnau*, t. I, p. 521 de
l'édit. in-f°.

[4] Caftelnau, t. I, ch. viii,
p. 17.

teau de Blois ne devait pas être encore témoin de la
ruine de leurs projets ambitieux & le tombeau du chef
de leur famille.

Le premier féjour de Charles IX à Blois, après la
mort du jeune & infortuné François II, fut fignalé auffi
par des actes de rigueur & des mefures de précaution
hoftile contre *ceux de la religion*. Alors, il eft vrai, les
partis n'avaient plus à fe ménager ; la guerre était
déclarée. Une lettre du roi au parlement de Paris lui
enjoignait de faire faifir les biens des rebelles, afin de
fubvenir, avec les deniers qui en proviendraient, aux
dépenfes occafionnées par les troubles. Cette lettre
eft datée de février 1562 [1]. Les inftructions données aux
baillis & fénéchaux portaient, que tous ceux qui voya-
geraient pour leurs affaires, feraient tenus de prendre
un certificat du roi ou de fes officiers [2]. Enfin, quelque temps après, Charles IX publia une ordonnance
pour l'aliénation des biens de l'Eglife, attendu le *pref-
fant befoin d'argent pour mettre les rebelles à la raifon* [3].

Bientôt le maffacre de Vaffy devint le fignal de la
première guerre civile ; la cour quitta Blois pour aller
à Fontainebleau & de là à Paris. Les villes de la Loire
ouvrirent leurs portes au prince de Condé, chef des
réformés. Mais ce triomphe fut de courte durée. Le
mois de décembre 1562 fut témoin de la célèbre
bataille de Dreux & de la défaite des proteftants ; le

---

[1] *Mém. de Condé*, t. IV, pp.
218-221.

[2] *Ibid.*, pp. 229 & 230.

[3] *Ibid.*, pp. 235 & fuiv.

prince de Condé, fait prifonnier, fut conduit au château de Blois, d'où on l'envoya plus tard à celui d'Onzain, qui lui fut affigné pour prifon [1].

Sur ces entrefaites, la cour, qui était revenue à Blois,
y reçut la nouvelle de l'affaffinat du duc de Guife par
Poltrot [2]. La reine-mère écrivit tout de fuite au cardinal
de Lorraine, pour lui apprendre *le malheureux inconvé-
nient advenu à fon frère, d'un paillard qui lui a donné un
coup de piftolet en paffant*. Cette lettre, publiée dans les
Mémoires de Condé avec l'orthographe italienne de la
reine, fe terminait ainfi : « Encore que l'on m'ayé
« afeuré que le coup de voftre frère n'eft mortel, fi
« efe [eft-ce] que je fouis fi troublée que je ne fé
« que je fouis. Mes je vous afeure byen que je meteré
« tout fet que j'é au monde & de crédift & de puifance
« pour m'an vanger, & fouis feure que Dieu me le
« pardonnera.

« Voftre bonne coufine, CATERINE [3]. »

Elle écrivait en même temps au connétable de Montmorency, pour lui faire part du deffein du roi de donner
la charge de grand-maître de fa maifon au fils du duc
de Guife, fi celui-ci mourait de fa bleffure [4]. C'eft

---

[1] Caftelnau, t. I, liv. VI, ch.
VI, p. 131. — Le château d'Onzain, magnifique conftruction
des XIVᵉ, XVᵉ & XVIᵉ fiècles,
eft tombé, en 1823, fous le
marteau de la *bande noire*.

[2] *Mém. de Condé*, t. IV, p.

[3] *Mém. de Condé*, t IV, pp.
240-271.

[4] *Mém. de Condé*, ibid.,
p. 273.

133. — Le Laboureur, *Addit.*
à *Caftelnau*, t II, liv. IV, ch. X,
p. 172.

en effet au château de Blois que fut fignée la nomination d'Henri de Guife à la furvivance de la charge de
fon père.

La mort du duc de Guife jeta la cour dans des
embarras effrayants. La guerre civile défolait le
royaume, & le confeil du roi ne voyait plus aucun
chef capable de la conduire ou de la terminer. La
haine de la reine-mère pour le connétable de Montmorency, la crainte de donnner trop de puiffance au
prince de Condé lui fuggérèrent l'idée d'appeler en
France un prince étranger. Elle écrivit de Blois au duc
de Wurtemberg pour l'engager à venir prendre l'adminiftration générale du royaume, avec un pouvoir
abfolu [1].

Cette démarche honteufe n'empêchait pas cependant les négociations pour la ceffation des hoftilités,
& la reine chercha à fe rapprocher du prince de
Condé [2].

Celui-ci, après avoir vainement *pratiqué* de fe fauver
de fa prifon d'Onzain, avait été remis en liberté fur
parole, & de Blois il faifait de fréquents voyages auprès
de Coligny pour le déterminer à prendre part aux
conférences qui avaient été ouvertes entre les principaux chefs des deux partis. L'amiral, qui était devenu
depuis la captivité du prince le véritable chef des
proteftants, s'y refufa longtemps ; il efpérait profiter,
dans l'intérêt de fon parti, de l'extrémité où fe trou-

---

[1] De Thou, t. IV, liv. xxxiv,
p. 529.

[2] De Thou, *ibid.* — Caftelnau, liv. iv, ch. xii, p. 148.

vaient les affaires des catholiques, & il prétendait dicter
lui-même les conditions de la paix. Ce qu'il défirait
furtout c'était l'exécution de l'Edit de janvier 1562,
dont la révocation avait amené le retour des hoftilités [1].
Cet édit, en interdifant le culte proteftant dans les
villes fermées, l'autorifait dans les campagnes & le pla-
çait fous la protection de la loi. Il contenait, en outre,
des difpofitions fi avantageufes aux proteftants que le
parlement de Paris ne voulut l'enregiftrer qu'après
plufieurs lettres de juffion.

Mais déjà le prince de Condé, que les efpérances
prodiguées à fon ambition & les féductions voluptueu-
fes de la cour rendaient plus facile & plus traitable,
avait arrêté tous les préliminaires d'un traité. L'abfence
feule de Coligny pouvant en retarder la conclufion
définitive, l'amiral, qui fe *monftra d'en eftre bien marry*,
confentit enfin à fe rendre à Blois [2]. C'était au mois
de mars 1563.

L'accueil le plus brillant l'attendait. Catherine connaiffait tout le prix & toute l'influence d'une flatterie
habile; elle voulut célébrer comme un bonheur public
l'arrivée de l'amiral. A chaque entrevue, c'étaient
grandes careffes, chères & contentements; enfin la paix
fut fignée [3].

Les principaux articles du traité portaient que le
roi permettait aux feigneurs, ayant haute juftice & fief

---

[1] Caftelnau, liv. IV, ch. VI
à XII, pp. 128-151. — *Mém.*
de Condé, tome II, pages 40 &
fuivantes.

[2] Caftelnau, liv. IV, ch. VI,
pages 128-151.

[3] *Mém. de Condé*, t. II, pp.
142-146.

de haubert, l'exercice libre & public de leur religion dans toute l'étendue de leurs feigneuries ; qu'un prêche ferait accordé dans chaque bailliage & fénéchauffée ; qu'en les ville & prévôté de Paris, il ne fe ferait aucun exercice de la religion réformée [1].

Il y avait loin de cet édit à celui de janvier, que Coligny voulait d'abord exiger, & cependant c'eft en parlant des conditions de ce nouvel édit que l'ambaffadeur d'Efpagne, Chantonney, écrivait de Blois : « Il « y a grande murmuration de ceft appoinctement entre « les catholicques… Le feigneur don Francès eft party « pour s'en retourner en Efpaigne. La Royne luy a « donné grand efpoir que tout cecy fe rabilleroit, & « qu'il falloit reculler pour mieulx faulter [2]. »

A la fin de 1565, Charles IX termina à Blois le voyage que fa mère lui avait fait entreprendre dans le royaume, d'après les confeils du chancelier de l'Hofpital. Ce voyage avait duré deux ans. Le roi, peu après fon retour, envoya des lettres de convocation pour l'affemblée des notables, dont la réunion devait avoir lieu à Moulins, & il partit pour aller préfider cette affemblée, au commencement de 1566 [3].

Nous arrivons à cette époque odieufe du règne de Charles IX, que fignala le maffacre de la Saint-Barthélemy. La plupart des faits politiques qui précédèrent

---

[1] Caftelnau, liv. iv, ch. xii ; *Mém. de Condé*, t. II, pp. 142 & fuiv.

[2] Voyez les *Mémoires de*

Condé, tome II, page 144.

[3] La Popelinière, liv. x, page 382 ; — De Thou, t. V, liv. xxxix, page 178.

cette horrible exécution fe paffèrent dans le château de Blois.

Si l'on devait f'en rapporter aux hiftoriens qui ont cru à la préméditation de la Saint-Barthélemy, le projet en aurait été conçu pendant le féjour de la cour à Bayonne, à la fuite des conférences avec le duc d'Albe, dès 1565 [1]. Soit qu'il fût en 1571 définitivement arrêté dans l'efprit de Catherine de Médicis & de fes confeillers, foit que l'on fongeât de bonne foi à opérer, par tous les moyens poffibles, un rapprochement avec les chefs proteftants, afin d'arriver à une paix fincère, on n'épargna rien alors pour attirer à la cour les principaux d'entre eux.

Biron fut député à la Rochelle, auprès de la reine de Navarre & de Coligny, pour propofer le mariage du jeune roi de Navarre avec Marguerite de Valois. Il était en même temps chargé de confier à Coligny le projet de Charles IX, de déclarer la guerre au roi d'Efpagne & de l'attaquer en Flandre, en donnant à l'amiral le commandement de fon armée. Mais pour avoir moyen, dit Sully, de communiquer en particulier avec les réformés, le roi fe rendit à Blois fur la fin de l'été 1571. La reine, fa mère, l'avait fuivi avec les ducs d'Anjou & d'Alençon & la princeffe Marguerite de Valois [2].

[1] Cf, Davila, De Thou, Adriani, Capi-Lupi, Sifmondi, Capefigue, Henri Martin, &c.

[2] Brantôme, t. IV des *OEuvres complètes*, p. 7, de l'éd. de 1823. — Sully, *OEconomies royales*, t. I, p. 8 de l'éd. aux V. verts. — *Mémoires de Cheverny*, tome I, page 34 de l'édit. à la Sphère.

La cour fe livra d'abord à toute forte de plaifirs &
de fêtes deftinés à cacher, difent les hiftoriens proteftants, les épouvantables projets qui fe tramaient au fein
du confeil royal. Marguerite, que fes galanteries, fes
amours avec le duc de Guife & fa grande beauté rendaient déjà célèbre, était la reine de ces fêtes brillantes. Ce fut alors qu'elle infpira à Brantôme cette
admiration que l'expanfif écrivain a exprimée, avec fon
originale prolixité, dans le portrait qu'il nous a laiffé
de cette belle & galante princeffe. Nous héfitons d'autant moins à reproduire ici ce portrait, qu'il s'agit
encore, comme on le verra, de notre vieux château.
D'ailleurs cette époque de fon hiftoire eft fi trifte à
parcourir, qu'avant d'aller plus loin nous avons befoin
de prendre, en quelque forte, haleine & repos, au
milieu des images gracieufes & tendres du naïf & paffionné fire de Bourdeille.

« Les empereurs romains de jadis, pour plaire au
« peuple & luy donner plaifir, luy exhiboient des jeux
« & des combats parmi leurs théâtres; mais pour
« donner plaifir au peuple de France & gaigner fon
« amitié, il ne faudroit que lui repréfenter & faire
« voir fouvent cefte reyne Marguerite pour fe plaire
« & s'esjoüir en la contemplation d'un fi divin vifage,
« qu'elle ne cachoit guieres d'un mafque comme tou-
« tes les autres dames de noftre court; car, la plufpart
« du temps, elle alloit le vifage defcouvert. Et un jour
« de Pafques fleuries, à Blois, eftant encore Madame &
« foeur du roy (mais lors fe traictoit fon mariage), je
« la vis paroiftre à la proceffion, fi belle que rien au

« monde de plus beau n'euſt ſceu ſe faire voir; car
« outre la beauté de ſon viſage & de ſa belle grandeur
« de corps, elle eſtoit très ſuperbement & richement
« parée & veſtüe. Son beau viſage blanc, qui reſſem-
« bloit au ciel, en ſa plus grande & blanche ſereneté,
« eſtoit orné par la teſte de ſi grande quantité de
« groſſes perles & riches pierreries, & ſurtout de dia-
« mans brillans, mis en forme d'eſtoilles, qu'on euſt
« dit que le naturel du viſage & l'artifice des eſtoilles en
« pierreries contendoient avec le ciel, quand il eſt
« bien eſtoillé, pour en tirer la forme. Son beau corps,
« avec ſa riche & haute taille, eſtoit veſtu d'une robe
« de drap d'or friſé, le plus beau & le plus riche qui fuſt
« jamais veu en France, & c'eſtoit un préſent qu'avoit
« faict le Grand-Seigneur à M. de Grand-Champ, à
« ſon départ de Conſtantinople, vers lequel il eſtoit
« ambaſſadeur, ainſy qu'eſt ſa couſtume envers ceux
« qui luy ſont envoyés des plus grands, d'une pièce
« qui montoit à quinzes aulnes : lequel Grand-Champ
« me dit qu'elle avoit couſté cent eſcus l'aune, car
« c'eſtoit un chef-d'œuvre. Luy venu en France, ne
« ſçachant à qui mieux employer ni plus dignement
« ce don d'une ſi riche eſtoffe , pour la mieux faire
« valoir & eſtimer à la porter, la redonna à Madame,
« ſœur du Roy, qui en fit faire une robe, qui, pour
« la première fois, s'en para ce jour-là, & luy ſeioit
« très bien ; car, auſſi de grandeur à grandeur
« il n'y a que la main, & la porta tout ce jour,
« bien qu'elle peſaſt extrêmement ; mais ſa belle;
« riche & forte taille la ſupporta très bien & luy ſer-

« vit de beaucoup..... Ce n'eft pas tout ; car eftant
« en la proceffion, marchant à fon grand rang, le
« vifage tout defcouvert pour ne priver le monde, en
« une fi bonne fefte, de fa belle lumière, paruft plus
« belle encore, en tenant & portant en la main fa
« palme (comme font nos reynes de tout temps)
« d'une royale majefté, d'une grâce moitié altière &
« moitié douce, & d'une façon peu commune, mais
« différente de toutes les autres ; que qui ne l'euft
« jamais veue n'y cognue euft bien dit : Voylà une
« princeffe qui, en tout, va pardeffus le commun de
« toutes les autres du monde. Et tous nous autres
« courtifans allions difans, d'une commune voix har-
« diment, que cefte belle princeffe doibt & peut bien
« porter la palme en la main, puifqu'elle l'emporte
« pardeffus toutes celles du monde, & les furpaffe
« toutes en beauté, en bonne grâce & toute per-
« fection. Et vous jure qu'à cefte proceffion nous y
« perdifmes nos dévotions, car nous y vaquafmes
« pour contempler & admirer cefte divine princeffe
« & nous y ravir plus qu'au fervice divin, & fi ne pen-
« fions pourtant faire faute ny pefché, car qui con-
« temple & admire une divinité en terre, celle du
« ciel ne s'en tient offenfée, puifqu'elle l'a faicte
« telle [1]. »

Cependant les négociations du fieur de Biron n'a-
vaient pu réuffir à diffiper, parmi les proteftants, les
défiances que leur infpiraient encore les démarches

---

[1] Brantome, *Dames illuftres*, édition Monmerqué, tome V,
Difcours fur la reine Marguerite,   p. 155.

de la cour. Toutefois, ils avaient cru devoir y répondre en députant vers le roi, Téligny, Briquemault &
quelques autres perfonnages marquants de leur parti,
pour protefter, au nom de tous ceux de la religion, de
leurs loyautez & fervitudes [1].

Des féductions de tout genre furent mifes en œuvre
auprès des envoyés. Leur féjour à Blois ne fut qu'une
férie de fêtes. On s'emparait des plus âgés, en flattant
leur ambition ; on féduifait les plus jeunes par l'attrait
des plaifirs ; on endormait les uns & les autres par de
perfides careffes. Enivrés de l'accueil qu'ils avaient
reçus, ils durent être, auprès de la cour proteftante
de La Rochelle, les partifans les plus ardents du rapprochement défiré par les catholiques.

Afin de profiter, dans l'intérêt de fes projets, du
retour de Téligny à La Rochelle, la reine-mère faifait
en même temps folliciter le comte Louis de Naffau
de fe rendre fecrètement à Blois, pour s'entendre
avec Charles IX fur les projets de guerre contre le
roi d'Efpagne.

Le Comte de Naffau quitta donc la Rochelle, accompagné de La Noue & de Francourt, chancelier de la
reine de Navarre. Ils arrivèrent la nuit à Blois, *en habits
defguifez* [2].

Dans les conférences fecrètes qu'ils eurent avec le
roi, & dont l'écho devait fe faire entendre à La Rochelle, Charles IX mit en œuvre toutes les leçons de

[1] Sully, *OEconomies Royales*, tome I, page 7 de l'édition aux V. verts.

[2] Sully, *OEconomies Royales*, t. I, p. 8. — *Vie de Lanoue*, par Moyfe Amirault, p. 66.

diffimulation qu'il avait reçues de Catherine. Il maudit
hautement l'influence que fa mère exerçait fur les
affaires publiques, & feignit des intentions bien arrêtées de gouverner déformais fon royaume par lui-
même, fur un plan tout différent de celui qui avait
été fuivi jufqu'alors. Il développa enfuite fes projets
de guerre contre le roi d'Efpagne, & exprima le défir
que le comte de Naffau partît tout de fuite pour en
faire les préparatifs. Quant aux plans de la campagne,
il fallait la préfence de l'amiral pour les arrêter, car
c'était à lui que le commandement de l'armée devait
être remis [1]. On régla auffi les conditions du mariage
de Marguerite de Valois avec le roi de Navarre.

Mais il fallait auprès des proteftants de La Rochelle
une démarche plus oftenfible &, en quelque forte, plus
officielle. Charles IX choifit donc pour fon ambaffadeur un homme dont les intentions ne pouvaient être
fufpectes aux réformés; ce fut le maréchal de Coffé,
vieil & fidèle ami de Coligny. Il était porteur d'une
ordonnance par laquelle le roi autorifait l'amiral à conferver avec lui, à la cour même, cinquante gentilfhommes armés [2].

Flatté dans fes défirs de voir un terme mis enfin
à la guerre civile, & dans fon ambition de commander
une armée contre des ennemis qui ne devaient plus
être des Français, déterminé par l'efpoir de profiter
de la faveur du roi dans l'intérêt de fon parti, l'amiral

---

[1] Davila, t. I, liv. v, p. 301   [2] De Thou, tome VI, liv. L.
de l'éd. de Londres, 1755.   pp. 278 & 327.

fe décide à quitter La Rochelle. Pouffé peut-être, fuivant l'expreffion du grave Pafquier, par *ce merveilleux
& efpouvantable jugement de Dieu qui court contre nous,*
il arrive à Blois [1].

En abordant le roi, Coligny mit un genou en terre ;
mais Charles IX le releva, &, l'embraffant avec les plus
vives démonftrations de bienveillance & d'amitié, il
protefta qu'il regardait comme le jour le plus beau
de fa vie celui où l'arrivée de l'amiral affurait la paix
& la tranquillité du royaume : *Enfin, mon père, nous vous
tenons, nous vous poffédons,* difait-il, *& vous ne vous éloi-
gnerez plus de nous, quand vous le voudrez* [2].

Peu de temps après fon arrivée, Coligny reçut du
tréfor royal cent mille livres en dédommagement des
pertes qu'il avait faites dans les dernières guerres. Téligny, fon gendre, partageait avec lui les faveurs du
roi, & tout ce qui f'accordait de grâces à la cour était
pour les gentilshommes de la fuite de l'amiral. Charles IX répétait fouvent qu'il *l'eftimoit un des grands
hommes de guerre & d'Eftat de fon temps, & qu'il avoit
regret de ne l'avoir pas bien cogneu* [3].

Et tandis qu'on endormait ainfi, dans une trompeufe
& cruelle fécurité, celui qu'en arrière on appelait *le
vieux renard de La Rochelle,* la reine - mère, le roi
Charles IX, le duc d'Anjou, le cardinal de Lorraine,
le duc de Guife, le garde-des-fceaux, Birague, & nom-

---

[1] Pafquier, tome II, p. 134, fol. 21. — Davila, t. I, pp. 398-
Lettre à l'avocat Loyfel.   399.

[2] De Thou, t. VI, liv. I, p.   [3] Sully, *OEconomies Royales.*
279. — La Popelinière, t. II,   t. I, p. 8 de l'édition citée.

bre d'autres, fi on en croit l'hiftorien de Thou, fe
réuniffaient en confeil, & difcutaient les moyens d'exécuter le complot contre les proteftants. Le duc de
Guife faifait partie des conjurés & affiftait à ces difcuffions dans la chambre même où feize ans plus tard,
il devait tomber, victime auffi d'un autre complot
royal [1]. Tous les moyens préfentés repofaient fur les
jeux & les fêtes auxquels devaient donner lieu les noces
du roi de Navarre avec la fœur du roi.

Les négociations pour ce mariage f'étaient pour-
fuivies depuis l'arrivée d'une partie des feigneurs proteftants, avec tout le fuccès défiré par Charles IX;
mais rien ne pouvait fe terminer fans la préfence de
la reine de Navarre. Jeanne d'Albret quitta auffi La
Rochelle pour fe rendre à Blois.

Cependant, ces projets d'union d'un prince hérétique avec la fœur du roi de France avaient ému la cour
de Rome. Pie V députa vers Charles IX le cardinal
Alexandrin, fon neveu, chargé de lui demander d'entrer dans la ligue facrée contre *le Turc*, & de rompre
les projets de mariage de fa fœur avec Henri de
Navarre, pour la donner au roi de Portugal [2]. Charles IX repouffa les projets d'alliance contre les Turcs,
en expofant la divifion qui défolait fon royaume, & la
détreffe de fes finances. Il répondit, en outre, qu'il
ne pouvait rien changer de fes projets à l'égard de fa
fœur, & que de fon mariage avec le chef des protef-

---

[1] De Thou, tome V, p. 327. Lupi, page 26 de la traduc-

[2] *Ibid.*, p. 331. — *Strata-* tion de 1584. — Adriani,

geme de Charles IX, par Capi- page 904.

tants dépendait la paix publique & la tranquillité du royaume. Sur l'infiftance du cardinal, il ajouta : « Que « ne puis-je, mon père, vous.expliquer ce que je fais ! « Mais prenez patience, le pape connoîtra mes inten- « tentions, & verra bien que ce mariage a lieu dans « l'intérêt de la religion & pour l'extirpation de l'hé- « réfie. » Prenant enfuite la main du cardinal, il vou- lut y mettre une bague, en lui difant : « Recevez ce « gage de la parole que je vous donne de ma fou- « miffion inviolable au Saint-Siége, & de l'exécution « prompte du projet que j'ai formé contre les héré- « tiques & les impies. » Alexandrin refufa la bague & dit qu'il fe confiait à la parole du roi [1]. Il avait quitté la cour quand la reine de Navarre y arriva.

Jeanne d'Albret fit au château une entrée royale ; elle était environnée d'un nombreux & brillant cor- tége, où l'on diftinguait le comte Louis de Naffau, le même dont les follicitations l'avaient entraînée à une démarche que fa prévoyance habituelle lui faifait regarder comme dangereufe, car elle ne partagea jamais entièrement cette fécurité fatale où Coligny, ainfi que *les plus fages & confidératifs*, felon l'expref- fion de Sully, s'endormait depuis fon arrivée à la cour. Elle voyait, il eft vrai, dans le mariage de Marguerite de Valois, & dans le projet de guerre contre le roi d'Efpagne, l'efpoir de recouvrer fon royaume de Navarre & l'indépendance qu'elle défirait pour fon

---

[1] D'Aubigné, tome I, liv. 1ʳ, *de Pie V.* — De Thou, t. VI, p. 7, éd. 1516. — Catena, *Vie* p. 332.

fils. Néanmoins, il doit être certain que cette femme,
fi fage, fi prudente, fut entraînée, malgré fes craintes
& fes défiances, à fuivre, fans l'approuver, l'exemple
donné par Coligny dont elle s'était habituée à refpecter le noble caractère & la haute intelligence.

L'accueil qu'elle reçut à la cour fut celui qu'on fait
à une reine, à une parente, à une amie. Le roi ne
ceffa de lui prodiguer les noms les plus affectueux ;
il l'appelait *fa grande tante, fon tout, fa mieux aimée*, &
lui faifait tant de careffes, dit L'Eftoile, « qu'il ne bou-
« gea jamais d'auprès d'elle à l'entretenir avec tant
« d'honneur & de révérence que chafcun en eftoit
« eftonné. » Mais le foir, en fe retirant, ajoute L'Eftoile, chroniqueur d'une autorité affez douteufe, il eft
vrai, le roi dit à la reine-mère en riant : « Et puis,
« Madame, que vous en femble, joue-je pas bien mon
« rollet ? — Ouy, lui répondit-elle, fort bien ; mais
« ce n'eft rien qui ne continue. — Laiffez-moy faire
« feulement, dit le Roy, & vous verrez que je les
« mettrai au filet [1]. »

Craignant pour fon fils, jeune & ardent comme il
était, les féductions d'une cour corrompue, Jeanne
d'Albret avait voulu préfider feule au règlement des
conditions définitives du contrat de mariage du roi
de Navarre avec la fœur de Charles IX. Mais elle
rencontrait chaque jour, malgré les démonftrations de
refpect & d'affection dont elle était l'objet, quelques
difficultés nouvelles fufcitées par la reine Catherine.

---

[1] *Journal* de L'Eftoile, t. I, pp. 45 & fuiv. de l'édition 1744.

Celle-ci exigeait, par exemple, que les noces euffent lieu à Paris, tandis que Jeanne d'Albret, redoutant avec raifon la haine que les habitants de la capitale portaient aux proteftants, voulait qu'elles fuffent célébrées à Blois.

C'eft fous l'influence de ces contrariétés de toute forte, qu'elle écrivit de Blois au jeune roi de Navarre cette lettre devenue célèbre, où, en parlant des ennuis qu'elle éprouve, elle fait un tableau fi févère, mais fi vrai, de la cour de France fous Charles IX.

« Mon fils, je fuis en mal d'enfant & en telle extré-
« mité qui fi je n'y euffe efté pourvue, j'euffe efté
« extrêmement tourmentée... Voyant donc que rien
« ne s'avance, & que l'on me veut faire précipiter les
« chofes & non les conduire par ordre, j'en ay parlé
« trois fois à la Reine... qui me traite à la fourche &
« m'ufe de telle façon que vous pouvez dire que ma
« patience paffe celle de Grifelidis... Au partir d'elle
« j'ay un efcadron de huguenots qui me viennent en-
« tretenir, plus pour me fervir d'efpions que pour m'af-
« fifter... J'en ay d'une autre humeur qui ne m'empef-
« chent pas moins... qui font hermaphrodites religieux.
« Je ne puis pas dire que je fois fans confeils, car
« chacun m'en donne un, & pas un ne fe reffemble. »

Elle demande enfuite à fon fils de lui envoyer fon chancelier pour l'affifter, « car l'on me tient, dit-elle,
« toutes les rigueurs du monde & des propos vains
« & moqueries au lieu de traiter avec moy, avec
« gravité comme le fait mérite, de forte que je crève
« parce que je me fuis fi bien réfoluë de ne me cour-

« roucer point que c'eſt un miracle de voir ma
« patience... J'ay trouvé voſtre lettre fort à mon gré ;
« je la montreray à Madame ſi je puis. Quant à ſa
« peinture, je l'envoyerai querir à Paris. Elle eſt belle,
« & bien aviſée & de bonne grâce, mais nourrie en
« la plus maudite & corrompuë compagnie qui fut
« jamais ; car je n'en voy point qui ne s'en ſente. Voſtre
« couſine la marquiſe [l'épouſe du jeune prince de
« Condé] en eſt tellement changée qu'il n'y a appa-
« rence de religion, ſinon d'autant qu'elle ne va point
« à la meſſe ; car au reſte de la façon de vivre, horſ-
« mis l'idolaſtrie, elle fait comme les papiſtes, & ma
« ſœur la princeſſe [de Condé] encore pis...

« Le porteur vous dira comme le Roy s'émancipe.
« C'eſt pitié. Je ne voudrois pour choſe du monde
« que vous y fuſſiez pour y demeurer. Voilà pourquoy
« je déſire vous marier, & que vous & voſtre femme
« vous vous retiriez de cette corruption, car encore
« que je la croyois bien grande, je la trouve encore
« davantage. Ce ne ſont pas les hommes icy qui
« prient les femmes, ce ſont les femmes qui prient les
« hommes. Si vous y eſtiez, vous n'en échapperiez
« jamais ſans une grande grâce de Dieu. »

Ici, la bonne mère, craignant d'affliger ſon fils par des
réflexions auſſi triſtes, change de propos & cherche
à montrer, dans ſa lettre, une gaîté qui n'était pas dans
ſon cœur. « Je vous envoye, dit-elle, un bouquet
« pour mettre ſur l'oreille, puiſque vous eſtes à ven-
« dre, & des boutons pour un bonnet. Les hommes
« portent à cette heure force pierreries..... » Mais

bientôt ſes preſſentiments reprenant le deſſus, elle termine ainſi : « Mon fils, vous avez bien jugé par mes
« premiers diſcours que l'on ne taſche qu'à vous ſépa-
« rer de Dieu & de moy. Vous en jugerez autant par
« ces derniers, & de la peine en quoy je ſuis pour vous.
« Je vous prie prier bien Dieu, car vous avez bien
« beſoin en tout temps, & meſme en celuy-cy, qu'il
« vous aſſiſte ; & je l'en prie, & qu'il vous donne, mon
« fils, ce que vous déſirez. — De Blois, ce 8 de mars
« [1572], de par voſtre bonne mère & meilleure
« amie.

　　　　　　　　　« JEANNE[1]. »

Enfin les pourparlers & les négociations durent ſe
terminer au gré de Catherine de Médicis. En butte
aux exigences haineuſes & jalouſes de la reine-mère,
ne trouvant aucune ſympathie au milieu de cette cour,
à laquelle ſon caractère inflexible & l'auſtérité de ſes
mœurs la rendait odieuſe & comme étrangère, ſolli-
citée d'un autre côté par ceux même de ſon parti,
Jeanne d'Albret ſouſcrivit à toutes les conditions qui
lui furent en quelque ſorte impoſées.

Elle autoriſa ſon fils à venir la rejoindre. Le jeune
roi de Navarre fit ſon entrée au château, accompagné
du prince de Condé, ſon couſin germain, du comte
de la Rochefoucault & d'un très-grand nombre de
gentilshommes proteſtants[2]. Ce fut une occaſion nou-

---

[1] *Add. aux Mémoires de Caſ-*
telnau, t. I, page 859 à 860 de
l'édit. in-folio.

[2] De Thou, livre LI, page
334. — Davila, tome 1, page
703.

velle de fêtes & de jeux, au milieu defquels Charles IX faifait, difait-il, *comme fon fauconnier, & furveilloit fes oifeaux.*

Ces jeux n'étaient plus, comme au temps de Louis XII & de François Iᵉʳ, de brillants pas d'armes où fe rompaient des lances en l'honneur des dames. Aux tournois difparus avec Henri II, avaient fuccédé d'autres fimulacres de combat, femblables aux *petites guerres* de nos jours. Les Mémoires de Tavannes nous ont confervé le programme d'une de ces fêtes militaires, pendant le féjour de la cour de Charles IX à Blois, à l'époque dont nous nous occupons. Le château jouait le rôle de ville affiégée ; il y avait *une grande brefche défendue & une retraite derrière les retranchements, où les affaillants entrés euffent voulu eftre dehors, feinte à l'imitation de l'aguerriment d'alors* [1].

Le 11 avril, les articles du contrat de mariage furent arrêtés & fignés, & la cérémonie des fiançailles célébrée à la chapelle de Saint-Calais. Laiffant fon fils aux enivrements & aux féductions de la cour, Jeanne d'Albret partit de Blois, le 15 mai fuivant, & fe rendit à Paris, pour faire les préparatifs néceffaires à la célébration des noces. On fait qu'elle y mourut un mois après fon arrivée, & l'hiftoire laiffe encore indécife la queftion de favoir fi fa mort fut une fuite de la fatigue & des peines qu'elle prit, ou fi le poifon de l'Italien Renée, parfumeur de Catherine de Médicis, ne fit pas de la

---

[1] *Mémoires de Tavannes*, t. XXVII, p. 210 de la *Collec-* tion des *Mémoires relatifs à l'Hiftoire de France*, édition de 1787.

reine de Navarre la première victime du drame horrible qui fe joua dans le courant du mois d'août fuivant.

Pour ne rien ôter à l'intérêt des événements dont
nous venons de préfenter le tableau, nous n'avons
pas raconté d'autres faits qui, à la même époque,
préoccupaient auffi la politique de la cour.

Les projets de vengeance & d'extermination contre
les proteftants ne faifaient point perdre de vue à Catherine de Médicis fes idées d'ambition & fes efpérances
de donner un trône à chacun de fes fils. Ce fut pendant fon féjour à Blois qu'elle dirigea fes premières
démarches pour faire appeler le duc d'Anjou à la fucceffion du vieux Sigifmond-Augufte, roi de Pologne [1].
On fait le fuccès dont fut couronnée la diplomatie de
l'évêque de Valence, Montluc.

Dès l'année 1571, il avait été queftion du mariage
du même duc d'Anjou avec Elifabeth d'Angleterre.
Mais les négociations avaient tellement traîné en longueur que, de la part de la reine d'Angleterre, du
moins, il eft permis de fuppofer qu'il n'y eut jamais
une intention bien arrêtée de les mener à fin. Ce mariage était plutôt un prétexte qui fervait dans ce moment
les intérêts de la politique anglaife [2]. Néanmoins, les
négociations aboutirent à un traité de paix & d'alliance, qui fut figné à Blois le 29 avril 1572.

[1] *Mém. de Choifnin*, liv. Ier
& liv. II, *paffim*. — De Thou,
l. 1111.

[2] P. de Rapin-Thoyras, *Hiftoire d'Angleterre*, tome VII,
page 324.

Ce traité affurait à Elifabeth la tranquillité de fon royaume & des avantages confidérables pour le commerce de l'Angleterre, & lui laiffait en outre, à l'égard de Marie Stuart, une complète liberté de conduite. A cette époque de fon règne, c'était le point important de fa politique. Quant aux avantages que la cour de France devait retirer de ce traité, ils repofaient, pour le préfent, fur les gages de fécurité offerts aux proteftants par cette alliance avec une princeffe de leur religion, &, pour l'avenir, fur les éventualités de la guerre projetée contre l'Efpagne [1].

Quelque temps après la fignature du traité, Charles IX en jura l'obfervation en préfence du comte de Lincoln, qui arriva à Blois, comme ambaffadeur extraordinaire, avec une fuite magnifique [2].

Le roi avait daté du 26 avril la commiffion donnée au duc de Montmorency, aux fieurs de Foix & de la Mothe-Fénelon, fes ambaffadeurs, pour aller recevoir en fon nom le ferment de la reine d'Angleterre. Cette commiffion portait pouvoir de propofer à Elifabeth le mariage du duc d'Alençon avec elle [3].

Peu de temps avant cette démarche officielle, Catherine s'était ouverte de ce projet à l'ambaffadeur Smith, & celui-ci écrivait de Blois, en ces termes, à lord Burleigh, premier fecrétaire d'Etat d'Elifabeth :

[1] De Thou, l. LI, p. 334, édit. de Londres.—Rapin-Thoyras, t. VII, p. 341. — Traités de paix , t. V, pp. 211 & fuiv.

[2] Hift. de la royne Elifabeth, IIᵉ partie, p. 551, traduite de Cambden.

[3] Le Laboureur, Addit. aux Mémoires de Caftelnau, t. I, p. 651.

« ... Mon Dieu (dit la reine), voſtre maiſtreſſe ne
« voit-elle pas bien qu'elle ne ſera jamais en repos
« qu'elle ne ſoit mariée ? ſi cela eſtoit fait, & que ce
« fuſt dans quelque puiſſante famille, qui eſt-ce qui
« oſeroit entreprendre quelque choſe contre elle ? —
« En vérité, Madame, luy reſpondis-je, je croy que ſi elle
« eſtoit une fois mariée, tous ceux qui ont, en Angle-
« terre, quelque mauvaiſe volonté pour elle per-
« droient auſſitoſt courage ; car il eſt bien aiſé de
« couper un arbre, quand il eſt ſeul ; mais quand il
« y en en a deux ou trois enſemble il faut eſtre plus
« longtemps & ils s'entre-ſouſtiennent l'un l'autre :
« & ſi elle avoit un enfant, toutes les prétentions de
« de la Reyne d'Eſcoſſe & de pluſieurs autres, qui font
« que l'on en veut préſentement à ſa vie, s'évanoüi-
« roient bientoſt. — Je ne doute point, dit-elle, qu'elle
« n'en puiſſe avoir cinq ou ſix. — Pluſt à Dieu,
« luy diſ-je, Madame, que nous en euſſions un !
« — Non, dit-elle, il faut du moins deux garçons
« afin que s'il en meurt un, il en demeure un
« autre, & trois ou quatre filles pour faire alliance
« avec d'autres princes & fortifier ſon royaume. —
« Vous croyez donc, Madame, luy dis-je, que Mon-
« ſieur le duc iroit bien viſte. — Elle ſe prit à rire
« & me dit : Je le déſire infiniment & je ſuis perſuadée
« que j'en verrois de mon vivant du moins trois ou
« quatre, ce qui m'obligeroit à paſſer la mer pour
« les voir & eux auſſi. Mais puiſqu'elle a eu agréable
« mon fils d'Anjou, comme vous me l'avez dit, pour-
« quoy celuy-cy ne luy plairoit-il pas, qui eſt de
« meſme famille, de meſme père, & qui n'eſt pas moins

14

« vigoureux & gaillard que luy, & peut-eſtre plus. La
« barbe commence à luy venir, & je luy dis dernière-
« ment que j'en eſtois faſchée, parce que je crains
« qu'il ne ſoit pas ſi grand que ſes frères. — Madame,
« luy dis-je, les hommes ont accouſtumé de croiſtre
« en hauteur à ſon aage, la barbe n'y fait rien.—Il n'eſt
« pas ſi petit, dit-elle, il eſt auſſi haut que vous, ou
« peu s'en faut. — Cela ne m'embarraſſe pas, Madame,
« je voudrois, à cela près, qu'il pût plaire à la Reyne
« ma maiſtreſſe, car Pépin-le-Bref, qui eſpouſa Ber-
« the..., eſtoit ſi petit en comparaiſon d'elle, qu'il ne
« ne luy alloit pas juſques à la ceinture, comme on le
« voit à Aix-la-Chapelle, où il eſt debout, auprès d'elle
« qui le tient par la main. Cependant il en eut Char-
« lemagne..., qui eſtoit, à ce qu'on dit, preſqu'un
« géant. Et voſtre Bertrand de Gueſclin, dont vous
« faites tant de cas..., & qui eſt enterré parmy les
« Rois, à Saint-Denis, n'avoit pas plus de quatre pieds
« de haut, s'il n'eſtoit pas plus grand que la figure
« qui eſt ſur ſon tombeau ; cependant il eſtoit vail-
« lant, hardy & courageux, & fit bien du mal aux
« Anglois. — Il eſt vray, dit - elle, c'eſt le cœur,
« le courage & l'action qu'il faut conſidérer en un
« homme... [1]. »

Il n'eſt pas permis de douter que la reine d'Angleterre, qui refuſa la main de Philippe II, roi d'Eſpagne,
de Charles IX, roi de France, & du duc d'Anjou, n'eut
jamais la penſée de partager, avec un prince étran-

---

[1] Lettre de Smith, écrite de *Mémoires de Nevers*, tome I,
Blois, le 22 mars 1572, dans les   page 535.

ger, la puiſſance dont elle ſe montra conſtamment jalouſe. Cependant elle écouta ces propoſitions d'une alliance nouvelle, & s'y montra d'abord ſi favorable, qu'un contrat de mariage fut réglé & qu'on dut croire un moment cette union irrévocablement conclue. Sans doute les intérêts de ſa politique, les mêmes alors qu'à l'époque où il était queſtion de ſon mariage avec le duc d'Anjou, la portèrent à entrer dans ces négociations matrimoniales. On peut croire en outre, avec quelques hiſtoriens, qu'un ſentiment de coquetterie, naturel à ſon ſexe & à ſon caractère, lui rendait agréables les hommages d'un jeune prince de dix-huit ans, qui augmentait ainſi le nombre de ſes prétendants & de ſes *ſerviteurs*, ſurtout lorſqu'on apprécie, comme on doit le faire, la nature des préoccupations que lui donna ſi longtemps ſa rivalité avec la belle & malheureuſe Marie Stuart [1].

Néanmoins les événements de la Saint-Barthélemy rompirent toutes les négociations. Elles furent repriſes plus tard, mais ſans réſultat. Du haut de la vieille tour du Foix, les aſtrologues avaient promis un trône à chacun des fils de Catherine de Médicis ; la Providence en avait autrement diſpoſé.

---

[1] Le Laboureur, t. 1, p. 650. — *Mémoires de Tavannes*, t. XXVII, p. 207 de la collection citée. — *Robertſon's Hiſtory of Scotland*, t. II, p. 31, édition 1781.

VI

LE CHATEAU DE BLOIS SOUS HENRI III.

ous le règne de Henri III, notre château n'offre aucun fouvenir intéreffant avant l'année 1576, où furent convoqués les premiers États tenus à Blois. Henri III s'était engagé à les affembler fix mois après la publication de la Paix de Monfieur, fignée à Chaftenoy, le 6 mai de la même année.

Cette paix, la cinquième depuis le commencement des guerres de religion, avait été un des actes les plus habiles, mais auffi les plus perfides, infpirés à la politique de Catherine de Médicis par les embarras que fufcitait la confédération nouvelle des proteftants avec les catholiques modérés, à la tête defquels fe trouvait le duc d'Alençon, frère du roi.

Dès l'année précédente, la reine-mère avait ouvert avec fon fils, au château de Chambord, des négociations pour arriver à une fufpenfion d'armes ; mais rien n'avait été réfolu, & un fecond rendez-vous avait été

fixé au château de Blois. A fon arrivée, le duc d'A-
lençon, apprenant que les intentions de fa mère
étaient de le faire arrêter, était reparti auffitôt, avec
fes troupes, & s'était dirigé vers la Touraine, où Catherine l'avait fuivi & avait conclu une trève de fix mois,
qui ne fut pas obfervée [1].

La Paix de Monfieur avait un caractère de duplicité
dont les proteftants eux-mêmes fe montraient inquiets,
malgré le nombre & la nature des conditions ftipulées
en leur faveur; la convocation des Etats avait été exi-
gée par eux, comme garantie des intentions du roi de
fonger férieufement, tout en pacifiant le royaume, à
maintenir les conceffions qui leur étaient faites. Ils ef-
péraient fans doute auffi que leur union avec le parti
des catholiques modérés, ou des *politiques*, leur don-
nerait toute prédominance dans l'Affemblée.

D'un autre côté, les catholiques fe crurent trahis par
la cour, & toutes les haines qui fommeillaient depuis
la Saint-Barthélemy fe réveillèrent plus vives & plus
ardentes, en préfence des dangers nouveaux dont la
religion femblait menacée par les faveurs & les priviléges accordés à fes ennemis. La ligue, dont le projet
conçu par le cardinal de Lorraine remontait déjà au
concile de Trente, s'organifa rapidement alors dans le
royaume, furtout à Paris, &, fous la direction impri-
mée par l'influence occulte du duc de Guife, elle fe
préparait à profcrire des Etats Généraux tous les proteftants.

[1] De Thou, t. VII, liv. LXI,   tome I, page 138 de l'édition
p. 295.—*Mémoires de l'Eftoile,*   de 1744.

Des lettres du roi, datées du 16 août, avaient ordonné la réunion des Etats à Blois pour le 15 novembre. Quelques jours avant l'ouverture, Henri III se rendit au château avec la reine sa mère, & accompagné de son frère, qui avait pris le titre de duc d'Anjou [1].

Aucun député n'était encore arrivé. Dans les conseils privés qui se tinrent alors chez le roi, on s'occupa des moyens à prendre pour diriger les délibérations & les votes de l'assemblée. Effrayé des conséquences de l'édit de paix & de l'impression qu'il avait produite sur les catholiques, le conseil s'arrêta à un seul but, celui de faire proclamer par les représentants de la France, qu'il ne devait y avoir qu'une seule religion dans le royaume [2].

Lorsque les députés furent arrivés, on assigna à chacun des trois ordres un lieu spécial pour commencer ses délibérations. La noblesse s'assembla au palais, le tiers-état à la maison de ville, & le clergé, qui devait d'abord tenir ses séances dans l'abbaye de Saint-Laumer, se retira au chapitre de l'église Saint-Sauveur [3].

Le 30 novembre, jour de la Saint-André, il y eut une procession solennelle à laquelle Henri III assista avec toute sa cour. Guillaume Ruzé, évêque d'Angers

[1] De Thou, t. VII, liv. LXIII, p. 447 & suiv.— L'Estoile, t. I, page 185. — Rec. d'Isambert, t. XIV, p. 305.

[2] Journal du duc de Nevers, dans les Preuves de l'Estoile, t. III, p. 67.

[3] De Thou, t. VII, liv. LXIII, page 448.—Journal de l'Estoile, tome III, page 77. — Voyez aussi le Journal de G. de Taix, doyen de l'église de Troyes, dans le recueil de Camuzat, folio 1.

& confeffeur du roi, fit un fermon politique dont nous ne pouvons nous empêcher de faire connaître quelques traits curieux. Il jeta d'abord l'anathème fur la religion nouvelle, lui attribua tous les maux que la France avait foufferts, & la compara au cheval de Troie. Il dit que fi les Français, *qui defcendoient eux-mêmes des Troyens*, n'avaient pas *rompu la muraille* de leur vraie religion pour y en laiffer entrer une autre, ils n'euffent pas vu le feu en plufieurs endroits du royaume, comme le vit autrefois *Troye-la-Grande*. Il attaqua enfuite vivement tous les corps de l'Etat, reprochant au roi de donner des bénéfices à des incapables, aux prélats de négliger leur troupeau, à la nobleffe de voler les dîmes des curés, & il taxa le tiers-état d'ufure, en le comparant au ver qui gâte le bois.

La meffe finie, le clergé de Blois ouvrit la marche de la proceffion, avec les enfants de chœur & les chantres de la chapelle du roi, chantant avec une grande mélodie qui *incitoit grandement le peuple à dévotion*. Après les chantres, dit le journal d'un député, auquel nous empruntons les détails de cette cérémonie, « fuyvoient les doyens & autres députez des Eftatz « en ordre confuz, avec leurs robes noires, bounetz « carrez & cornettes; puis venoient meffieurs les au- « moufniers du Roy, veftus de leurs roquetz. Les ab- « bez béniftz [1] nous fuyvoient, & puis les abbez chefs « d'ordre.... & après eux, meffieurs les évefques avec « leurs roquetz, robes & camailz violetz ; & puis venoit

[1] On donnait le nom d'*abbés bénits* aux abbés des monaftères qui recevaient la bénédiction épiscopale.

« l'archevefque d'Ambrun en pontificat, & eftoit fuyvi
« par le Roy & toute la cour & peuple. » La proceffion
fe dirigea de l'églife Saint-Sauveur à la chapelle de
Saint-Calais, où fe termina la cérémonie [1].

Le dimanche 2 décembre, le roi & toute la cour,
réunis à Saint-Sauveur, & les députés des trois ordres,
à Saint-Nicolas [2], communièrent avec une grande folen-
nité, & le jeudi 6 eut lieu la féance d'ouverture. Entre
dix & onze heures, après avoir entendu à Saint-Sauveur la meffe du Saint-Efprit, tous les députés fe rendirent dans la cour du château [3].

Dans quelques réunions précédentes, il s'était élevé
entre les députés des difputes au fujet de la préféance.
Auffi eut-on foin, dans le confeil du roi, pour empêcher toute confufion & toute conteftation nouvelle,
de régler l'ordre de la féance folennelle.

« De ceft ordre trois copies avoient efté baillées ;
« l'une au fieur Doignon, maiftre d'hoftel du Roy,
« fervant de maiftre des cérémonies..., l'autre à un
« héraut qui appeloit les députez, la troifiefme à ceux
« qui les conduifoient, en la forme & manière qui en-
« fuit : Nicolas Raymond, héraut du tiltre de Nor-
« mandie, veftu d'une cotte d'armes de velours violet,
« femée de grandes fleurs-de-lys d'or, eftoit à la fe-
« neftre qui refpond dans la cour du chafteau, où y

---

[1] *Journal de G. de Taix*, f⁰ˢ 5
& fuiv.

[2] L'églife Saint-Nicolas, une
de celles qui furent détruites
par la Révolution, était fituée

au-delà des foffés du château,
en face de la maifon des Sœurs
de l'Efpérance.

[3] De Thou, t. VII, p. 448.
— G. de Taix, f⁰ 10.

« avoit un tapis de velours violet, femé de fleurs-de-
« lys d'or, & de là appelloit à haute voix les députez
« fuivant l'ordre qui avoit efté arrefté. Comme ceux
« qui avoient efté appelez eftoient entrez, on refermoit
« la baffe-porte de la montée; Mathurin de Boynes,
« héraut du tiltre d'Orléans, les recevoit, & Michel
« Pelletier & Eftienne.de la Rivière, hérauts des tiltres
« de Guyenne & de Champagne, auffi reveftus de
« leurs cottes d'armes, les conduifoient jufque dedans.
« la fale, & advertiffoient le fieur Doignon de quelles
« provinces ils eftoient députez ; lequel les conduifoit
« en leurs places ; & après qu'ils eftoient conduits,
« le héraut en appelloit d'autres, qui eftoient con-
« duits & placez comme les premiers [1].

Il y eut cent quatre députés du clergé, foixante-
douze de la nobleffe, & cent cinquante du tiers-état.
La ville & prévôté de Paris avait été appelée la première, & le marquifat de Saluces le dernier.

Vis-à-vis de la grande porte de la falle du château,
qui a confervé le nom de Salle des Etats [2], il y avait une
eftrade au milieu de laquelle était un grand marchepied.
Au centre de ce marchepied & fous un dais à doffier,
s'élevait la *chaire* du roi, avec deux couffins pour les
pieds, le tout couvert d'un grand drap de velours

---

[1] *Rec. Génér. des Eftats de France*, Paris, 1651, p. 197.

[2] Voyez la defcription de cette falle, dans le premier cha-pitre. — Nous poffédons une grande eftampe, gravée fur bois, fort rare, & qui repréfente « Le vray pourtraiâ de l'Af-« femblée des eftats tenuz en « la ville de Bloys, au moys de « décembre, l'an mil cinq cens « foixante & feize. »

violet femé de fleurs-de-lys d'or. Au côté droit de
cette chaire, fur le grand marchepied, était la chaire
de la reine-mère & le fiége du duc d'Anjou ; de l'autre
côté, la chaire de la reine, femme du roi. Sur l'eftrade,
mais plus bas que le grand marchepied, fe trouvaient,
à droite & à gauche, deux bancs, l'un plus avancé
vers le roi, pour les princes & ducs, & l'autre pour
les pairs d'Eglife. On y voyait auffi une chaire fans
doffier, couverte d'un drap de velours violet, femé
de fleurs-de-lys d'or, pour le chancelier. Derrière le
trône était une barrière, au-delà de laquelle fe tenaient
les Deux-Cents-Gentilshommes de la garde, avec leurs
haches ou *becs de corbin*. Au-deffus du dais, on avait
ménagé une petite galerie pour les princeffes. Au pied
de l'eftrade, en face de la chaire du roi, était la table
des quatre fecrétaires d'Etat, couverte auffi d'un tapis
de velours violet femé de fleurs-de-lys, & le dernier
degré de l'eftrade leur fervait de fiége. De chaque
côté de cette table, mais à une diftance de deux pas,
étaient placés, deux bancs, l'un à droite pour les confeillers de robe longue, & l'autre pour les chevaliers
de l'ordre & confeillers de robe courte. Derrière les
premiers, on avait rangé dix bancs en long, deftinés
aux députés de l'Eglife, aux archevêques & évêques,
féant les premiers, & après eux, aux religieux chefs
d'ordre & autres, felon la préféance des lieux d'où ils
étaient députés. Au bout de ces bancs, il y en avait
cinq autres en large où devait s'affeoir le tiers-état, le
prévôt des marchands de la ville de Paris en tête. A
droite de l'eftrade , deux autres bancs étaient deftinés, l'un aux évêques non députés, l'autre aux inten-

dants des finances & tréforiers de l'Epargne. De ce
même côté, à l'extrémité & dans toute la largeur de la
falle, régnait une galerie de fix pieds que foutenaient
cinq piliers de bois ; cette galerie était réfervée aux
dames & aux gentilshommes. Au-deffous, devaient
fe tenir les gens de la cour. Derrière le banc des confeillers de robe courte, & devant l'eftrade, il y avait
douze bancs en long, les fix premiers pour les députés
de la nobleffe, & les fix autres pour les députés du tiers-
état qui rempliffaient encore trois bancs, contre la
muraille, de ce même côté. Au bout de ces bancs, fe
trouvait une barrière, derrière laquelle on laiffa entrer
le *commun peuple*. Toute la falle était tendue d'une riche tapifferie à perfonnages, rehauffée de fils d'or ;
chaque colonne revêtue de velours violet, femé de
fleurs-de-lys ; le haut de la falle était *enfoncé* de tapifferies, & l'eftrade couverte de tapis de pied.

Lorfque chaque député fut à fa place, meffieurs de
Chavigny & de Lanfac, capitaines des Deux-Cents-
Gentilshommes, & Larchant, capitaine des Gardes,
allèrent chercher le roi. Celui-ci arriva par un petit
efcalier de bois qu'on avait fait conftruire le long du
mur qui touchait à fes appartements[1]. Le roi avait au
cou le grand cordon de Saint-Michel ; deux huiffiers
de la chambre portaient leurs maffes devant lui. Il
était fuivi de la reine fa mère & de la reine fa femme,
de fon frère le duc d'Anjou, de la reine de Navarre,
du cardinal de Bourbon, des ducs de Nevers & d'Uzès,

---

[1] Voir la defcription, ch. Ier, & la pl. II.

de trois pairs d'Eglife, du chancelier Birague, & de Biron, grand-maître de l'artillerie.

A l'arrivée du roi, toute l'affemblée fe leva, en fe découvrant. Ceux du tiers-état reftèrent un genou en terre jufqu'à ce que le roi & les deux reines fuffent affis. Le roi commanda alors au chancelier de faire affeoir toute l'affemblée. Le fieur de Villequier, premier gentilhomme de la chambre, fe tenait aux pieds du roi, & Biron fur le fecond degré de l'eftrade. Vis-à-vis le bureau des fecrétaires d'Etat, & près de la muraille, quatre hérauts d'armes étaient à genoux, tête découverte. Aux deux côtés de la chaire du roi, étaient MM. de Chavigny & de Lanfac, ayant la hache en main, & entre eux, Larchant, capitaine des gardes. Derrière le trône & devant la barrière, fe tenaient, la hallebarde au poing, fix archers du corps, revêtus de leurs cafaques blanches, enrichies de broderies d'argent. Derrière la reine-mère, fe voyaient le grand-prieur, fon chevalier d'honneur, & l'abbé de Vendôme. Le comte de Fiefque occupait la même place, derrière la reine, femme du roi, & le comte de Saint-Aignan derrière le duc d'Anjou [1]. Parmi les perfonnes de la cour, brillait furtout Marguerite de Navarre. Brantôme nous a laiffé une peinture naïve de l'effet que produifit la grande beauté de cette princeffe fur toute l'affemblée :

« Je vis cefte noftre grande Reyne, dit-il, aux pre-
« miers eftats à Blois, le jour que le Roy fon frère fit
« fon harangue, veftuë d'une robe d'orangé & noir ;
« mais le champ eftoit noir, avec force clinquant, &

[1] *Eftats généraux de France*, p. 221 & fuiv.

« fon grand voyle de majefté, qu'eftant affife en fon
« rang, elle fe monftra fi belle & fi admirable , que
« j'ouïs dire à plus de trois cens perfonnes de l'affem-
« blée, qu'ils s'eftoient plus advifés & ravis à la con-
« templation d'une fi divine beauté, qu'à l'oüie des
« graves & beaux propos du Roy fon frère, encore
« qu'il eût dict & harangué des mieux[1]. »

Le roi prononça, en effet, un difcours empreint
d'une éloquence douce & perfuafive, qui fit une vive
impreffion sur l'affemblée. Il rappela d'abord le but
de la convocation des Etats, & les intentions dont chacun devait être animé pour parvenir à rendre le repos
au royaume, en proie à tant d'abus, défolé par tant de
maux. Il fit un tableau touchant des mifères de la
France, en comparant la félicité des règnes de fon
père & de fon aïeul aux calamités qui affligeaient le
fien, & dont il fit remonter l'origine aux longues mino-
rités de fes frères, & la caufe aux impénétrables volontés de la Providence. Il parla de l'adminiftration de la
reine-mère, en la remerciant de la confervation de fon
légitime héritage. Il dit enfuite quelques mots du dévouement qu'il avait montré en combattant lui-même
les ennemis de l'Etat, & en expofant fa perfonne à tous
les hafards de la guerre. Quand il vint à peindre la fituation miférable dans laquelle il avait trouvé le royaume
à fon retour de Pologne, il rappela l'inutilité de fes
efforts pour pacifier les troubles, & l'obligation où il
s'était vu de continuer la guerre, en multipliant les tri-
buts & les charges fur fon peuple. « Je n'ay rien fenty

---

[1] Brantôme, *Dames illuftres*, Difcours fur la reine Marguerite.

« fi grief, dit-il, ne qui m'ait pénétré fi avant dans le
« cœur, que les oppreffions & mifères de mes pauvres
« fujets, la compaffion defquels m'a fouvent efmeu à
« prier Dieu de me faire la grâce de les délivrer en
« bref de leurs maux, ou terminer en cette fleur de
« mon aage mon règne & ma vie, avec la réputation
« qui convient à un prince defcendu par longues fuc-
« ceffions de tant de magnanimes Roys, pluftoft que
« de me laiffer envieillir entre les calamitez de mes
« fujets, fans y pouvoir remédier, & que mon régne
« fuft, en la mémoire de la poftérité, remarqué par
« exemple de règne malheureux. Bien dois-je rendre
« grâces à Dieu, que en toutes ces cogitations d'ora-
« ges & tempeftes, il m'a toujours conforté d'une
« ferme confiance, qu'il ne m'a point mis cette cou-
« ronne fur la tefte pour ma confufion, ny le fceptre
« en main pour verge de fon ire ; mais qu'il m'a col-
« loqué en ce fouverain degré de royalle dignité
« pour eftre inftrument de fa gloire, miniftre & dif-
« penfateur de fes grâces & bénédictions fur le
« nombre infiny de créatures qu'il a mis fous mon
« obéiffance et protection. » Alors, il parla de la
paix comme du feul remède aux *maladies* de fon
royaume, & engagea fortement les Etats à ne point
faillir à leur miffion & à confolider ce repos, cette
tranquillité qu'il appelait de tous fes vœux. Il termina
en prenant Dieu à témoin de fes bonnes intentions, &
il engagea fa parole royale de refpecter, garder & entretenir inviolablement les règlements & ordonnances
qui feraient faits.

Après ce difcours, l'affemblée fe leva pour faluer

le roi. On était profondément ému, & des larmes, qu'on ne cherchait point à cacher, témoignaient de l'attendriffement général. Les catholiques exaltés oublièrent un moment leurs préventions haineufes. Les *politiques* & les proteftants se difaient avec reconnaiffance, que pas un mot ne les avait offenfés ni bleffés dans leurs opinions ou dans leur culte. Tous fe réuniffaient dans un même fentiment d'amour & d'enthoufiafme pour le jeune monarque, qui avait trouvé de fi bonnes & fi belles paroles en parlant de Dieu & de fes devoirs. Henri III avait mis une grâce & une dignité admirables à prononcer fa harangue ; fa voix était claire, & malgré l'étendue de la falle fa parole nette & précife s'était fait entendre à tous les affiftants [1].

Quand il fe fut affis, le chancelier Birague prit la parole pour faire connaître plus amplement la volonté du roi. En adreffant d'abord à Sa Majefté l'exorde de fon difcours, il commença par démontrer les caufes des *grièves maladies* qui défolaient le royaume. Puis, en fe tournant vers l'affemblée, il entreprit une longue differtation fur l'origine & la convocation des Etats-Généraux, depuis Charles-Martel, Pépin & Charlemagne, jufqu'à Charles IX. Enfuite, il adreffa à chacun des trois ordres d'affez vives remontrances fur leurs devoirs, fur leurs torts, fit un pompeux éloge du gouvernement & de la régence de la reine-mère, parla de *l'eftat piteux & miférable du mefnage du roi*, fupplia les

---

[1] *Eftats de France*, pp. 227-234. — De Thou prétend que le difcours du roi était de la compofition du Bléfois, Jean de Morvillier. Voyez t. VI, liv. LXIII, p. 447.

Etats d'y avoir égard, &, dans fa péroraifon, les invita
à la paix & à la concorde[1].

Le difcours du chancelier fut trouvé long, lourd &
ennuyeux. Birague s'était laiffé entraîner à un faftidieux
étalage d'érudition, défaut commun à tous les orateurs
de cette époque, mais que fon grand âge & fon peu
d'habitude de la langue françaife devaient rendre encore plus fatigant[2]. Aux yeux de l'affemblée, le tort
réel de cette harangue était, nous le croyons, de venir après celle du roi. Henri III avait parlé de fes fentiments d'amour & de dévouement pour fes fujets ; il
avait attendri. Son chancelier, plus explicite, & plus
pofitif, dut expofer la néceffité de fournir finances &
deniers ; il effraya. Le clergé ne lui pardonna pas
d'avoir fait entendre que le roi ne voulait pas être
privé du droit de nomination aux bénéfices, droit qu'il
prétendait appartenir au fouverain *tanquam jus regium*.
Le mécontentement général fe traduifit dans le quatrain fuivant, que l'on fit courir auffitôt dans l'affemblée :

> Tels font les faits des hommes que les dits
> Le Roy dit bien, d'autant qu'il fçait bien faire ;
> Son chancelier eft bien tout au contraire,
> Car il dit mal & fait encore pis.

Son difcours fini, Birague alla prendre les ordres
de Henri III, puis, s'étant affis, il fit favoir aux dépu-

---

[1] Remonftrance de M. de
Birague, felon qu'elle a efté par
luy prononcée aux Eftats tenus
à Bloys ; au *Recueil général des*
Eftats de France, page 236.

[2] Birague, ou Birago, était
né à Milan, en 1507, d'une famille attachée au parti français.

tés, reftés debout & la tête découverte, qu'ils pouvaient fe faire entendre [1].

Alors d'Efpinac, archevêque de Lyon, fe leva & alla
demander aux archevêques & évêques leur avis fur la
réponfe à faire au roi. Il fut chargé feulement de re-
mercier Sa Majefté ; ce qu'il fit en quelques mots. Enfuite le fieur de Rochefort, député pour la nobleffe
de Berry, après avoir, avec tous ceux de fon ordre,
fait une profonde révérence, rendit grâces pour les
bonnes intentions que le jeune monarque venait de témoigner dans fa belle & *excellente* harangue, & protefta
devant Dieu, que toute la nobleffe était prête, en
figne de dévouement & d'obéiffance, à expofer fa vie
& fes biens pour le fervice de fon fouverain. Après
Rochefort, Luillier, prévôt des marchands de la ville de
Paris & préfident du tiers, fe plaça devant le roi, &
demeurant, ainfi que tous les députés de cet ordre, un
genou en terre, commença ainfi : « Sire, je croy que
« les plus grands & excellens orateurs de toute l'anti-
« quité, Démofthènes, Grec, & Cicéron, Latin, fe
« trouveroient bien eftonnez, fi eftans encores entre
« nous, en mefme réputation & eftime qu'ils eftoient
« de leur temps, il leur faloit maintenant parler après
« un fi grand, fi puiffant, fi magnanime & vertueux Roy,
« & qui, outre & pardeffus tant d'excelientes & rares
« vertus, a une grâce admirable de bien dire ! » Il remercia enfuite le monarque de fa grande affection &
charité paternelle pour fes enfants, entre lefquels fes

---

[1] *Journal de Guillaume de   Journ. de l'Eftoile* t. 1, p. 100,
Taix, f° 12, verfo, & fuiv. —   edit. 1744.

très-humbles fujets du pauvre & défolé tiers-état offraient tout ce qui leur reftait de fang, de vie & de
biens, pour être employé à fon fervice.

Après ce difcours, la cour quitta la falle dans le
même ordre qui avait été obfervé à fon entrée ; puis
toute l'affemblée fe retira fous l'impreffion des fentiments de bonheur & d'admiration qu'avait univer-
fellement produits le *beau dire* du roi[1].

Toutes ces affurances de dévouement durent faire
efpérer à Henri III qu'il lui ferait facile de diriger les
travaux & les réfolutions des Etats. Mais ces proteftations, nées de l'enthoufiafme d'un moment, n'eurent
pas d'effet plus durable que l'éloquence & la pompe
royale qui les avaient provoquées. Dès qu'ils reprirent
leurs délibérations, dans leurs réunions refpectives, les
députés fe trouvèrent de nouveau en préfence des
plaintes & des réclamations dont chaque province avait
chargé fes repréfentants. Tous avaient des abus à fignaler, des proteftations à faire, des réparations à
exiger, des projets à foumettre. Les préventions contre
la perfonne & l'autorité du roi fe réveillèrent, plus
vives & plus oftenfibles, du fein de ces réunions particulières, où dominait l'influence de la ligue, & s'é-
tendaient auffi contre ceux mêmes des députés qui
faifaient partie du confeil royal ou *fréquentoient au
chafteau*. Auffi des réfolutions inattendues, adoptées tout
d'abord, ne firent voir à Henri III, à la place de fes

[1] *Eft. de France*, pp. 221- & fuiv. — *Journ. de l'Eftoile*,
259. — *Journ. de Taix*, fᵒⁱ 14 t. I, p. 190.

eſpérances détruites, que difficultés nouvelles pour ſon gouvernement, & périls pour ſon autorité.

Dès le lendemain de la ſéance d'ouverture, des commiſſaires, nommés par les trois ordres, s'étaient réunis au chapitre de l'égliſe Saint-Sauveur, ſous la préſidence de l'archevêque de Lyon, pour rédiger, dans un cahier général, les prétentions, les demandes & les doléances des provinces. Ces commiſſaires eurent tout d'abord à prononcer ſur cette queſtion importante : à quels juges ferait commiſe l'appréciation de leurs travaux ? Les députés ſe conſidéreraient-ils comme légiſlateurs, & leurs réſolutions devaient-elles avoir, pour l'avenir, force de loi ; ou, mandataires ſpéciaux, devaient-ils ſe borner à ſoumettre ſimplement au conſeil du ſouverain les ſouffrances & les beſoins de leurs commettants ? La ſolution de cette difficulté amena une difficulté nouvelle, & la queſtion, débattue dans pluſieurs réunions, était enviſagée par les repréſentants des différents ordres avec de grandes diverſités d'opinion, lorſque, le 10 décembre, l'archevêque de Lyon, préſident de l'aſſemblée, donna lecture d'un projet de requête trouvé ſur ſon bureau. L'auteur, qui ne ſe nommait pas, demandait trois choſes : l'autoriſation du roi & force de loi pour tout ce qui ferait unanimement arrêté par les Etats ; dans les queſtions douteuſes, le choix parmi les membres du conſeil privé, de juges non ſuſpects ; & enfin, réunion de douze députés de chaque ordre à ce nouveau conſeil ainſi formé.

Cette audacieuſe propoſition ne tendait à rien moins qu'à inveſtir de l'autorité légiſlative un comité nommé

par les Etats, à faire entrer des juges étrangers dans le
confeil du roi, à éliminer ceux déjà choifis par le monarque. Appuyée par le clergé & la nobleffe, elle fut
combattue par le tiers-état qui voulut la modifier en
demandant que les confeillers donnés au roi, parmi
les députés de chaque ordre, euffent feulement voix
confultative. Cette marque de refpect pour l'autorité
fouveraine ne changea en rien les réfolutions des
deux premières chambres, & tout ce que le tiers put
obtenir, ce fut une déclaration fpéciale, que dans les
queftions où l'un des trois ordres ferait feul intéreffé
les deux autres n'auraient qu'une voix. On convint,
en outre, de faire au roi la requête, ainfi modifiée,
non par écrit, mais verbalement, comme pour *fentir
l'intérieur de Sa Majefté* & fonder les intentions de fon
confeil. En rapprochant cette dernière mefure de la
circonfpection de l'auteur anonyme du projet, on
peut fe rendre compte de la timidité avec laquelle
l'efprit d'oppofition commençait à réalifer fes entreprifes contre les droits du fouverain[1].

Le 12 décembre, les commiffaires, au nombre de
trente-fix, douze de chaque ordre, furent introduits
dans le cabinet de Henri III, qui avait avec lui la reine-
mère, le duc d'Anjou, le cardinal de Bourbon, MM. de
Montpenfier, de Guife, de Morvillier, & plufieurs autres
membres du confeil. L'archevêque de Lyon, en expofant la requête, protefta, dans une *fort gentille & belle
petite harangue,* que l'intention des Etats n'était point

---

[1] *Recueil des Eftats de France,* pp. 447 & fuiv. — *Journal de*
p. 271. — De Thou, tome V, *Guillaume de Taix,* fol. 14 à 19

de toucher à la fouveraineté du monarque, mais de ratifier aux yeux du pays, par la coopération de quelques députés, les décifions émanées du confeil royal.

Le roi ne témoigna aucune furprife, aucun mécontentement, & fit réponfe, « par une courte harangue, « fi bien digérée & fi gentiment prononcée, qu'il « eftoit ayfé à juger qu'auparavant il avoit bien efté « adverti de ce qu'on luy debvoit dire. » Sur cette première propofition, d'autorifer comme loi inviolable tout ce qui ferait unanimement arrêté par les trois ordres, Henri III répondit qu'il ne voulait nullement fe lier de promeffe, ni déroger à fon autorité pour la transférer aux Etats ; d'ailleurs, qu'il ignorait la nature des décifions qui pourraient être prifes, & qu'il ne favait ce qu'on pourrait lui demander & réfoudre, fous le prétexte de *l'honneur de Dieu, du repos public & du bien de fon fervice.* Il ajouta cependant qu'il était tout difpofé, en bon roi, à recevoir & à fuivre, en tant que praticables, tous les avis qui lui feraient donnés. Il accorda la feconde & la troifième propofition de la requête, *combien*, dit-il, *qu'il n'y fût tenu & que ce fût une chofe non accouftumée.* Il congédia les députés en leur commandant de hâter la rédaction de leurs cahiers, & tous, ayant mis le genou en terre, comme ils avaient fait à leur entrée, fortirent du cabinet [1].

Les demandes qu'on venait de lui faire, malgré la forme humble & vague dont elles avaient été revêtues, ne découvrirent pas moins, d'une manière évidente, à Henri III, la réelle & puiffante influence de la ligue or-

---

[1] *Journ. de Taix,* folio 19.

ganifée contre fon autorité & fa prérogative. Dans les
difcuffions particulières, on avait violemment attaqué
tous les actes de fon confeil. La lutte s'engageait : Henri
en fut effrayé, & cette crainte explique la facilité de fes
conceffions, la modération & la timide fermeté de fa
réponfe. Le roi & les Etats femblaient deux antago-
niftes en préfence, fe redoutant tous les deux, tous les
deux étonnés, l'un des attaques dont il était l'objet,
l'autre du but qu'il voulait atteindre. Ce fait domine
dans toutes les relations des Etats avec le confeil royal,
& fe trouve furtout confirmé dans les difcuffions fou-
levées à propos de la religion.

Henri III, nous l'avons déjà dit, en convoquant les
Etats généraux, avait eu principalement pour but de
faire annuler l'édit de pacification arraché par les circonftances difficiles où il fe trouvait. Mais, prévoyant
auffi que cette annulation équivaudrait à une nouvelle
déclaration de guerre, il devait chercher à obtenir des
Etats les moyens d'organifer, contre les proteftants,
des forces capables de les foumettre. Il mit donc tout
en œuvre pour perfuader aux députés de proclamer
l'unité religieufe dans le royaume [1]. En effet, en tête
de leurs cahiers, les Etats, fur l'initiative prife par la
nobleffe, inférèrent un article portant que le roi ne
fouffrirait qu'une feule religion, & qu'on fupprimerait
& révoquerait tous les édits, tant de pacification que
autres, faits en faveur du culte réformé. Un feul membre du tiers-état, Bodin, député du Vermandois & auteur du livre de *La République*, avait protefté, dans les

---

[1] *Journal du duc de Nevers*, aux *Preuves de l'Eftoile*, *paffim*.

difcuffions de fon ordre, contre cette réfolution, qui
était, difait-il, l'ouverture de la guerre civile, & il parvint à obtenir cette infignifiante modification : que le
roi ferait prié d'employer néanmoins les *meilleures &*
plus faintes voies & moyens que faire fe pourroit.

Tout ce qu'il y avait dans les Etats & dans le confeil
royal de catholiques, de ligueurs exaltés, fe réjouirent
de la déclaration générale ; mais la prévifion de Bodin fe réalifa bientôt. Le prince de Condé & le roi de
Navarre proteftèrent, par l'organe de députés envoyés
à Blois, contre cette violation des traités, & le ravage
de quelques provinces du Midi fignala la reprife
d'armes à laquelle on venait de les contraindre [1].

Par une contradiction qui dénote l'incapacité de
cette affemblée, qu'aveuglaient les préoccupations religieufes, jointes à l'efprit d'oppofition fouffé par la
ligue, Henri III ne put obtenir les moyens de conjurer
les embarras auxquels la déclaration des Etats eux-
mêmes avait livré le royaume. Dans toutes les délibérations provoquées au fein des chambres par les
fommations du roi, il ne fut pris aucun arrêté, ni fait
aucune ouverture pour fatisfaire aux exigences des
affaires. Les réfolutions des trois ordres s'accordèrent
pour recommander aux orateurs chargés de porter
la parole à la feconde féance folennelle, fixée au 17
janvier, de ne s'engager à aucune promeffe de fonds
ou de fecours, tout en infiftant fur la fuppreffion du
culte réformé [2].

[1] La Popelinière, liv. XLII,
f° 330. — De Thou, t. VI,
liv. XLIII, p. 459.

[2] *Eftats généraux de France,*
p. 291. — *Journal de Taix,*
folio 46.

Cette féance royale eut lieu, comme la première, dans la grande falle du château, avec les mêmes cérémonies. Parmi les grands officiers de la couronne, on remarquait, près du roi, le duc de Guife, tenant fon bâton de grand-maître. Comme chef tacitement reconnu de la ligue, fa préfence au milieu des Etats encourageait les ligueurs & effrayait le monarque. Henri III, dont le goût pour la toilette eft bien connu, portait ce jour-là « un petit manteau, & non grand ny « royal, mais bien de drap d'or, doublé de thoille « d'argent & paffementé de paffements d'or, fi riche- « ment, qu'on difoit que fur le dict manteau & fur le « pourpoinct & chauffes de mefme, y en avoit quatre « mil aulnes [1]. »

En face de la chaire royale on avait placé un petit pupître couvert d'un tapis de velours femé de fleur-de-lys d'or ; c'était à ce pupître que devaient fe placer les orateurs des trois ordres. Sur le commandement du roi, l'archevêque de Lyon commença fa harangue. Il en prononça tout l'exorde à genoux, puis Henri III lui ordonna de fe lever ; & comme tous ceux de l'Eglife étaient debout, le chancelier leur dit, au nom du roi, de s'affeoir &, peu d'inftants après, de fe couvrir. Lorfque dans fon difcours, l'archevêque arrivait à adreffer au roi quelque fupplique, il faifait une *très-grande révérence*, &, en même temps, tous ceux du clergé mettaient la main à leur bonnet, fe levaient, fléchiffaient la tête & enfuite fe couvraient. Après avoir fini de parler, l'orateur mit un genou en terre, puis

[1] *Journal de Toix*, folio 47.

alla reprendre fa place au banc des évêques. Le baron
de Senecey parla enfuite pour la nobleffe, avec les
mêmes cérémonies, & après lui l'avocat Verforis[1], au
nom du tiers-état. Verforis fut laiffé à genoux *deux*,
voire trois fois plus longtemps que les autres, puis
quand le roi lui fit commander de fe lever, il ne fut rien
dit aux autres députés du tiers qui demeurèrent toujours
debout & la tête nue. Quelques-uns cependant, moins
timides ou ayant plus de confcience de leur dignité,
s'affirent & fe couvrirent, comme le clergé & la nobleffe l'avaient fait. En fe plaignant de ce que l'on
n'eût pas laiffé à leur ordre les mêmes priviléges
qu'aux deux autres, ils rappelèrent qu'aux derniers
états d'Orléans on leur avait épargné toute diftinction
humiliante.

Les orateurs des trois ordres furent unanimes dans
leur demande au roi, de ne permettre que la feule religion catholique, apoftolique & romaine. Il eft difficile d'apprécier aujourd'hui le mérite de leurs difcours.
Chaque orateur fe complaifait à faire parade de fon
érudition, & toute éloquence ne paraiffait repofer
que fur un faftueux étalage de citations oifeufes. L'archevêque de Lyon emporta *l'honneur de bien dire*. L'a-
vocat Verforis trompa l'efpoir général; fon difcours,
long & fatigant, *fentoit*, difait-on, *fon plaidoyer du palais* plutôt que la harangue d'un orateur. Auffi fit-on
circuler dans la falle le quatrain fuivant :

---

[1] Son nom était Le Tourneur;   de l'époque, il l'avait changé
felon la coutume pédantefque   en celui de Verforis.

> On dit que Verforis
> Plaide bien à Paris ;
> Mais, quand il parle en court,
> Il demeure tout court.

Un fait remarquable nous montrera toute l'influence des ligueurs dans l'affemblée. Quand Verforis foumit fon difcours à l'approbation du tiers-état, avant la féance genérale, on avait infifté pour qu'en demandant l'unité du culte catholique, il réclamât néanmoins d'une manière pofitive le maintien de la paix. Mais l'orateur du tiers ne tint compte de cette recomman-pation &, dit l'Eftoile, « offrit au roi le corps & les « biens, trippes & boyaux, jufqu'à la dernière goutte « du fang & jufqu'à la dernière maille du bien, &, « comme penfionnaire, confeiller & factionnaire du « duc de Guife, il corna la guerre contre les Hugue-« nots[1]. »

Dans une courte réponfe, le roi remercia les trois ordres de leur unanimité fur la queftion religieufe, leur promit de faire droit à leurs remontrances, & ordonna aux députés de ne pas fe féparer, qu'il n'eût lui même répondu aux cahiers & diffous les Etats[2].

Henri III efpérait en effet profiter du temps que les députés mettraient encore à terminer ces cahiers, pour obtenir leur concours au rétabliffement de l'ordre dans les finances, & leur participation aux dépenfes d'une guerre imminente. Mais les démarches faites

---

[1] *Journ. de l'Eftoile,* tome I, pp. 197-199.
[2] *Journal de G. de Taix,* folios 46 & fuivants. — *Recueil géneral des Eftats de France,* page 294.

en fon nom, auprès des différents ordres, par le duc de Nevers, le chancelier Birague, le garde des-fceaux Morvillier, n'aboutirent qu'à foulever des difcuffions qui révélaient une profonde défiance des intentions du roi. Dans toutes ces queftions importantes, chaque jour Henri III retrouvait la ligue, avec fon efprit d'op-pofition fyftématique, entravant tous fes projets & pa-ralyfant toute l'action de fon autorité royale.

Formée dans l'ombre & fous prétexte de fauver la religion, la ligue avait grandi à l'infu du roi. Elle était déjà partout, dans la capitale, dans les provinces, dans le confeil royal; fon influence avait dominé dans les élections, elle dominait dans les délibérations des Etats. Le mémoire de l'avocat David n'avait rien laiffé ignorer à Henri III de la puiffance & du but d'une fac-tion qui, dans fes projets de le renfermer dans un couvent & de fubftituer la maifon de Lorraine à celle de Valois, allait jufqu'à réclamer l'appui de la cour de Rome elle-même[1].

Lorfqu'il connut cette affociation menaçante, elle était trop forte pour qu'il fongeât à la détruire; il était trop faible pour pouvoir la diriger. Préférant paraître lui donner fa fanction royale, il fe fit déclarer chef & protecteur de la fainte ligue, en figna l'acte d'affo-ciation, & le fit figner à tous les princes & feigneurs qui n'y étaient pas encore engagés. En outre de l'efpoir de diffiper, par cette manœuvre, les mé-fiances dont il était l'objet, de déconcerter les pro-jets des *meneurs* de l'union, & furtout d'empêcher la

[1] Voir le *Journal de l'Eftoile*, tome 1, p. 189, note 68.

nomination d'un autre chef, Henri III voulait recueillir de cet acte, d'une politique toute d'expédients, un
changement dans les difpofitions des Etats fur la queftion des finances[1]. Cet efpoir fut trompé.

Le clergé furtout fe montrait d'autant moins traitable, que fa grande fortune, évaluée au tiers des
biens du royaume, devait l'expofer à des demandes
plus confidérables. Le roi avait compté fur l'influence
du fyndic général de l'ordre *à la fuite de la cour*, Jacques de la Sauffaye. Mais fon dévouement à la caufe
royale, & furtout la miffion dont il avait été chargé
par Henri III, auprès du Saint-Siége, pour traiter de
l'aliénation des biens du clergé, miffion dans laquelle
on l'accufait d'avoir facrifié l'intérêt du corps aux exigences du roi, excitèrent un fentiment général de défiance qui lui fut manifefté dès les premières délibérations. Quoique la juftification de La Sauffaye eût
été pleinement accueillie par l'affemblée, à la féance
du 7 décembre, on lui refufa d'affifter aux délibérations, avec voix confultative, & peu après on fup-
prima la charge de fyndic du clergé à la fuite de la
cour, afin de couper la racine même du mal[2]. Tout
ce que Henri III put obtenir du clergé, ce fut l'offre
de folder quatre mille hommes de pied & mille chevaux, à répartir entre les douze gouvernements, &
feulement pendant la durée de la guerre. Les députés

[1] Davila, tome II, liv. vi,
p. 64. — De Thou, tome VI,
liv. LXIII, p. 460.

[2] *Journal de Guillaume de*

Taix, folio 14. — *Procès-verbaux
des affemblées du clergé*, tome V,
pages *xlviij* & fuivantes, *ad
calc.*

de la nobleffe offrirent de fe battre ; mais ne préten-
dirent parler chacun que pour foi, & fans vouloir engager les provinces qu'ils repréfentaient. Quant au
tiers-état, pour toute réponfe aux demandes d'argent
qui lui étaient faites, il perfiftait à rappeler que, malgré les proteftations de fon orateur à la feconde
féance folennelle, il n'avait jamais voulu la guerre, &
qu'il ne fe reconnaiffait d'autre miffion que de foumettre au roi les doléances des provinces, & non de
lui faire des offres de fervice ¹.

Ces doléances, formulées au nom de chaque bail-
lage, furent *confufément* portées dans le cahier général de chaque ordre, & le 9 février ces cahiers furent
préfentés au roi qui promit d'y donner telle réponfe,
qu'il *s'affeuroit que tout le royaume en recevroit contentement* ².

La promeffe du roi rappela alors la propofition.
adoptée au commencement de la feffion, de faire ad-
mettre au confeil privé douze, ou tout au moins fix
députés de chaque ordre, pour affifter à l'examen des
cahiers. Mais, prié de nommer douze de fes membres,
le tiers-état, fur les repréfentations de Bodin, s'y refufa formellement. Le député de Laon, le feul homme
qui, dans toute cette réunion des repréfentants de la
France, fit preuve de quelque rectitude & de quelque
conféquence de vue & de conduite, s'appuyait, pour
faire abandonner cette réfolution, fur le danger de

---

¹ *Journal de Taix*, folios 53   à 158. — *Eftats généraux de*
à 60. — *Journ. de Nevers*,   *France*, pp. 302 & fuiv.
aux *Preuves de l'Eftoile*, pp. 153   ² *Journal de Taix*, fᵘ 58.

voir les Etats *réduits au petit pied*, & fur la facilité qu'on aurait à dominer dix-huit ou trente-fix députés, expofés aux influences toute-puiffantes de la préfence du roi & du féjour de la cour. Le clergé & la nobleffe fe réunirent à l'avis du tiers [1].

Cependant la guerre civile s'organifait chaque jour plus menaçante, & un grand nombre de députés s'effrayaient déjà des conféquences qu'entraînaient les réfolutions adoptées à l'endroit de la religion. Dans les premiers jours de janvier, une députation avait été envoyée par la cour & les Etats vers les chefs des réformés, pour leur enjoindre de fe foumettre à l'autorité des repréfentants de la France. Quelques membres de cette députation revinrent dans le mois de février, porteurs de proteftations des chefs réformés contre les mefures prifes, au mépris d'une paix écrite, fur des queftions jufticiables de Dieu feul & de la confcience, par une affemblée à laquelle ils ne voulaient reconnaître aucun caractère de légalité, & qu'ils taxaient même de pertubatrice du repos public.

Confultés fur cette réponfe, les Etats déclarèrent s'en tenir à leurs décifions [2]. Henri III parut fatisfait de cette nouvelle démonftration, qui femblait impliquer, pour les députés, la promeffe de fubvenir aux néceffités d'une pofition qu'ils avaient faite. Auffi, le 20 février, les trois ordres furent convoqués dans la galerie attenante au cabinet du roi.

[1] *Journal de G. de Taix*, folio 61. — *Recueil général des Eftats de France*, pp. 324 & fuiv.

[2] *Eftats de France*, p. 330. — Davila, t. VI, p. 63. — De Thou, t. VI, liv. LXIII, p. 474.

Quand il les reçut, Henri III avait auprès de lui fa
mère, la reine fa femme, meffieurs de Guife, de Nevers, de Morvillier, de Cheverny, les quatre fecrétaires
d'Etat, les cardinaux de Bourbon, de Guife, d'Eft, &
d'autres feigneurs de la cour & du confeil. Il annonça
d'abord fon intention de prendre connaiffance des
cahiers, & recommanda aux députés de nommer, con-
formément à la requête faite à l'ouverture des Etats,
douze, ou du moins fix d'entre eux, pour affifter à
l'examen de ces cahiers, & dans le cas où ils s'y re-
fuferaient, de ne pas fe féparer avant d'avoir réfolu
les difficultés que l'examen de certaines queftions devait infailliblement foulever. Le roi demanda enfuite
que les trois états avifaffent à voter des fecours pour
fupporter les frais de la guerre. En parlant de la détreffe des finances, il témoigna l'efpoir que fa brave
nobleffe ne lui manquerait pas plus qu'elle n'avait
manqué aux rois, fes prédéceffeurs, & que les deux
autres ordres feraient également leur devoir. Il ma-
nifefta l'intention de vendre, de fon côté, pour trois
cent mille livres de rente de bien de fon domaine, &
commanda aux députés de s'affembler pour répondre
à fes demandes.

Des difcuffions fort orageufes s'élevèrent alors
dans les trois chambres. Le tiers ne voulut point confentir à la nomination des commiffaires, & réunit,
comme nous l'avons dit, les deux autres ordres à fa
détermination. Sur la queftion des fubfides, les trois
ordres perfiftèrent, avec opiniàtreté, dans leurs premières réfolutions. Quant à l'aliénation du domaine,
l'églife & la nobleffe y confentirent, comme à la me-

fure la moins onéreufe à toute la France ; car le roi,
du moins, paraiffait s'aider de fes propres reffources,
& ne *foulait pas le pauvre peuple*. Mais le tiers refufa fon
adhéfion, en alléguant que le domaine eft chofe ina-
liénable & n'appartient pas au roi, mais au royaume.

Le clergé & la nobleffe réunirent leurs efforts pour
arracher au tiers fon confentement : il demeura iné-
branlable, « dequoy on dict que le Roy fut fi marry
« que l'on vit quafi les larmes luy couler des yeux
« quand on luy fit entendre cefte opiniaftreté. Car,
« comme il difoit, ils ne me veulent fecourir du leur,
« ny me permettre que je m'ayde du mien ; voylà une
« trop énorme cruauté[1]. »

Ce double refus de l'aliénation du domaine & de la
nomination des trente-fix commiffaires pour l'examen
des cahiers, fit perdre à Henri III tout efpoir de parer
aux embarras de fes affaires, & on peut croire qu'il fe
propofa dès lors de ne pas pouffer à la guerre active-
ment & d'arriver à une nouvelle pacification. Il y était
fortement engagé par la reine-mère, & l'arrivée de
quelques autres membres de la députation envoyée
auprès des proteftants confirma le roi dans fes nouveaux projets[2]. En effet, le 28 février, le duc de
Montpenfier fit connaître aux trois ordres, affemblés
dans l'églife Saint-Sauveur, le réfultat de fa négociation
avec le roi de Navarre. Il déclara que ce prince lui
avait paru tout difpofé à abandonner plufieurs articles

[1] *Journal de Taix*, folio 64, verfo. — *Recueil des Eftats de France*, p. 339.

[2] *Journal de Nevers*, aux *Preuves de l'Eftoile*, tome III, pp. 188 & 192.

16

du dernier édit, & il fupplia les députés de profiter
de ces bonnes difpofitions, pour arriver à la conclufion de la paix[1].

Après avoir délibéré, le clergé & la nobleffe s'en ré-
férèrent au contenu de leurs cahiers. Le tiers protefta
contre les intentions qui lui étaient prêtées de vouloir
la guerre, & rappela que le vœu de l'ordre entier
était, il eft vrai, pour le maintien de la religion catholique, mais fans guerre, & par les plus *doux & gracieux
moyens que faire fe pourroit*[2].

Dans ces circonftances, le roi tint un confeil nombreux où furent appelés la reine-mère, le duc d'Anjou,
les cardinaux de Bourbon, de Guife & d'Eft, les ducs de
Guife, du Maine, de Nevers, le chancelier Birague, les
fieurs de Coffé, de Biron, de Cheverny, de Morvillier, Bellièvre, Villequier & autres. Les avis fe trouvèrent partagés. Le duc & le cardinal de Guife, les ducs
de Nevers, de Mayenne, tous les exaltés ligueurs
infiftèrent fur l'unité du culte catholique & l'extermination des huguenots ; mais la reine-mère, les deux
miniftres bléfois, Morvillier & Cheverny, Bellièvre &
Villequier parlèrent en faveur de la paix, en déclarant que, dans l'intérêt même de la religion, les moyens
les plus lents & les plus pacifiques offraient des garanties plus fûres & plus durables. Le roi parla le dernier,
& en proteftant de fon attachement pour la religion,
il ajouta que la détreffe feule de fon tréfor, à laquelle

---

[1] *Journ. de Nevers, ibid.* —
Recueil des Eftats de France,
pp. 356 & fuiv.

[2] *Eftats de France,* p. 362 &
fuiv. — *Journ. de Taix,* folios
66 & fuiv.

les Etats n'avaient pas voulu avoir égard, l'empêchait
de fuivre fes premiers projets de foutenir la guerre
contre les huguenots [1]. On réfolut auffi de renvoyer
le duc de Montpenfier vers le roi de Navarre, pour
connaître les dernières difpofitions de ce prince, re-
lativement aux bafes d'une paix nouvelle [2].

La diffolution des Etats eut lieu le 1er mars, pour la
nobleffe & le tiers-état, & le 2 pour le clergé. Les députés fe féparèrent fans avoir pu, ni voulu prendre aucune détermination fixe fur les grandes queftions d'où
dépendaient la paix & la profpérité du royaume. Ils
fufcitèrent au roi des difficultés fans nombre, en lui
laiffant le foin & non les moyens de les réfoudre. Par
l'inconféquence de leur conduite, Henri III fut placé
dans l'alternative d'une guerre, que le défordre de fes
finances l'empêchait de foutenir, ou d'une paix qui le
rendait odieux & fufpect à la majorité de fon peuple,
repréfentée par cette ligue dont il était le chef & le
protecteur.

En députant de nouveau Biron & le fecrétaire d'Etat
Villeroi auprès du roi de Navarre, Henri III efpérait
obtenir une paix avantageufement établie par des fti-
pulations nouvelles. Mais le prince de Condé & les miniftres huguenots influents, malgré les difpofitions pacifiques du roi de Navarre & du maréchal d'Amville,
fe refufèrent à toute efpèce de traité qui ne repoferait
pleinement fur les conditions du dernier édit. Le roi
fe réfolut alors à la guerre, & malgré l'infuffifance des

---

[1] *Journal de Nevers*, pp. 193   [2] *Ibid.*, p. 207. — Davila,
à 202.   t. II, liv. VI, p. 67.

fecours arrachés aux Etats, il put, avec l'affiftance de la ligue, organifer deux armées, dont l'une, fous le commandement du duc de Mayenne, devait agir en Saintonge, & l'autre, fous les ordres du duc d'Alençon. fut envoyée dans les provinces en deçà de la Loire. Une flotte, commandée par Lanfac, devait bloquer la Rochelle par mer. Le duc d'Anjou partit de Blois le 7 avril, pour prendre le commandement de fon corps d'armée [1].

Nous n'avons pas à dire les fanglants exploits de ce prince contre fes anciens confédérés. Les forces proteftantes, partout déforganifées, n'oppofèrent nulle part de réfiftance férieufe ; Henri III quitta Blois à la fin d'avril, pour aller à Poitiers, afin de fe rapprocher du centre des négociations, que Biron & Villeroi conduifirent avec un fuccès également défiré par les catholiques & les proteftants. Le 17 feptembre, fut publié le fixième édit de paix [2].

Il nous refte à rappeler quelques événements contemporains des Etats de 1576. Leur importance hiftorique eft fort fecondaire, il eft vrai ; mais la nature de notre travail ne nous permet pas de les paffer fous filence. D'ailleurs, en complétant la férie des fouvenirs éveillés par le château de Blois, ils contribueront à caractérifer cette époque d'affaffinats, de duels, de guets-apens, de folles fêtes, de plaifirs étranges, & ne feront pas alors fans quelque valeur pour l'étude &

---

[1] Davila, t. II, liv. vi, p. 69.   Popelinière, liv. xlv, folio 386.
— *Journ. de Nevers*, p. 220.   — *Recueil d'Ifambert*, t. XIV.
[2] Davila, t. II, p. 71. — La p. 330.

l'appréciation des mœurs & des habitudes de la cour,
fous le règne de Henri III.

Le 20 décembre 1576, le fils aîné du fieur de Saint-
Sulpice fe prend de difpute, au jeu de pallemaille[1],
avec le vicomte de Tours & l'*oufrage griefvement,
l'appelant vilain, & le defdaignant comme tel*. Le foir, ils
vont au bal du château ; à onze heures, ils en fortent
fans témoins ni feconds, fuivis d'un feul laquais portant une torche. Arrivé dans la baffe-cour, & au moment d'en venir aux mains, Saint-Sulpice renvoie le la-
.quais, qui lui appartenait, ne voulant pas donner à
penfer qu'il en eût tiré affiftance contre fon adverfaire. Le combat s'engage dans l'obfcurité, & Saint-
Sulpice tombe en criant : Je fuis mort. Son laquais ac-
court, prend l'épée de fon maître, pourfuit le vicomte
de Tours qui s'enfuyait, & le bleffe d'un coup à la tête.
De Tours néanmoins gagne une maifon, d'où il parvint plus tard à quitter la ville, pour éviter les effets
de la colère du roi. Henri III affectionnait Saint-Sulpice, dont le père avait été gouverneur du duc d'A-
lençon, & *prit un tel defpit de cette mort, qu'il ne bougea
trois jours durant de fa chambre*. Il interrompit même les
délibérations du clergé, en le faifant prier, par l'évêque d'Angers, d'affifter, avec les princes, au convoi de

---

[1] On fait dériver le nom de ce jeu de *pila* & *malleus*, la balle & le maillet qui fervait à la lancer. Plus tard, on l'appela fimplement jeu du mail, & il a donné fon nom à des rues & des promenades dans beaucoup de villes. A Londres, la rue *Pall-mall* rappelle complètement l'ancien nom du jeu.

Saint-Sulpice, *chofe qui parut nouvelle à fimple gentilhomme n'ayant charge* [1].

Le 29 janvier 1577, après un combat à la barrière,
fait à *beaux flambeaux*, dans la Salle des Etats, par le
roi & les princes, un capitaine des archers de la garde,
commé Briague, fut tué par un foldat de fa compagnie, qui voulait fe venger de quelques *paroles fafcheu-
fes & auffi de quelques coups de poing*. Ce foldat s'était
caché au pied même des degrés par lefquels on defcendait des appartements du roi, & au moment où
Briague paffait avec d'autres officiers, il le frappe entre les deux épaules, laiffe fon épée dans le corps de fa
victime & court en criant qu'on a tué fon maître, &
qu'il va chercher un chirurgien ; les gardes, fans défiance, le laiffent paffer, & il s'échappe, fans qu'on
puiffe le reprendre. Ce meurtre, commis au *logis du
roi*, parut d'une témérité inouïe. Guillaume de Taix,
en le rapportant, ajoute : « J'ay voulu réciter cefte
« hiftoire pour monftrer par icelle, & par le meurtre
« auparavant commis fur le jeune Saint-Supplice, tué
« de nuict comme ledict Briague, au pied du chafteau
« du Roy, que nous vivons en un temps fort mifera-
« ble, & auquel y a d'eftranges humeurs d'hommes,
« defquels les furiës, frénéfies, réfolutions, t
méritez,
« défefpoirs & folles hardieffes, exécutez pendant une
« réformation d'Eftatz de la France, ne femble avoir
« aucun fentiment de majefté divine & humaine, ny
« craindre aucunes loix ny polices [2]. »

---

[1] *Journ. de Taix*, folio 24.— [2] *Journ. de G. de Taix*, f° 52,
Journ. de l'Eftoile, t. I, p. 195.   verfo. —*Journ. de l'Eftoile*, t. I,

.Les premiers comiques italiens qui parurent en France, les *Gelofi*, arrivèrent à Blois au mois de février fuivant. Henri III les avait fait venir de Venife. La troupe entière tomba au pouvoir des proteftants, & le roi fut obligé de payer fa rançon. Il lui affigna, pour donner fes repréfentations, la Salle des Etats, en l'autorifant à prendre *demi-tefton* par perfonne [1]. On lit dans le *Journal de l'Eftoile*, que le roi fe trouvait ordinairement aux ballets, mafcarades & fpeétacles de toute forte qui fe donnaient alors, « habillé en femme, « ouvrant fon pourpoint & defcouvrant fa gorge, y « portant un collier de perles, & trois colets de toile, « deux à fraizes & un renverfé, ainfi que le portoient « les dames de la cour [2], »

> Si qu'au premier abord, chafcun eftoit en peine
> S'il voyoit un roy-femme, ou bien un homme-reyne,

a dit d'Aubigné dans fon ftyle énergique. Nous n'ofons pas exprimer nos regrets de n'avoir pu trouver aucune analyfe des pièces repréfentées à Blois, en fongeant à la défenfe faite aux *Gelofi*, quelque temps plus tard, par le parlement affemblé aux mercuriales, *de plus jouer leurs comédies parce qu'elles n'enfeignoient que paillardifes.* Ces comédiens apportèrent en effet leur part de la corruption générale qui envahiffait la France, & à laquelle travaillait déjà depuis fi longtemps cette foule

---

p. 197, & t. III, p. 153. — Brantôme, *Difcours fur les duels*, pp. 224 & 225 du tome VI des *OEuvres complètes*, édit. 1823.

[1] Un franc, environ.

[2] *Journal de l'Eftoile*, tome I, pages 202 à 204 de l'édition de 1744.

d'Italiens introduits fous le patronage de la reine Catherine dans toutes les branches de l'adminiftration, des
finances & de l'armée. Les pièces de la troupe italienne
fe compofaient de pantomimes, mêlées d'improvifations
licencieufes, de gefticulations & de tours de foupleffe.
Ce genre de fpectacle, inconnu jufqu'alors en France,
attira tel concours & affluence de peuple que « les
« quatre meilleurs prédicateurs de Paris n'en avoient
« pas tous enfemble autant quand ils prefchoient[1]. »

A la même époque, & pendant que Henri III débat-
tait encore avec les Etats les moyens de fubvenir aux
frais de la guerre civile, le prince Jean-Cafimir lui
envoya un ambaffadeur, Pierre Beutrich, pour fe
plaindre de l'inexécution des articles du traité de
Chaftenoy, touchant les conditions accordées aux
reîtres pour leur fortie du royaume. Voyant que
Henri III ne pouvait faire droit aux demandes de fon
maître, Beutrich, avec une franchife toute germanique,
ne craignit pas de dire en préfence de la cour, qu'il
rougirait de raconter les promeffes faites par le roi &
auxquelles celui-ci avait manqué ; que puifqu'il en
était ainfi, il renonçait, de fon plein gré, à toutes les
affignations & conceffions ftipulées dans le dernier
édit, & qu'il ne demandait plus qu'une feule chofe,
une efcorte pour quitter au plus vite la cour & le
royaume. Henri III fe fâcha fort de cette bravade ;
mais, au milieu des embarras de fa pofition, il fut heureux fans doute de cette déclaration de l'envoyé de

[1] *Journal de l'Eftoile*, p. 206.   tome XII, 1re partie, pages 78
— *Hift. univerf. des théâtres,*   & 144.

Cafimir, car, difent les Mémoires de Nevers, *point ne fut demandé au docteur allemand s'il avoit le pouvoir de ce faire*[1].

Nous n'entreprendrons pas ici une faftidieufe nomenclature des ordonnances publiées au château de Blois pendant la durée des premiers Etats. Nous en rappellerons une, très-remarquable, eu égard aux confidérations politiques qui l'infpirèrent. Elle accordait aux princes du fang la préféance fur les autres princes & fur les pairs de France. Henri III, fe préoccupant déjà des prétentions ambitieufes du duc de Guife, voulut, en réformant l'ancien ufage, l'empêcher de marcher de pair avec les membres de la famille royale. Après avoir enregiftré cet édit, Chriftophe de Thou, premier préfident au parlement, s'écria que, depuis l'avénement de Philippe de Valois à la couronne, il ne s'était rien fait de fi utile pour la confervation de la loi falique[2].

Bien qu'elle n'eût rien voulu préjuger des affaires politiques d'un intérêt plus général, l'affemblée nationale de 1576 mérite une belle place dans notre hiftoire fociale : c'eft fur les plaintes & les doléances contenues dans fes cahiers que fut rendue, en 1579, la fameufe ordonnance en 363 articles, connue fous le nom d'*Édit de Blois*, qui établit plufieurs règlements

---

[1] *Journal de Nevers*, page 215. — De Thou, tome VI, page 482.

[2] De Thou, l. LXIII, p. 463. — *Recueil d'Ifambert*, t. XIV, p. 318. — On fait que l'on attribuait à la loi falique les difpofitions relatives à l'hérédité de la couronne, quoiqu'elle ne mentionne rien qui s'y rapporte.

fur l'adminiftration de la juftice & des finances, fur
l'inftruction publique, fur les offices de judicature, fur
la nobleffe & les gens de guerre, fur la perception des
aides & des tailles, & enfin fur la police générale du
royaume [1].

Un feul fait fignale à nos fouvenirs la préfence de la
cour au château de Blois, dans l'intervalle qui fépare
les Etats de 1576 de ceux de 1588. Le 4 mai 1581,
Jean d'Arces de Livarot & le marquis de Maignelais,
après une querelle furvenue au milieu d'un bal donné
par le roi, conviennent de fe battre le lendemain fur
les bords de la Loire. Ils s'y rendent avec deux laquais
fans armes. Livarot eft tué; mais auffitôt, Maignelais,
frappé par derrière, tombe auffi & meurt fur le corps
de fa victime. Livarot, dans l'éventualité d'une défaite,
avait ménagé fa vengeance aux dépens de fon honneur,
& pour ravir à fon adverfaire la gloire d'un triomphe,
il avait donné ordre à fon laquais de cacher une épée
dans le fable & d'en tuer Maignelais, fi Maignelais était
vainqueur. Le laquais fut pendu, mais *on s'eftonna beaucoup* de cette déloyauté de Livarot qui, pour avoir
déjà *bravement* tué le jeune Schomberg, dans le fameux
combat des *Mignons*, s'était acquis par toute la cour
fi bonne réputation de brave & loyal chevalier [2].

[1] *Recueil d'Ifambert*, t. XIV,
p. 380.
[2] *Journal de l'Eftoile*, t. I,
p. 315. — Brantôme, *Difcours
fur les duels*, pages 82 & 83
des Œuvres complètes, édition

de 1823. — Le combat avait
eu lieu dans une des deux îles
de la Loire, fituées près du
Vieux-Pont, & que la conftruction des quais a fait difparaître.

La convocation des Etats généraux de 1588 paraît
avoir été provoquée par un concours de circonſtances
à peu près ſemblables à celles qui amenèrent les Etats
de 1576. Meſure de politique temporiſatrice, l'audace
d'une faction victorieuſe dut la préſenter comme in-
diſpenſable à l'eſprit d'un monarque chaſſé de ſa capitale. Faible, réduit à l'impuiſſance, il jugea cet acte
d'autant plus néceſſaire que la faction qui le menaçait
était dirigée par un chef habile, dont l'ambition, ca-
chée ſous un maſque religieux, s'élevait à meſure que
grandiſſait ſa popularité.

Henri III avait quitté Paris le 13 mai, le lendemain
de la fameuſe journée des barricades ; le 31, il adreſſa
un mandement au prévôt des marchands pour la convocation des Etats du royaume à Blois, en fixant au 15
ſeptembre la réunion des députés. Dans cet intervalle,
il avait ſigné à Rouen l'édit de renouvellement de l'u-
nion avec les princes & ſeigneurs catholiques, & à
Chartres les lettres-patentes qui accordaient au duc
de Guiſe le titre de lieutenant-général du royaume,
avec pouvoir de commander les armées en l'abſence
du roi[1]. Ces deux actes avaient coûté à la fierté du
monarque, & de cette époque commence cette longue
patience & cette diſſimulation, où le duc de Guiſe ne
vit qu'un indice de terreur & de faibleſſe, tandis que
Henri III méditait ſa vengeance & ſon émancipation.

Le 11 ſeptembre, ſur les deux heures après midi, le
roi arriva à Blois, accompagné d'une nombreuſe ſuite

[1] Davila, t. II, pp. 356 &   pp. 613, 616 & 623. — De
359. — Iſambert, tome XIV,   Thou, t. X, pp. 324 & 343.

de gentilshommes [1]. Il efpérait, dans un pays fans paffions, au milieu d'une ville amie, travailler plus à l'aife au rétabliffement de fes affaires. Il apportait de nouvelles réfolutions, un nouveau plan de conduite, &, pour en affurer l'exécution, il avait fongé tout d'abord à éloigner de fon confeil les hommes dont le dévouement lui paraiffait moins acquis à fes propres intérêts qu'à ceux de fa mère, de la ligue & du duc de Guife. Défiant comme les malheureux, changeant comme les faibles, il voulut renouveler autour de lui un miniftère fufpect, dont les confeils, dans les derniers événements qu'il venait de traverfer, n'avaient fu épargner ni les humiliations à fa dignité, ni les atteintes à fon autorité royale [2].

Cette mefure lui était infpirée, en outre, par les tentatives des Guife pour faire entrer au confeil privé des partifans zélés de la ligue ; accéder à ces prétentions, c'était pour le monarque fe livrer fans reffources aux projets de fes ennemis. En quittant Chartres, le roi avait donc congédié fes miniftres, mais fans leur témoigner aucun mécontentement ; il paraiffait feulement leur avoir permis d'aller paffer quelques jours dans leurs terres. Auffitôt à Blois, il fit fignifier à Villeroi, Bellièvre, Brulard, Pinard & Cheverny de ne pas reparaître à la cour fans un ordre de fa part [3].

Le roi choifit deux nouveaux fecrétaires d'Etat,

[1] Palma Cayet, *Chron. noven.*,   tome II, livre XIII, lettre 1ʳᵉ.
page 210.   [3] *Mémoires de Cheverny*, t. I,
   [2] De Thou, tome X, page   p. 115 de l'édit. de La Haye. —
369. — *OEuvres de Pafquier*,   De Thou, t. X, p. 370.

Ruzé de Beaulieu & Révol ; les fceaux furent donnés à
François de Montholon. L'attachement des deux premiers à la perfonne du roi remontait à l'époque où il
n'était que prince du fang ; le troifième, fimple avo-
cat-général au parlement de Paris, était recomman-
dable par fa droiture & fa fcience, mais fa fpécialité
de magiftrat l'avait tenu jufqu'alors conftamment en
dehors des affaires. Henri III écrivit auffi à Pierre de
Mayenne & à Arnault d'Offat, qui refufèrent en alléguant, l'un fon grand âge, l'autre fes devoirs de prêtre.

—Une furprife univerfelle accueillit cette nomination
d'hommes inconnus à la cour, ou que leur longue abfence avait fait oublier. Montholon même n'avait jamais vu le roi, & lorfqu'il fe préfenta pour la première
fois devant lui, le trouvant avec Bellegarde & Loignac,
il demanda lequel était le roi, en le fuppliant humblement de le vouloir excufer. Henri III lui répondit en
fouriant, qu'il ne le connaiffait auffi que de réputation.
« Ces mutations, écrivait Eftienne Pafquier, fi fubites
« & fi inopinées, du haut en bas & du bas en haut,
« propres à la ville de Blois, baftie fur une montaigne,
« appreftoient diverfement à glofer [1]. »

L'étonnement général n'empêcha pas de voir pourtant le but où tendait le roi. Chacun put remarquer
qu'il fe difpofait à gouverner déformais par lui-même.
Depuis *fon nouveau mefnage*, il ne fouffrait que les deux
fecrétaires à l'ouverture des paquets qui lui étaient
adreffés. En s'entourant d'hommes d'une droiture &
d'une probité inconteftables, Henri III faifait taire

[1] Pafquier, t. II, col. 358.

toute réclamation des partis, tandis que l'incapacité
adminiftrative de fes miniftres lui garantiffait toute liberté dans l'action qu'il voulait imprimer au gouvernement. Les conféquences de cet acte habile n'avaient
pas échappé au duc de Guife ; mais il les redoutait peu,
parce qu'il fe favait maître des Etats où les élections
avaient établi la prédominance de la ligue.

Les députés cependant n'arrivaient qu'avec lenteur,
& le roi, malgré fon impatience, fe vit forcé de remettre au 15 octobre la féance d'ouverture. Comme
aux Etats de 1576, la nobleffe fe réunit au palais, & le
tiers à l'Hôtel-de-Ville ; mais le clergé, qui avait tenu
alors fes féances à Saint-Sauveur, fe réunit cette fois
aux Jacobins [1].

Henri III avait donné ordre à M. de Marle, fon
maître des cérémonies, de conduire les députés, les
uns après les autres, *à mefure qu'ils arriveroient, en fon
cabinet, afin de les voir, ouïr & recognoiftre* [2]. Alors,
fans doute, bien des féductions furent mifes en œuvre ;
mais le malheureux monarque, fans argent & fans crédit, voyait avec un fentiment de défefpoir, qu'il maî-
trifait à grand'peine, la popularité du duc de Guife
contreminer fes projets, & tous les ferviteurs ardents
de la ligue fe porter *en flotte* aux appartements de
fon rival, écoutant fes ordres & prêts à feconder fes
projets. Cette grande épreuve des Etats-Généraux fe
préfentait donc pour le roi fous les aufpices les plus .

---

[1] *Eftats de France*, 11e partie,
p. 70. — *Recueil des Etats-Gé-
neraux*, t. XIV, p. 237.

[2] P. Mathieu, *Hiftoire des
derniers troubles*, tome IV,
folio 114.

triftes, &, vaincu déjà dans la lutte électorale conduite par le duc de Guife, Henri III avait tout à craindre du réfultat des difpofitions qui pouvaient être adoptées par les députés du royaume.

Dans le fein des réunions particulières, avant même la vérification générale des pouvoirs & la conftitution définitive des chambres, le tiers-état, compofé tout entier de ligueurs fanatifés, dirigeait déjà fes attaques contre la prérogative royale. Il fuppliait le roi de révoquer tous les nouveaux édits conftitutifs d'impôts, depuis les Etats de 1576, & proteftait contre le jugement que le confeil royal paraiffait vouloir fe réferver fur les élections conteftées [1].

La nomination des bureaux ne contribua pas moins à éclairer Henri III fur l'efprit dont les chambres étaient animées. Cette nomination fe fit le 3 octobre. Le cardinal de Guife fut porté à la préfidence du clergé, le comte de Briffac à celle de la nobleffe, La Chapelle-Marteau à celle du tiers. C'étaient, dit Pafquier, *les plus authorifez de la ligue* [2].

L'élection des officiers des Etats avait été mife fous l'invocation du Saint-Efprit, & la veille on avait fait une proceffion folennelle, depuis l'églife Saint-Sauveur jufqu'à la chapelle Notre-Dame-des-Aides, au faubourg de Vienne. Le clergé des églifes marchait en tête ; après lui venaient les députés du tiers, quatre à quatre ; ceux de la nobleffe fuivaient, puis ceux du clergé, & après eux les abbés, les évêques, archevê-

[1] *Recueil des Etats-Généraux,* tome IV, pp. 40 à 50.

[2] Pafquier, t. II, col. 359. — *Eft. de Fr.,* 11e partie, p. 70.

ques & cardinaux. Quatre chevaliers du Saint Efprit tenaient le poêle fous lequel l'archevêque d'Aix portait
le Saint-Sacrement. Le roi fuivait à pied, avec les princes & princeffes. Monfieur de Saintes, évêque d'Evreux,
prononça le fermon, & l'archevêque de Bourges dit
la meffe. L'églife était toute tendue des plus riches tapifferies du roi ; Henri III était placé au milieu du
chœur, *fur un haut daiz*, couvert de velours [1].

La féance d'ouverture fut précédée de toutes les fo-
lennités religieufes, fi belles & fi touchantes, à une
époque où l'*honneur de Dieu* était le fentiment qui dominait tous les partis & fur lequel repofaient toutes les
opinions politiques. Henri III avait fait publier des
jeûnes & abftinences pendant trois jours entiers, pour
fe préparer à recevoir le *corpus Domini*. La cour com-
munia en grande pompe dans l'églife Saint-Sauveur, &
les princes & feigneurs dans les diverfes églifes, tandis
que les députés, réunis tous aux Jacobins, reçurent
l'Hoftie fainte des mains du cardinal de Bourbon.

On était au 9 octobre. Dans les fept jours qui fuivirent, le roi fut obligé d'échanger, avec les Etats, des
communications qui témoignaient fans détour de l'in-
jurieufe défiance dont il était l'objet. On voulut exiger
de lui qu'il renouvelât, à la première féance générale,
le ferment de garder, comme loi fondamentale du
royaume, l'édit d'union avec la ligue. En vain il fit protefter dans les chambres, par l'organe de quelques
membres de fon confeil, contre cette manifeftation
inconvenante d'un doute fur la fincérité de fes inten-

---

[1] *Effats de France*, 11e part., pages 69 & 70.

tions ; tout ce qu'il put obtenir, pour ne point bleffer des hommes déjà fi peu favorables, ce fut de remettre à une autre féance cette nouvelle preftation de ferment [1].

Enfin, le 16 octobre, tous les députés, réunis dans la cour du château, furent appelés avec les mêmes cérémonies qui avaient été obfervées en 1576. On avait cependant changé quelque chofe à la difpofition de la falle des Etats. Entre la troifième & la quatrième colonne on avait dreffé un *haut daiz en forme d'échafaud*, au milieu duquel était un grand marchepied, & fur ce marchepied une petite eftrade pour la chaire du roi. Au côté droit, fur le grand marchepied, était la chaire de la reine-mère ; à gauche, celle de la reine femme du roi. Derrière Leurs Majeftés, fe tenaient les capitaines des gardes &, tout le long de l'échafaud, les *Deux-Cents-Gentilshommes à becs de corbin*.

A main droite du roi, fur la grande eftrade, il y avait deux bancs *endoffés* & couverts de velours violet, femé de fleur-de-lys d'or ; l'un, proche de Sa Majefté, pour les princes du fang, le cardinal de Vendôme, le comte de Soiffons & Monfieur de Montpenfier ; l'autre, auprès de la barrière, pour les ducs de Nemours, de Nevers & de Retz. Vis-à-vis de ces bancs, à main gauche, avaient été placés les cardinaux de Guife, de Lenoncourt & de Gondy, & derrière eux les évêques de Langres & de Châlons, pairs d'Eglife.

Devant la grande eftrade, fous le même *haut daiz*,

[1] *Recueil des Etats-Généraux ;* voir le procès-verbal du tiers-état, tome I V, pages 120 & fuivantes.

17

& fur une chaire à bras non endoffée, était affis le duc de Guife, le dos tourné au roi, la face vers le peuple ; parallèlement à lui, était M. de Montholon, garde-des-fceaux. La place aux pieds du roi, réfervée au duc de Mayenne, comme grand chambellan de France, & celle des maréchaux, fur le dernier degré de l'eftrade, demeurèrent vides.

En face du roi, on voyait la table des quatre fecré-taires d'Etat, où Ruzé de Beaulieu & Révol, feuls, fi-guraient ; devant eux, étaient les hérauts d'armes, à genoux & tête nue. A chaque côté de cette table, on avait rangé les fiéges de *meffieurs des affaires du roi ;* à droite, M. de Bellegarde, premier gentilhomme de la chambre, l'archevêque de Lyon, Miron, premier mé-decin ; à gauche, Loignac, auffi premier gentilhomme de la chambre, MM. d'Efcars, de Soubife & d'O, ces trois derniers, commandeurs de l'ordre du Saint-Ef-prit. Les confeillers de robe longue & de robe courte étaient fur des bancs en large, à l'extrémité de ceux de *meffieurs des affaires.*

Derrière les confeillers de robe longue, à droite & à gauche du roi, les députés du clergé & ceux de la nobleffe avaient pris place. Une grande & forte bar-rière, haute de trois pieds, faifait le tour de la falle, & les fiéges du tiers-état y étaient adoffés. On avait feu-lement ménagé une ouverture, en face du roi, par la-quelle entraient les députés.

Au dehors de la barrière, un efpace de fix pieds était réfervé, pour *l'aifance du paffage & pour appuyer le peuple.* Le légat, les ambaffadeurs, les feigneurs & dames de la cour étaient dans des galeries fermées de

jaloufies ; fous les galeries, des gradins s'étendaient,
deftinés à recevoir un grand nombre de perfonnes.

Quatre cent onze députés furent fucceffivement appelés & placés felon le rang de leurs provinces, par
meffieurs de Roddes & de Marle, maîtres des cérémonies. Le clergé comptait cent trente-quatre membres,
parmi lefquels quatre archevêques, vingt-un évêques
& deux chefs d'ordre, tous vêtus de leurs rochets, fur-
plis & camails. La nobleffe, qui devait réunir plus tard
cent quatre-vingts repréfentants, n'en avait alors que
quatre-vingt-feize. Le tiers n'avait que dix de fes membres en retard, & comptait cent quatre-vingt-un députés préfents. La robe longue, le petit bonnet carré
de ces derniers &, fur leur manteau, la double croix
blanche de la ligue, contraftaient avec la cape de velours, le chapeau à plumes & le riche & brillant atti-
rail de ceux de la nobleffe & de la cour [1].

Le duc de Guife fixait tous les regards. « Il eftoit,
« dit Mathieu, habillé d'un habit de fatin blanc, la
« cappe retrouffée à la bijarre, perçant des yeux toute
« l'efpeffeur de l'affemblée, pour recongnoiftre & dif-
« tinguer fes ferviteurs, &, d'un feul eslancement de fa
« veuë, les fortifier en l'efpérance de l'advancement
« de fes deffeins, de fa fortune & de fa grandeur, &
« leur dire, fans parler : Je vous voy [2]. » Lorfque toute
l'affemblée fut réunie, il fe leva, fit une grande révérence, puis, fuivi des Deux-Cents-Gentilshommes &
des capitaines des gardes, il alla chercher le roi.

[1] *Eftats de France*, II⁰ partie,   [2] *Journal* de P. Mathieu, f⁰
pp. 69 & fuiv.   117.

Henri III defcendit par le petit efcalier qui aboutif-
fait à l'eftrade du trône. Il entra, plein de majefté,
portant fon grand ordre au cou [1]. A fon arrivée, tous
les députés fe levèrent. Quand il eut pris place, le
roi commanda aux princes & à ceux du confeil de
s'affeoir. Puis, tous les députés reftant debout, il
commença fon difcours, fuivant le compte-rendu de
cette cérémonie, par un *grave choix de beaux mots*.

« Je commenceray, dit-il, par une fupplication à
« noftre bon Dieu, du quel partent toutes les bonnes
« & fainctes opérations, qu'il luy plaife m'affifter de
« fon Sainct-Efprit, me conduifant comme par la main,
« en cet acte fi célèbre, pour m'acquitter de ce que
« j'entreprends, auffi dignement que l'œuvre eft
« faincte, défirée, attenduë & néceffaire pour le bien
« univerfel de mes fujets. » Il gémit enfuite fur la *défolation, foule & oppreffion* de fon pauvre peuple, en
déplorant de n'avoir pas été fecondé de tous comme
il le fut de la reine-mère dont les foins, les labeurs &
l'amour, *malgré les indifpofitions & les incommoditez
mefmes de fon aage*, avaient tant de fois confervé l'Etat,
qu'elle ne devait pas avoir feulement le nom de
mère du roi, mais auffi de mère du royaume.

Il protefta enfuite de fes défirs d'arriver, avec l'aide
des députés, à détruire les vices & les abus que le
long efpace de temps & la négligente obfervation des
ordonnances avaient laiffé prendre pied dans le gouvernement.

Après avoir fait l'éloge de l'inftitution des Etats &

---

[1] L'ordre du Saint-Efprit, fondé par Henri III en 1578.

parlé de la monarchie, *qui entre toutes les fortes de gou-*
verner & commander aux hommes excelle les autres, il fit
allufion au changement de fes miniftres, en paraiffant
attribuer à leur négligence une partie des maux auxquels la France était en proie. « Mais je vous affeure
« bien, ajouta-t-il, que j'auray tellement l'œil fur ceux
« qui me ferviront à l'advenir, que ma confcience en
« fera defchargée, mon honneur accreu & mon Eftat
« reftauré..... & forceray ceux, lefquels toutefois,
« contre la raifon, ont mis leur affection en autre en-
« droit qu'au mien, de recongnoiftre leur erreur. »

Paffant enfuite au fait de la religion, il protefta que
l'honneur de Dieu lui était plus cher que la vie, &
que, comme roi, il avait plus d'intérêt que perfonne à
l'extirpation de l'héréfie. Il exprima la crainte de voir
tomber le royaume fous la domination d'un roi hérétique, « s'il advenoit que Dieu le défortunaft tant que
« de ne luy point donner lignée ! » Venant alors à
parler du faint édit d'union, il promit d'en renouveler
le ferment, à la féance du mardi fuivant, & d'en faire
une des lois fondamentales du royaume.

Enfuite il ajouta : « Par mon fainct édict d'union,
« toutes autres ligues, que fous mon authorité, ne fe
« doivent fouffrir..., ni Dieu, ni le devoir ne le per-
« mettent...; car toutes ligues, affociations, pratiques,
« menées, intelligences, levées d'hommes & d'argent,
« & réception d'iceluy, tant dedans que dehors le
« royaume font actes de Roy, &, en toute monarchie
« bien ordonnée, crimes de lèze-Majefté, fans la per-
« miffion du fouverain. Je veux bien..., tefmoignant
« ma bonté accouftumée, mettre fous le pied, pour ce

« regard, tout le paffé, mais comme je fuis obligé, &
« vous tous, de conferver la dignité royale, je déclare
« que je confirme dès à préfent pour l'advenir.....,
« attaints & convaincus du mefme crime de lèze-Ma-
« jefté, ceux de mes fujets qui ne s'en départiront, ou
« y tremperont fans mon adveu... Je me le dois & à
« mon royaume ; vous me le devez & à l'Eftat que
« vous repréfentez, & je vous en femonds devant le
« Dieu vivant. »

Henri III parla enfuite de la queftion des finances,
en priant les députés de pourvoir aux dettes de l'Etat,
& promit de porter tel ordre & règlement en fa perfonne & en fa maifon, « qu'ils ferviroient de patron &
« d'exemple à tout le refte du royaume. »

A la fin de fa harangue, le roi fe montra plus humble & fit une forte de profeffion de foi fort curieufe,
en promettant obéïffance aux lois & règlements qui
feraient arrêtés par les Etats. « Que s'il femble, dit-il,
« qu'en ce faifant, je me foufmette trop volontaire-
« ment aux loix dont je fuis l'autheur, & qui me dif-
« penfent elles-mefmes de leur empire, & que par ce
« moien je rende la dignité royalle aucunement plus
« bornée & limitée que mes prédéceffeurs, c'eft en
« quoy la vraie générofité du bon prince fe congnoift,
« que de dreffer fes penfées & fes actions felon la
« bonne loy, & fe bander de tout à ne la laiffer cor-
« rompre. Et me fuffira de refpondre, ce que dit ce
« Roy à qui on remonftroit qu'il lairroit la royauté
« moindre à fes fucceffeurs qu'il ne l'avoit reçeue de
« fes pères, qui eft qu'il la leur lairroit plus durable &
« plus affeurée. »

Alors, il conjura les Etats de travailler au falut *uni-verfel*, dégagés de toute autre paffion que de celle du bien public, & finit en les menaçant, s'ils en ufaient autrement, « de les adjourner à comparoiftre au dernier « jour devant le juge des juges, là, dit-il, où les in-« tentions & les paffions fe verront à defcouvert, là où « les mafques des artifices & des diffimulations feront « levez, pour recevoir la punition que vous encour-« rez de voftre défobéiffance envers voftre Roy, & « de voftre peu de générofité & loyauté envers fon « Eftat [1]. »

On avait attribué à Morvillier la harangue du roi aux Etats de 1576; l'abbé, depuis cardinal du Perron, paffa pour être l'auteur de celle de 1588 [2]. Cependant, en comparant la faibleffe des autres orateurs de cette époque, même les plus en réputation, l'enflure & le ridicule de leurs difcours, avec l'éloquence, l'adreffe & le bon goût des harangues royales, on eft tenté de laiffer tout l'honneur de celles-ci à Henri III.

Si la nobleffe & la dignité du roi féduifirent toute l'affemblée, la vigueur de fes paroles & les allufions qu'il n'avait pas cherché à ménager, cauffèrent au duc de Guife & aux repréfentants des Seize une agitation qui fut mal contenue.

Après le roi, le nouveau garde des fceaux, Montholon, prit la parole & commença un interminable difcours, par une lourde amplification fur l'origine & les avantages des affemblées générales, depuis Salomon &

[1] *Eftats de France*, 11° partie, pp. 81 à 95.
[2] *Vie du cardinal du Perron*, p. 53, édition de 1768.

les druides, jufqu'à Louis XII ; il développa longuement les projets du roi d'extirper les vices & abus du
royaume, parla de la bonté du monarque & de fa mère,
& finit en exhortant les Etats à refter unis & à ne point
défaillir à Dieu, au roi, & au pays [1].

L'archevêque de Bourges répondit au nom du
clergé. Son difcours eft celui du plus grand pédant
qui fût alors en France. Il remercia le roi d'avoir fait
entendre « fa douce & agréable voix & parole, ornée
« de la féconde éloquence d'Ulyffe & des graves fen-
« tences de Neftor. » Le favant prélat trouva moyen
de parler auffi d'Hercule, de Théfée, de Moïfe & du
grand capitaine Jofué ; de Daniel, de Nabuchodono-
for, de Cyrus & d'Artaxercès ; de Mithridate, de Dé-
métrius, &c. Il montra au roi fes fujets qui, après avoir
levé les mains en haut, attendant la miféricorde de
Dieu, ouvraient aujourd'hui les bras pour embraffer
les jambes de Sa Majefté, & fe livra fans mefure à un
vain étalage d'érudition indigefte qui était, du refte, fi
fort à la mode alors, que de Thou lui-même parle
avec une forte de complaifance de l'*excellent* difcours
de l'archevêque [2].

M. de Beaufremont-Senecey adreffa enfuite au roi

---

[1] Remonftrance faite par monfeigneur le garde-des-fceaux de France, en l'affemblée des Eftats ; aux *Eftats de France*, IIe partie, pp. 99 à 124.

[2] Remerciement fait au roi par monfeigneur l'archevefque de Bourges, patriarche, primat d'Aquitaine, fur la propofition faite par Sa Majefté, pour la déclaration de fa bienveillance envers fes fujets ; aux *Eftats de France*, IIe partie, pp. 124 a 137. — De Thou, tome X, livre XCII, p. 389.

fon *remerciement*, au nom de toute la nobleffe, &, après
lui, La Chapelle-Marteau, au nom du tiers. Les difcours de ces derniers orateurs contraftent, par leur
brièveté & leur clarté, avec les éternelles divagations
de Meffieurs de Bourges & de Montholon.

Cette féance, où *l'honneur de bien dire* avait encore
été pour Henri III, laiffa, dans l'efprit du duc de Guife
& de fes partifans, des préoccupations d'autant plus
vives, qu'ils apprirent le projet du roi de livrer à l'impreffion fa harangue, où toutes leurs manœuvres avaient
été dévoilées avec tant de franchife & condamnées
avec tant de vigueur. Ils réfolurent d'empêcher une
publication fi dangereufe pour leurs intérêts. Le cardinal de Guife députa donc vers Henri III d'Efpinac,
archevêque de Lyon. Ce prélat, homme réfolu & dévoué aux Guife, ne craignit pas de demander au roi la
fuppreffion de toutes les parties de fon difcours qui
paraiffaient témoigner pour les défenfeurs de la
fainte ligue des défiances, des reffentiments, ou des
menaces.

Henri III refufa d'abord avec énergie ; mais d'Efpinac lui fit entrevoir que, s'il perfiftait dans fon obftination, tous les repréfentants de l'union, c'eft-à-dire
la grande majorité des députés, protefteraient par leur
départ contre les paroles outrageantes prononcées
contre la ligue. La reine-mère vint appuyer par fes
confeils les follicitations du prélat ; Henri III eut donc
recours à la diffimulation, & confentit aux changements demandés. L'Eftoile affure que, pendant cette
rétractation, « il furvint une fi grande obfcurité par
« un orage, qu'il fallut allumer la chandelle pour lire

« & efcrire : ce qui fit dire que c'eftoit le teftament
« du Roy & de la France qu'on efcrivoit, & qu'on avoit
« allumé la chandelle, pour lui voir jetter le dernier
« foupir [1]. »

L'imprimeur chez lequel le duc de Guife avait eu
foin, même avant la miffion confiée à d'Efpinac, d'envoyer des gardes pour empêcher la fortie des exem-
plaires déjà tirés, reçut ordre de corriger tout ce qui
avait été mis fous preffe.

Cet événement peut donner une idée de la nature
des exigences que les *Lorrains* ne craignaient pas de
manifefter, en oppofant fans ceffe leur influence &
leur autorité à celles du monarque. D'un autre côté,
l'état d'irritation qu'ils entretenaient continuellement
dans l'efprit de Henri III leur fut plus fatal, peut-être,
que ne l'eût été une démonftration plus franche & plus
hardie de leurs prétentions ambitieufes. Malgré la ré-
paration qui lui était faite, le duc de Guife ne chercha
pas à diffimuler fon mécontentement ; ce qui faifait
écrire à Pafquier, au fujet de la rétractation du roi :
« C'eft aucunement guérir la playe, mais non ofter la
« cicatrice. Quant à moy, toute cette première dé-
« marche ne me plaift ; je ne fçay quelle fera défor-
« mais leur efcrime [2]. »

---

[1] *Journal de l'Eftoile*, t. II,
page 130.

[2] *OEuvres d'Eft. Pafquier*,
t. II, livre XIII, col. 360. — De
Thou, t. X, p. 392. — Palma
Cayet, pp. 223 & fuivantes. —
Nous avons cru devoir fuivre
ces autorités ; cependant Davila, t. II, p. 370, prétend que,
malgré les prières de l'archevêque de Lyon, Henri III ne
confentit à faire aucun changement à fon difcours. « Pour
« moi, dit-il, qui y affiftai, je

Henri III prit enfuite la parole & prêta le ferment.
Il fut répété avec acclamation par toute l'affemblée,
les eccléfiaftiques en mettant les mains à la poitrine, &
tous les autres en levant les mains au ciel.

Le roi voulut qu'on en dreffât acte, pour fervir de
mémoire perpétuelle d'un œuvre fi folennel. Il témoigna
enfuite le défir qu'il avait de clore la féance afin de
pourvoir à tous fes fubjets fur leurs plaintes & doléances,
& promit de « ne fe départir de la ville de Blois juf-
« qu'à l'entier parachèvement de la tenue des Eftats,
« ordonnant pareillement à tous ceux de l'affiftance
« de ne s'en départir aucunement. » La féance fut levée au milieu des plus vifs applaudiffements.

Le roi quitta la falle, & fe rendit en grande pompe
à l'églife Saint-Sauveur pour entendre le *Te Deum.* Il
était accompagné des princes & princeffes, des cardinaux & prélats & des députés des trois ordres. Le
peuple fuivait en foule, aux cris de Vive le roi[1] ! Ce
fut une démonftration générale d'allégreffe qui paraiffait attefter une réconciliation ; car Henri III, s'adreffant à La Chapelle-Marteau, après la cérémonie du *Te
Deum,* lui dit avec bienveillance : « Qu'il oublioit,
« pour le bien commun des catholiques, l'offenfe
« grande des Parifiens ; mais de prendre garde que

« puis dire qu'il fut imprimé
« mot pour mot, tel qu'il avait
« été prononcé. A la vérité,
« toutes ces paroles, dénuées
« du gefte & du jeu de l'action,
« n'eurent plus fur le papier la

« même force qu'on y avait
« trouvée d'abord. »

[1] *Eftats de France,* ii* partie,
pp. 161 à 164.—Palma Cayet,
p. 229. — De Thou, t. X,
p. 196. — Davila, t. II, p. 371.

« Paris ne fe laiffaft aller à une recheute qui feroit
« mortelle & irréparable [1]. » On peut croire auffi
qu'en préfence de la néceffité de renouveler le ferment de la ligue, Henri III avait voulu donner à cette
cérémonie une importance qui dût, en le liant lui-
même, lui garantir la fidélité & la foumiffion des ligueurs. Il s'était, dans chacun de fes derniers actes,
précautionné, par quelques réferves, contre l'éventualité d'une rupture, & ces réferves fuffifaient pour
juftifier & autorifer, à fes yeux, les mefures de répref-
fion que plus tard il pouvait être obligé de prendre.

Si on remarque une forte de faibleffe & de timidité
dans les conceffions qui lui font fucceffivement arra-
chées depuis fon arrivée à Blois, on eft obligé de reconnaître auffi un grand efprit de fuite & une réelle
habileté dans tous les actes de fa politique à l'égard
des Guife & de la ligue. Mou & indolent dans l'adminiftration des affaires, Henri III ne manquait pas,
quand il en était befoin, de coup d'œil & de fineffe. Il
avait une habileté peu commune à fe tirer d'une pofition difficile. Quand il en était réduit à quelque mefure importante de gouvernement, il favait avec adreffe
la revêtir de toutes les formes de la juftice, & en faire
partager aux autres la refponfabilité. C'était là, du
refte, les feules qualités politiques des enfants & des
élèves de Catherine de Médicis.

Les dernières démarches auxquelles le roi s'était ré-
figné lui donnaient le droit d'efpérer à fon tour quelques démonftrations qui témoignaffent, de la part des

---

[1] P. Mathieu, livre IV, folio 129.

députés, la même intention de fceller la réconciliation générale. Mais, comme aux Etats de 1576, les premières opérations des trois chambres ne furent, au contraire, infpirées que par un fentiment irréfléchi de malveillance pour le monarque. Dans la chambre du tiers, on propofa d'abord de procéder par réfolution, au lieu de foumettre à la fanction royale les décifions de l'ordre. Dans le clergé, on n'héfitait pas, en difcutant l'adoption du concile de Trente, à demander qu'on ôtât au roi, malgré fon titre de chef & protecteur de l'Eglife gallicane, les nominations aux évêchés & aux abbayes, & d'autres droits encore, de tout temps appartenant à la couronne. Ces diverfes propofitions furent, il eft vrai, rejetées ; mais elles fuffifaient pour faire connaître au roi l'efprit qui animait les Etats. La nobleffe apportait plus de modération ; néanmoins elle ne paraiffait pas vouloir protefter contre les mefures violentes foumifes aux deux autres chambres [1].

Chaque jour le roi recevait quelques remontrances nouvelles. Rédigées par de furieux ligueurs, ces remontrances avaient toute l'allure de pamphlets politiques les plus violents. Ni les reproches, ni les menaces n'étaient ménagés au fouverain. On ne craignait pas de le prévenir que le peuple catholique *eftoit merveilleufement refroidi de l'amour qu'il portoit jadis, fur toute autre nation, à fes princes* [2].

De graves réfolutions ne tardèrent pas à rendre en-

---

[1] *OEuvres de Pafquier*, t. II, liv. XII, let. 3.

[2] *Mémoires de la Ligue*, tome III, pages 101 à 111. — *Journal* de P. Mathieu, livre IV, folio 130.

core plus manifeſte le peu de reſpeĉt des Etats pour la
majeſté royale. Une requête adreſſée par les proteſtants, pour réclamer des priviléges qui leur avaient
été aſſurés dans pluſieurs édits précédents, excita une
agitation générale. Elle provoqua de la part du clergé,
dans ſa ſéance du 4 novembre, une réſolution unanime
tendant « à faire déclarer le roy de Navarre hérétique,
« relaps, criminel de lèze-majeſté divine & humaine,
« indigne, luy & ſa poſtérité, de la ſucceſſion & de
« tous droits au royaume. » La nobleſſe & le tiers
adoptèrent cette déclaration, & des commiſſaires furent députés à Henri III, pour obtenir ſa ſanĉtion
royale.

Sans rejeter la propoſition, Henri III demanda qu'a-
vant de procéder juridiquement contre le roi de Navarre, on fît auprès de lui une dernière démarche,
pour le ſommer de rentrer dans le giron de l'Egliſe
catholique. Il ajouta que cette tentative lui paraiſſait
devoir être, il eſt vrai, ſans réſultat, mais qu'elle n'é-
tait pas moins néceſſaire, pour conſerver à l'égard du
premier prince du ſang, & dans une circonſtance auſſi
grave, toutes les formes de la juſtice & de la raiſon.

Les commiſſaires furent congédiés, avec l'ordre de
délibérer de nouveau ſur cette affaire. Les exaltés ligueurs, ſans égard pour les avis du roi, ne tinrent
compte d'aucune des conſidérations qui pouvaient mi-
liter en faveur du Béarnais. Entraînés par le clergé,
les deux autres ordres réſolurent donc d'une commune voix « que l'édit d'union ayant été juré, le roy
« de Navarre portant encore les armes contre Dieu &
« ſon Egliſe, ayant été excommunié, l'on ne devoit

« plus ufer de recherches, & que fon héréfie & inca-
« ·pacité à la couronne eftoient affez manifeftes. »

La même députation fut chargée de porter au roi
cette décifion nouvelle. Henri III témoigna le regret
que fes intentions n'euffent pas été fuivies ; puis il
répondit que, ne voulant toutefois s'oppofer au fentiment général des Etats, il fongerait à faire dreffer la
déclaration dans le fens défiré par les chambres [1].

Il était difficile à Henri III de ne pas attribuer au
duc de Guife cette nouvelle manœuvre des Etats, & de
ne pas y voir un moyen d'aplanir les voies qui pouvaient le conduire au trône. Malgré fa haine fincère
contre les hérétiques, Henri ne voyait pas fans effroi
cette atteinte publiquement portée aux lois fondamentales de la fucceffion à la couronne, & s'il diffimulait,
aux yeux des Etats, ce que lui faifait éprouver l'incon-
venance d'une difcuffion bafée fur l'éventualité de fa
mort & fur fon impuiffance à donner des héritiers au
trône, il fouffrait cruellement de renoncer à l'idée
d'une alliance avec le roi de Navarre, le feul homme
dont les intérêts fuffent affez femblables aux fiens, pour
lui fervir, un jour, de défenfe & d'appui contre les
tentatives des Guife.

Un événement inattendu, attribué encore aux machinations de ces derniers, vint compliquer la pofition,
déjà fi difficile, du malheureux monarque. Le duc de
Savoie, profitant des défordres de la France & des préoccupations fufcitées au gouvernement royal par les

---

[1] P. Mathieu, livre ɪᴠ, fᵒ¹ 139 pp. 422 & fuiv. — Davila,
& fuivants. — De Thou, t. X, t. II, p. 378.

affaires religieufes, s'était emparé, fous les plus in-
juftes prétextes, du marquifat de Saluces, le dernier
débris des anciennes poffeffions de la France en Italie.
Cette nouvelle produifit dans les Etats des mouvements
divers. La nobleffe, qui fe regardait comme dépofi-
taire du vieil honneur de la France, fit éclater une vive
indignation. Elle déclara que le roi ferait fupplié de
venger au plus tôt l'injure faite à la couronne, demandant qu'on fît trève aux difcuffions intérieures.

L'élan imprimé par la nobleffe fut tellement vif, que
les deux autres ordres s'y laiffèrent entraîner. Le duc
de Guife n'ofa lui-même foulever aucune oppofition.
Ses liaifons, bien connues, avec le duc de Savoie & le
roi d'Efpagne faifaient planer fur lui des foupçons qu'il
lui était difficile de braver; car, dans cette occafion,
il ne s'agiffait plus de parti, mais de l'honneur national.
Il parut donc encourager lui-même les difpofitions
belliqueufes, fi ardemment manifeftées par la nobleffe.
La guerre fut réfolue, mais, avant de la déclarer, le
roi, avec cette circonfpection dont les circonftances
lui faifaient une néceffité indifpenfable, envoya auprès
du duc de Savoie Jean d'Angennes de Poigny, pour le
fommer de rendre les places dont il s'était emparé.

Si Henri III voyait dans toutes ces complications
d'événements les conféquences des intrigues du duc
de Guife & des ligueurs, ces derniers, de leur côté, en
accufaient l'indolence du monarque, la faibleffe & l'incapacité de fon confeil. Ils ne tardèrent même pas à
répandre parmi le peuple, pour paralyfer l'élan général, que ces prétendus griefs de la France contre le
duc de Savoie n'étaient que le réfultat d'une combi-

naifon entre ce prince & Henri III, dans le but de
divifer, fous le prétexte d'une guerre hors du royaume,
les forces réfervées contre les proteftants [1].

Henri III, fe trouvant placé dans l'obligation d'une
double guerre, vit avec douleur les Etats répondre à
fa demande de deux millions pour armer contre les
hérétiques, par un *tolle* général contre *les gens de finance, partifans, courtiers d'offices & autres de la même
qualité*, en leur attribuant tout le défordre du tréfor.
Le duc de Guife trouva même, dans cette circonftance,
une occafion d'augmenter encore cette popularité qui
fervait fes projets, en faifant décider par les Etats
qu'ils procéderaient, avant tout, à la recherche des
moyens de foulager la mifère du peuple.

Le 25 novembre, les trois ordres, en corps, fe rendirent au château pour demander le *retranchement &
réduction de toutes tailles & impofitions établies depuis
1577*, mais feulement par forme de furféance & de
provifion, jufqu'à ce qu'il eût été voté d'autres re-
fources pour fubvenir aux dépenfes de guerre. Monfeigneur de Bourges, chargé comme orateur du clergé
de porter la parole, trouva moyen, malgré la fpécialité du fujet, de parler grec & latin & de refter digne
de fa réputation du plus favant prélat de France. Son
difcours, au furplus, eft empreint d'une modération &
d'une convenance qui font honneur au digne archevêque, lorfqu'on fonge aux exigences & aux paffions
de ceux dont il était l'organe.

---

[1] P. Mathieu, liv. IV, f°' 134 &   pp. 198 à 411. — Davila, t. II,
137.— De Thou, t. X, liv. XCII,   pp. 379 & fuiv.

Le roi répondit en peu de mots *qu'il feroit tel droit sur les requeftes, qu'un chacun feroit content.* Alors, quelqu'un de la compagnie fut affez ofé pour dire tout haut : *que toutes ces paroles n'eftoient que vent.* Au même inftant, le prévôt des marchands fomma le monarque, de la manière la plus formelle, de donner tout de fuite une réponfe catégorique, *parce qu'autrement ils eftoient tous réfolus de retrouver le chemin de leurs maifons.* Henri III parut ne pas avoir entendu le premier propos, bien qu'il eût été ouï de tous, & répondit à La Chapelle-Marteau qu'il eftimait les députés de fes provinces tous trop bons Français pour s'en vouloir retourner fans avoir parachevé leur bon œuvre, déjà fi bien commencé [1].

Dans les réunions qui fuivirent, le tiers-état réfolut de provoquer les mefures les plus efficaces contre les gens de finance & dans l'intérêt de la diminution des impôts. Henri III, de fon côté, crut parvenir à modifier ces difpofitions en cherchant à fe créer, dans le fein de cette chambre, des partifans & des ferviteurs. Il faifait venir au château les membres les plus influents, caufait familièrement avec eux fur la marche des affaires & fur fes projets de réforme ; en mêlant à fes demandes d'adroites promeffes, il ne négligeait aucune de ces prévenances toutes puiffantes de monarque à bourgeois. Le 27 novembre, dit Bernard, « le roi eut « envie de voir M. Couffin & moi..... Le fieur de Marle « nous vint prendre & entrâmes dans la chambre du

---

[1] *Journ. de Bernard,* p. 53. pp. 175 & fuiv. — Pafquier, — *Recueil des Eftats de France,* t. II, col. 363.

« roi, lequel nous trouvâmes feulement accompagné
« de M. de Lyon & du préfident de Neuilly. Il nous
« commença à dire la volonté qu'il avoit de nous fou-
« lager; qu'il vouloit régler fa maifon & la réduire au
« petit pied; que s'il avoit trop de deux chapons, il
« n'en vouloit qu'un : qu'il avoit trop de regret d'avoir
« vécu de la façon du paffé, & qu'avant de partir il
« nous promettoit un très-grand contentement. Mais
« que de le contraindre à réduire les tailles au pied
« de 1576, il eftoit impoffible que ce ne fût à la ruine
« de fa maifon & de fon eftat; qu'il confidéroit la
« guerre contre les hérétiques où il vouloit hafarder
« de fa perfonne; qu'il eftoit néceffaire d'avoir fonds
« pour ce regard, & que ce n'eftoit pas lui donner cou-
« rage de le faire que de lui retrancher fes moyens...
« Son propos fini, M. Couffin parla le premier; après
« lui le roi voulut que je parlaffe, ce que je fis lon-
« guement, avec toute franchife & refpect. Je lui dé-
« duifis tout au long les caufes de noftre requefte, les
« abus qui fe commettoient à la face des Eftats, le
« blâme que nous emporterions fi le peuple n'eftoit
« déchargé... Il me fit l'honneur de m'entendre pa-
« tiemment, & m'interrogea de quelques fujets faciles
« à réfoudre... Sur la fin de mon difcours, il nous dit :
« Je vois bien que nous tendons tous au même but,
« mais nous y venons par divers chemins.....¹. »

Henri III ne fe contenta pas feulement de cette démarche. Après avoir effayé de fe rendre favorables les
députés du tiers, il envoya, le 28 novembre, l'arche-

¹ *Journal de Bernard*, pp. 61 & fuiv.

vêque de Lyon, le partifan le plus dévoué de la Ligue,
demander en fon nom de furfeoir à la fuppreffion des
tailles, jufqu'à ce qu'on eût recours à un expédient
pour y fuppléer. Mais la communication de l'archevêque fut mal accueillie; le tiers déclara perfifter dans
fes réfolutions. Le clergé & la nobleffe fe réunirent
à lui.

Le roi fe réfolut à une dernière tentative auprès de
Bernard & de quelques autres. Le mercredi 30, il les
fit venir dans fon cabinet & leur dit qu'il voulait fe
plaindre à eux, comme à de fidèles & loyaux fujets, de
ce que fes bonnes volontés étaient méconnues; qu'il
voulait changer de conduite; que loin d'avoir intention de continuer fes prodigalités, « il n'avoit pas un
« fol, & que c'eftoit une honte que, dans fon confeil,
« l'on tirât la langue d'un pied de voir fes nécef-
« faires... » Il parla encore du danger de la réduction
des tailles, en difant que c'était vouloir perdre le roi
& le royaume. Pendant cet entretien, Henri III ache-
vait de s'habiller, & fit remarquer aux députés *qu'il
n'eftoit pas dépenfier en habits, & qu'il en portoit un toujours trois mois*[1].

La juftice de ces plaintes & de ces demandes du monarque ne fit aucune impreffion fur les Etats; ils déclarèrent de nouveau leur réfolution de fufpendre
leurs travaux, jufqu'à ce qu'on eût fait droit à leur requête. Henri III craignit que le départ des députés ne
lui fufcitât des embarras encore plus grands, il céda.

Le 3 décembre, les trois ordres fe réunirent dans fa

---

[1] *Journal de Bernard*, pp. 66 & fuiv.

chambre. L'archevêque de Bourges porta de nouveau la parole. Son difcours eft remarquable de modération & de convenance. Il voulut excufer les Etats de l'importunité de leurs fupplications, & rappela que « nof-« tre Sauveur apprenant à fes difciples la façon & « ufage de la prière, leur recommanda l'inftante & « plufieurs fois répétée oraifon à Dieu fon père. »

Le digne prélat fupplia auffi le roi d'autorifer l'établiffement d'une chambre de juftice pour informer contre les malverfations des mauvais miniftres & gens de finances. Ce tribunal devait fe compofer de vingt-quatre juges, choifis par le roi, dans les différents parlements du royaume, & par les Etats, entre les députés des trois ordres.

Henri III, avec cette nobleffe de parole & cette bienveillance de langage qui lui étaient habituelles, répondit en proteftant de fon amour pour fes fujets. Puis il dit aux députés : Je vous accorde vos requêtes. Alors chacun fe prit à crier Vive le roi, fans lui donner le temps de continuer; mais le bruit ceffé, il ajouta qu'il autorifait la diminution d'impôts, à la charge par les Etats de pourvoir à l'entretien de fa maifon, aux gages de fes officiers & aux exigences de la guerre. La promeffe fut faite par acclamation, & les députés fe retirèrent en grande *joie & allegreffe* [1]. Cette remife des tailles déchargeait le peuple, tout d'un coup, de deux millions fix cent foixante-fix mille écus, retranchés fur les impôts anciens & nouveaux. Lorfque la

---

[1] *Journal de Bernard*, pp. *Ejlats de France*, pp. 175 & 138 & fuivantes.— *Recueil des* fuivantes.

nouvelle fe répandit, toutes les cloches de la ville furent mifes en branle & des feux de joie partout allumés ;
ce fut une ivreffe générale[1] : mais la popularité du
roi ne s'en accrut pas. Les Etats, loin de fe croire
obligés à la reconnaiffance, célébrèrent comme une
victoire remportée fur un tyran ce bienfait, dû à la
débonnaireté du monarque. Enhardis par le fuccès,
non-feulement ils ne cherchèrent pas, dans le fein de
leurs délibérations, à remplir les promeffes d'argent
faites au roi ; mais ils demandèrent encore la fuppreffion de tous les tréforiers généraux, dont l'abus des
édits burfaux avait, il eft vrai, beaucoup augmenté le
nombre.

Cependant, quelque réforme que vouluffent les députés, Henri III ne fe laffait pas de demander de l'argent : c'était le *refrain où aboutiffoient toutes fes penfées.*
Les huguenots prenaient des villes & ravageaient le
pays, tandis que les armées catholiques étaient fans
folde & fans moyens de guerre. Les Etats furent fom-
més de pourvoir à leurs befoins. Le roi déclarait, en
même temps, que fa maifon était dans une pénurie
telle que fon pourvoyeur lui avait déclaré qu'il quitterait l'entretien & la fourniture de fa table, & fes chantres qu'ils ne chanteraient plus, qu'ils n'euffent leurs
gages[2]. Mais les Etats ne répondirent que par des refus
ou des mefures infignifiantes. En vain Henri effaie-t-il de
nouveau fon influence perfonnelle, en mandant auprès
de lui les membres les plus influents des chambres, en

[1] De Thou, *Hift. univ.*, t. X, quier, tome II, colonne 363.
page 435. — OEuvres de Paf-   [2] *Journal de Bernard*, p. 80.

vain defcend-il à d'humbles fupplications & prie-t-il tous les députés *de ne fe roidir ainfi en toutes chofes contre lui*, il n'obtient que des refus & ne reçoit que des témoignages de mépris [1].

En effet, à ces embarras politiques fufcités au roi, avec la brutalité de formes des grandes majorités & toute l'inconféquence fyftématique de l'efprit de parti, fe joignaient des déboires plus cruels encore. Si la puiffance du monarque était chaque jour méconnue, chaque jour auffi la dignité de l'homme était froiffée. Tout ce que la haine peut amaffer de calomnies, la paffion d'injures, la critique de ridicules, était déverfé fur Henri de Valois; fon nom donnait lieu à d'ignobles anagrammes; fes goûts, fes habitudes, fes affections provoquaient les plus outrageantes fatires. Les écrivains, dans leurs pamphlets, le pourfuivaient lui & les fiens d'invectives fanglantes; dans leurs fermons, les prédicateurs excitaient le peuple à la fédition, & lui repréfentaient le roi comme un tyran & un fuppôt du diable [2].

Cependant, à côté de cette autorité royale fi abaiffée, à côté de ce nom livré au mépris, s'élevait une autre autorité, fe popularifait un autre nom. Henri de Guife grandiffait de tout l'aviliffement où était tombé Henri de Valois. Logé au château, avec une foule de ferviteurs & d'amis qui criaient haut leur titre de *guifards*, il paraiffait plus roi que le roi de France. Si

---

[1] Pafquier, liv. xiii, let. 3, col. 364.

[2] *Mém. de Nevers*, t. II, p.

100. — *Preuves de L'Eftoile*, t. III, p. 388. — Pafquier, t. II, let. 3, col. 364.

Henri III s'abaiffait à d'humiliantes démarches auprès
des Etats de fon royaume, s'il avait recours vis-à-vis
des bourgeois du tiers à des prières & à des flatteries, il
voyait, dans fon propre palais, le nom de Guife craint
& vénéré, les ordres de Guife partout obéis, les appartements de Guife toujours remplis des principaux
membres des Etats, hautains & infolents en préfence
du roi de France, courtifans dévoués auprès du *roi
de Paris*. Chaque jour le duc expédiait des courriers
par devers un tas de mutins, tandis que Henri III ne pouvait acheminer fes dépêches aux lieutenants des provinces ou aux commandants de fes armées, faute de
cent écus pour gages des courriers. Dans ces mêmes
Etats, rien ne fe réfolvait fans l'adhéfion de Guife ;
il imprimait une direction à tous les votes. Si la débonnaireté du monarque fe témoignait par quelques
conceffions bienveillantes, la reconnaiffance publique
était pour Guife; mais, tout-puiffant pour arracher
quelque facrifice au roi en faveur du peuple, Guife fe
difait fans influence quand le roi le priait d'intervenir
dans fes luttes perpétuelles avec les Etats [1].

Pour arriver à cette puiffance, les Lorrains ne cherchaient pas des voies d'adreffe ou de diffimulation.
Leur rivalité fe manifeftait au grand jour, en préfence
du monarque, comme en préfence du peuple. Leur
conduite privée témoignait de l'abfence de tout refpect, comme leurs actes publics décelaient leurs vues
ambitieufes. En parlant du roi, ils ne fe fervaient que
d'injurieufes dénominations, & la ducheffe de Mont-

[1] *Journal de Bernard*, page   *Pafquier*, livre XIII, lettres ;
67. — *OEuvres d'Eftienne* & 6.

penfier, au milieu des propos les plus violents, montrait à toute la cour fes petits cifeaux d'or, deftinés à faire la tonfure de moine à *frère Henri de Valois*. S'il s'adreffait au monarque, le duc de Guife parlait en maître qui veut être obéi, & de toutes les caufes qui déterminèrent fa perte, ce ton d'autorité & de violence, ces airs de hauteur, en bleffant l'irritable & orgueilleux Valois, ne furent pas les moins influentes.

Quel était donc le but de cet homme qui, d'abord chef avoué d'une faction affez audacieufe pour affiéger le roi de France dans fon palais, affez puiffante pour le chaffer de fa capitale, élevait chaque jour fon autorité fur les ruines de l'autorité royale, avait fa cour, fon confeil, fes gardes, faifait acte de fouverain dans la conduite des affaires, & enfin, avait marché fi vite, depuis quelques mois, qu'il femblait vouloir difpofer des Etats *pour leur faire fceller le contrat d'une royauté nouvelle* [1] ? Ce but, perfonne ne l'ignorait. On parlait publiquement des projets du duc de Guife, de conduire Henri III à Paris & de fe faire le Charles-Martel d'un nouveau Chilpéric, en rétabliffant l'autorité & le pouvoir des anciens maires du palais. D'ailleurs, au milieu des dangers qui le menaçaient, Henri III avait des efpions fidèles & des ferviteurs zélés qui l'avertiffaient de tout ce qui fe paffait chez les deux frères lorrains, dans le fein des Etats, & même à Paris, dans les réunions des ligueurs. C'eft ainfi que le maréchal d'Aumont lui avait rendu compte d'un entretien où Guife avait effayé de corrompre ce vieil & fidèle ami du roi [2].

[1] P. Mathieu, liv. iv, f° 143.   [2] De Thou, t. X, p. 446.

Le duc d'Epernon mandait à Henri III tous les détails des machinations du duc de Guife, & ce qu'il y a
d'extraordinaire, c'eft que le duc de Mayenne avait
révélé au roi les deffeins audacieux de fon frère. Le
duc d'Aumale était auffi au nombre de fes dénoncia-
teurs. L'ambition du duc de Guife effrayait, en effet,
quelques membres de fa famille. A une époque où la
majefté royale, malgré l'aviliffement où Henri III
l'avait laiffée defcendre, était l'objet d'un culte facré, il
fallait tout l'entraînement d'une ambition aveugle pour
ofer entreprendre ou appuyer des attaques directes
ou perfonnelles contre un roi de France. Plufieurs
des Lorrains refufaient donc de s'affocier aux projets
révolutionnaires de leur aîné, &, à côté de cette faction toute-puiffante que dirigeait le duc de Guife, ils
avaient formé une autre faction, forte de tiers-parti,
qui, fidèle toutefois à la Ligue, ne voulait ni déchéance
de Henri III, ni fubftitution de dynaftie. Peut-être
auffi, jaloux de cette grandeur où afpirait le Balafré,
ne voyaient-ils pour eux, dans ces éventualités, que
des fuccès fans profit ou des périls fans gloire. Cette
faction avait pour chefs : Charles, duc de Mayenne,
frère du duc de Guife ; Charles, duc de Nevers, fon
frère utérin ; Charles, duc d'Elbeuf; & Charles, duc
d'Aumale, fes coufins ; on l'appelait la faction *caroline* [1].
La ducheffe d'Aumale, qui, dès le commencement de
la ligue, s'était engagée à prévenir Henri III de tout
ce qui fe tramerait contre lui, venait de lui écrire que,

---

[1] De Thou, tome X, livre   Pafquier, tome II, lettre 6,
XCIII, pages 442 & fuiv. —   col. 371.

dans un confeil tenu à Paris, on avait réfolu de fe rendre maître de fa perfonne & de le ramener dans la capitale. Chaque jour, en outre, le roi apprenait l'arrivée des nombreux adhérents des Guife, qui s'établiffaient les uns à l'hôtel du duc, les autres dans les villages des environs de Blois [1].

Il ne s'agiffait donc plus pour Henri III d'une lutte politique avec fon adverfaire. Dans cette lutte, la monarchie légitime était fans force devant l'ufurpation. La queftion pour le roi était d'être ou de ne pas être. Il n'avait plus qu'à prévenir les coups qu'on allait lui porter : la mort du duc de Guife fut réfolue.

Mais le monarque avait la confcience de fa faibleffe & de fon ifolement. Il fentit la néceffité de trouver des confidents & de préparer filencieufement fa vengeance, fans détruire la fécurité naturelle de fon ennemi. Depuis longtemps, la dévotion fuperftitieufe de Henri III, fon humeur chaque jour plus fombre, fon goût pour la folitude & pour les pratiques religieufes les plus exagérées, & fouvent les plus extravagantes, affectaient douloureufement les fidèles ferviteurs de la monarchie, qui croyaient à la fincérité du prince. Mais s'ils voyaient les intérêts de l'Etat négligés pour des occupations peu royales, les Guife & les ligueurs, de leur côté, en profitaient pour s'immifcer plus avant dans l'adminiftration des affaires. Les habitudes toutes monacales du roi, en provoquant leurs continuelles mo-

---

[1] *Mémoire baillé par le roi à M. de Maiffe ;* V. L'Eftoile, t. III, p. 511. — *Mém. de Nevers,* t. II, p. 63. — L'hôtel de Guife, à Blois, fubfifte encore, rue Chemonton, n° 18.

queries, leur paraiffaient un acheminement naturel à leur projet de donner *le froc à frère Henri de Valois*. Mais Henri III perfiftait dans fon apparente inertie, afin de faire fervir à fes deffeins fecrets cette vie de retraite & de pratiques pieufes, qui femblait uniquement confacrée à faire taire les reproches de fa confcience. Il s'entoura de religieux de tous les ordres, & fit même diftribuer, dans les combles du château, de petites cellules pour des frères capucins. Indifférent aux affaires publiques, il femblait vouloir en abandonner le foin à fon coufin de Guife, avec qui il avait juré, le 4 décembre, fincère réconciliation & *oubliance de toutes querelles & fimultés paffées*, dans une pieufe cérémonie où le monarque & le fujet avaient reçu la communion fainte des mains du légat du pape [1].

On était arrivé au 18 décembre, la reine mère célébrait le mariage de Chriftine, fille du duc de Lorraine & fœur de la reine régnante, avec Ferdinand de Médicis, grand-duc de Tofcane. Charles, duc d'Angoulême, grand-prieur de France [2], avait époufé la princeffe au nom du grand-duc, & la cérémonie s'était faite dans la chapelle du château, avec cette pompe & ce luxe pour lefquels Henri III ne fe refufait jamais à

---

[1] *Journ. de L'Eftoile*, t. II, p. 136. — *Relation de Miron*, aux *Preuves* de L'Eftoile, tome III, page 473 de l'édit. 1744. — Un pamphlet du temps, après avoir parlé de cette communion, ajoute : « Voilà « bien cacheté une trahifon

« avec une cire du corps de « Jéfus-Chrift? » (*Hiftoire au vrai du meurtre proditoirement commis au cabinet d'un roi perfide & barbare, en la perfonne de M. de Guife*, 1589.)

[2] Il était fils naturel de Charles IX.

fatisfaire fa paffion, quelles que fuffent les préoccupations de fon efprit & l'état de fes affaires. Après vêpres,
il avait donné à Horace Ruccelai, que Médicis avait
envoyé en ambaffade extraordinaire pour régler les
conditions de fon mariage, un repas magnifique, où
affiftaient tous les autres ambaffadeurs étrangers.

Le foir, la cour était réunie dans les appartements
de la reine mère [1], Henri III profita de ce moment où
toutes les penfées étaient tournées vers le plaifir,
pour s'ouvrir à quelques amis fur les projets qu'il
avait conçus. Il appelle dans fon cabinet le maréchal
d'Aumont, Rambouillet, Bauvais-Nangis, leur expofe
fes griefs, fes craintes, les réfolutions qu'il a prifes
pour détourner les périls dont la téméraire ambition
d'un fujet menaçait le trône, & leur commande de déclarer les mefures que les circonftances impérieufes
où il fe trouvait pouvaient infpirer à leur prudence &
à leur dévouement. Si le faible Henri confervait encore quelques héfitations, cette conférence, qui dura
plufieurs heures, les fit ceffer. Ses amis furent unanimes pour déclarer qu'il fallait mettre un terme aux entreprifes des Lorrains. Ils différaient feulement fur les
voies à fuivre, & demandèrent au roi de leur adjoindre
le colonel corfe, Alphonfe d'Ornano, & Louis d'Angennes, frère de Rambouillet, dont l'habileté & le zèle
devaient être d'un grand fecours dans cette queftion
décifive. Affemblés de nouveau en confeil fecret, les
confpirateurs propofèrent divers moyens pour s'affu-

[1] De Thou, *Hiftoire univer-*   415. — Davila, tome II, livre
felle, tome V, livre xcii, page   ix, page 389.

rer de la perfonne du duc de Guife. Le maréchal d'Aumont opina pour qu'on le fît arrêter, juger & punir
felon les lois, comme criminel de lèfe-majefté. Mais
Rambouillet & les autres feigneurs combattirent ce
projet, qui n'offrait aucune garantie, ni dans fon exécution ni dans fes réfultats. Quels feraient en effet les
juges, les geôliers & le bourreau d'un homme fi haut
placé que la puiffance du monarque fléchiffait devant
la fienne? Comment prouver les crimes de ce coupable qui, plus d'une fois, n'a pas craint de fe porter
lui-même accufateur contre fon fouverain? De quelles
forces environner le fupplice juridique d'un chef
adoré des foldats, & dont la parole eft obéie par cette
ligue univerfelle qui voit en lui l'exterminateur de
l'héréfie & le fauveur de l'Eglife? D'ailleurs l'audace
de Guife grandit chaque jour, & plus encore que fa
puiffance elle préviendra peut-être les efforts qu'on
voudrait tenter. Il faut donc frapper un coup fubit &
vigoureux, C'eft déformais l'unique moyen de falut
pour le roi & la monarchie.

Cette opinion prévalut. Le fouvenir du double ferment, folennellement prêté en face des autels & des
repréfentants de la France, & la crainte de s'attirer la
colère du pape, en portant la main fur le chef de la
fainte Ligue, foulevaient encore dans la confcience de
Henri III de puiffantes objections. Mais fes amis n'eurent pas de peine à prouver que Guife lui-même n'a-
vait tenu aucun de fes ferments, & que fes parjures
devaient autorifer un châtiment exemplaire, fi fon ambition & fes manœuvres ne fuffifaient pas pour le conf-
tituer criminel de lèfe-majefté. On convint auffi de

s'affurer en même temps du cardinal de Guife, du prince de Joinville, des ducs de Nemours & d'Elbeuf, & même du vieux cardinal de Bourbon [1].

Henri III, avec cette ardeur des gens timides qui fe font enfin décidés à une réfolution hardie, s'occupa des moyens propres à affurer l'exécution de celle qu'il venait de prendre. Cette exécution fe préfentait toutefois entourée de mille difficultés.

Le duc de Guife était, il eft vrai, fans défiance, mais non pas fans précautions. Il ne fortait jamais qu'entouré d'un grand nombre de partifans & de gentilfhommes. Sa libéralité, fes manières affables & polies attiraient à fa fuite beaucoup de députés & de ligueurs, & au milieu de cette cour dévouée, il marchait puiffant & tranquille, comme s'il était déjà feul à repréfenter l'autorité royale anéantie.

Une circonftance peu importante en elle-même, mais dont les fuites auraient pu devenir fort graves, avait, quelque temps auparavant, révélé au roi toute la force que le parti des Guife pouvait, au moindre fignal, oppofer au parti royal. Les cardinaux de Bourbon & de Vendôme logeaient au château, ainfi que le prince de Conti, le comte de Soiffons, le duc de Montpenfier, la ducheffe de Nemours & madame de Montpenfier. Leurs pages & leurs domeftiques s'étaient divifés en deux factions fous le nom de royaliftes & de guifards. Ils fe tenaient habituellement dans la cour du château & fur la Perche aux Bretons, tandis que leurs maîtres

---

[1] De Thou, tome X, livre xciii, pages 449 & fuivantes. — Davila, tome II, livre ix, pages 389 & fuiv.

étaient chez le roi. Chaque jour donnait lieu à quelque
nouvelle difpute. Pendant longtemps ces difputes fe
bornèrent à un échange d'injures perfonnelles & de
propos malins fur les princes de la maifon de Bourbon
& ceux de la maifon de Guife. Le 30 novembre cependant, fur les quatre heures du foir, la querelle prit un
caractère férieux, & toute cette jeuneffe fe chargea aux
cris de Vive le roi! Vive Guife [1]. Ce fut un véritable
combat. Un des guifards fut tué, & quelques foldats &
gentilshommes bleffés en voulant féparer les combat-
tants. Il fallut l'intervention de Crillon, à la tête des
gardes, pour mettre fin à cette échauffourée. Le tu-
multe s'était répandu dans la ville, & le cardinal de
Guife était accouru au château, avec de nombreux

[1] Nous avons vu, en caractères tracés à la hâte, fur les
lambris de la chambre du roi,
& près des folives, les mots :
Vive Guise, vive Guise! qui
devaient fe rapporter à l'époque
de ces luttes hardies contre l'autorité royale. Sur le mur de la
chambre du roi, un ferviteur
fidèle a protefté ainfi :

ANIMA MEA DEO COR
MEVM REGI.

*Mon âme à Dieu, mon cœur au
roi.* Un *politique,* ou *carolin,* a
fans doute écrit, dans une autre
pièce, les lignes fuivantes :

QVAND tu voudras faire quelque chofe, regarde ce qui en peut
aduenir.

Qui veux (*fic*) bien uiure auiour-
;dhuy
Et fagement fon profit faire,
Il faut trois chofe (*fic*) en luy :
Tout uoir, tout ouir & fe taire.

On peut encore rapporter
aux querelles entre les pages du
roi & ceux du duc de Guife,
cette infcription tracée fur le
linteau de la porte d'un logement des combles fitué au-deffus des appartements du roi :

**Cabinet des drolles, polisons
et piailleus.**

partifans armés. Le roi ne tarda pas à l'apprendre.
Lui-même, au commencement de cette querelle, craignant quelque entreprife fanglante contre fa perfonne,
avait endoffé fa cuiraffe & s'était préparé à la défenfe.
Il fut que le duc de Guife, au contraire, alors chez la
reine-mère, n'avait pas quitté le tabouret où il était
affis, ni changé un inftant de contenance & de vifage,
comme s'il s'était fenti, quel que fût l'événement, à
l'abri plus que perfonne de toute crainte & de tout
danger [1].

C'était en effet la force dont il était entouré qui
faifait fa fécurité. Henri III ne devait donc avoir d'autre
but que celui d'ifoler un inftant le duc, de manière à
le frapper loin de tout fecours. Lorfque le duc de
Guife fe rendait chez le roi, fa fuite envahiffait la falle
du confeil. Cette falle, comme nous l'avons dit, était
contiguë à la chambre de Henri III [2]; mais, les jours de
confeil, la porte en était fermée & gardée par des huiffiers; les pages & les gentilshommes, formant la fuite
des feigneurs, fe tenaient dans les balcons du grand
efcalier, fur la Perche aux Bretons & fur la terraffe qui
y conduifait [3]. Cette circonftance fut le pivot fur lequel
toute l'entreprife devait rouler.

Il s'agiffait, avant tout, de trouver un brave ferviteur, dont le cœur fût réfolu, le bras fort & le zèle
aveugle. Henri III jeta les yeux fur Crillon, colonel
de fon régiment des gardes. Crillon haïffait le duc de

---

[1] Davila, t. II, p. 384.—De   defcription du château, p. 35.
Thou, t. X, l. XCII, p. 41.   [3] Voy. la defcription, p. 26,
  [2] Voyez le plan, pl. I, & la   & la pl. III.

Guife de tout l'attachement qu'il portait au roi. Toutefois, en apprenant à quelle épreuve Henri voulait
mettre fon dévouement : « Sire, dit-il, je fuis bon fer-
« viteur de Votre Majefté; qu'elle m'ordonne de me
« couper la gorge avec le duc de Guife, je fuis prêt
« à obéir ; mais que je ferve de bourreau & d'affaffin,
« c'eft ce qui ne convient ni à un foldat ni à un gen-
« tilhomme [1]. » Cette franchife ne déplut pas au
roi; mais le refus l'embarraffa, fans lui laiffer toutefois
d'inquiétude : Crillon lui avait promis le fecret. Henri
s'adreffe alors à Loignac, premier gentilhomme de la
chambre. Loignac accepte & répond des moyens
d'exécution. C'était le 21 décembre. Henri III fixe au
vendredi 23 le jour de fa vengeance [2].

Cependant le duc de Guife s'endormait dans une
confiance que tous les fiens ne partageaient pas. Malgré les nombreux avis qui lui étaient donnés fur les
projets tramés contre lui, il ne changeait rien à fes
manières arrogantes. Son audace, au contraire, fe manifeftait chaque jour par quelques prétentions nouvelles. C'eft ainfi qu'il avait voulu fe faire donner,
comme lieutenant-général du royaume, un grand prévôt de la connétablie & une garde d'archers. Sur le
refus de Henri III, il avait offert fa démiffion en ré-
pliquant hautement « que le roi lui avoit feulement
« baillé du parchemin, & qu'il eftoit très-content de
« le luy rendre. » En dépofant fa charge de lieute-

---

[1] Davila, tome II, livre IX, 371. — *Relation de Miron*, aux
page 390. *Preuves* de L'Eftoile, t. III, pp.
[2] Pafquier, t. II, l. XIII, col. 478-481.

nant-général, le duc n'avait d'autre but que de se faire
proclamer connétable par les Etats-Généraux, sans en
avoir l'obligation au monarque. Henri le savait; ce fut,
à ses yeux, un nouvel outrage, pour lequel il eut
peine à dissimuler sa colère. Toutefois, en refusant la
démission de Guise, il se contenta d'assurer son bon
cousin, que *dans deux ou trois jours* il ne serait plus
question de cette affaire.

Tout ce qu'il y avait à la cour & aux Etats d'hommes
éclairés, d'esprits froids, à qui les passions du moment
n'inspiraient pas d'aveugles préventions, avait déjà
prononcé l'arrêt de Guise. « Quelques âmes brusques
« disoient qu'il méritoit un coup de balle. » Aux yeux
d'un grand nombre, tant d'entreprises ambitieuses
voulaient une issue fatale, tant d'offenses publiques,
une vengeance exemplaire. A cette audace toujours
croissante du Lorrain, on opposait involontairement la
patience extraordinaire de l'irritable Valois. Pour tous
ceux qui, à cette époque d'intrigues, faisaient de la
dissimulation une étude & une science, ce grand calme
présageait un grand éclat [1].

Et puis, comme à l'approche des grandes catastro-
phes, de vagues pressentiments venaient agiter les esprits, les plus graves n'y pouvaient échapper. « L'al-
« manach de Billy, écrivait sérieusement Pasquier, ne
« pronostiquoit rien de bon toute l'année 1588, &
« moins encore au mois de décembre. » Toutes les
prédictions en effet étaient menaçantes. Le peuple

[1] Pasquier, liv. III, let. 6, col. 371.

s'attendait à voir fe réalifer cette prophétie de Nof-
tradamus :

> Paris conjure un grand meurdre commettre,
> Blois luy fera fortir fon plein effeɛt.

Les amis de Guife commentaient, comme l'annonce
fatale de quelque événement finiftre qui devait frapper la maifon de Lorraine, ce quatrain des Centuries
que la crédulité de l'époque rendait terrible :

> En l'an qu'un œil en France régnera,
> La cour fera en un bien fafcheux trouble ;
> Le grand de Bloys fon ami tuëra,
> Le règne mis en mal & doubte double [1].

Mais Guife fe difait le cœur trop haut placé pour
ajouter foi à ces funeftes prophéties. Il en riait, &
lorfqu'on les invoquait pour lui infpirer une falutaire
défiance, il répondait que tous ces vers d'almanach
étaient à double entente & ne lui préfentaient pas
moins de fujets d'efpérance que de motifs de crainte [2].

C'eft en vain que fa famille, fes amis, effaient de lui
faire partager & leurs terreurs raifonnées & leurs
frayeurs fuperftitieufes. Ceux qui lui confeillent l'audace & la perféverance font les feuls écoutés. D'Efpinac
l'encourageait furtout dans une fatale obftination. Ce
prélat avait la promeffe du chapeau de cardinal, & la
crainte de voir l'éloignement de fon proteɛteur nuire
à fon élévation lui infpirait fes funeftes confeils. Le
cœur généreux & fier du Balafré n'était que trop en-

---

[1] *Cent.*, LI & LV.   [2] Pafquier, *ib.*, col. 367-379.

clin à les fuivre. Sa confiance repofait fur le double
fentiment de fa puiffance & de fon mépris pour le caractère du roi. La veille de fa mort, en fe mettant à
table pour dîner, il trouva fous fa ferviette un billet
qui contenait ces mots : « Donnez-vous de garde, on
« eft fur le point de vous jouer un vilain tour. » Il fe
contenta, pour réponfe, d'écrire au bas : *On n'oferait*,
& jeta le billet fous la table [1].

Cette foi aveugle en lui-même venait en aide à la
fatalité qui l'entraînait vers fa perte : Je fuis trop
avancé pour reculer, difait-il dans un confeil fecret où
la néceffité de fa fuite fut mife en délibération, &
quand je verrais la mort entrer par cette porte, je n'ou-
vrirais pas la fenêtre pour lui échapper [2]. Il fe regardait comme inviolable au milieu d'une cour à laquelle
il avait fu perfuader que fa mort entraînerait la ruine
de l'Etat, celle du fouverain lui-même, & compterait
autant de vengeurs qu'il y avait en France de bons &
vrais catholiques. Sa bravoure naturelle l'empêchait
de fuir, en préfence des dangers de mort qu'il avait fi
fouvent bravés dans fa carrière de foldat. Comme
chef de faction, il craignait qu'une retraite impolitique, en compromettant le fuccès de fon parti, ne fût
interprétée comme un aveu tacite des deffeins crimi-

---

[1] *Journ. de L'Eftoile*, t. II, p. 143. — De Thou, t. X, liv. CXIII, p. 469.

[2] Cf. la dépofition de l'ar-chevêque de Lyon, dans l'*In-formation faicte par Pierre Mi-chon & Jean Courtin, confeillers* en la cour du Parlement, à la requefte de dame Catherine de Clèves, pour raifon des maffacres commis à Blois es perfonnes des duc & cardinal de Guife. (Cim-ber & Danjou, *Arch. curieufes*, 1re férie, t. XII, p. 189.)

nels qu'on lui fuppofait. Les grands intérêts du peuple
& de l'Eglife repofaient fur fa tête, & quels que fuffent
fes dangers, il ne voulait manquer ni à fa miffion, ni à
fa fortune, ni à fes amis [1].

Cependant Henri III fe faifait oublier dans fa folitude. Il femblait, au milieu du plus complet ifolement,
vouloir s'effacer à tous les yeux. Tout entier à fes
auftérités & à fes pieufes retraites, il *paroiffoit à vue*,
dit Miron, *prefque privé de mouvement & de fentiment*.
Sa dévotion avait redoublé aux approches de Noël.
L'emploi de chacune de fes journées, pendant cette
fainte femaine, avait été réglé d'avance. Le vendredi,
23, le roi devait aller en pèlerinage à Notre-Dame-de-
Cléry [2]. Cependant, la veille, fur les fept heures du
foir, il commanda à Liancourt, premier écuyer, de
faire tenir un carroffe à la porte de la Galerie des
Cerfs, le lendemain matin, à quatre heures, parce
qu'il voulait fe rendre à la Noue, maifon fituée au
bout de la Grande-Allée du Château, fur le bord de
la forêt [3]. De Marle fut chargé d'aller prier le duc &

[1] De Thou, t. X, l. xciii,
pp. 467 & fuiv. — Davila, t. II,
l. ix, p. 391.

[2] *Relation de Miron*, aux
Preuves de L'Eftoile, t. III, pp.
477 & 482.

[3] Cette maifon, richement
décorée de peintures de Jean
Mofnier, fur les panneaux des
appartements & les plafonds, a
été démolie, il y a quelques an-

nées. Les panneaux du cabinet
du roi ont été vendus 3,000 fr.
à un Anglais. — Suivant l'*Adv*
de ceux qui ont efté à Bloys,
&c. (*Archives curieufes*, tome
XII, page 144, 1re férie.)
« Sa Majefté fit entendre a
« fon aulmofnier que, à fon
« accouftumé, elle eftoit e.
« difpofition de fe confeffer &
« recepvoir la fainéte commu-

le cardinal de Guife, l'archevèque de Lyon & quelques autres feigneurs de fe trouver à fix heures du matin au cabinet du roi, qui voulait, avant fon départ, tenir confeil & expédier quelques affaires preffantes, afin de n'être plus dérangé dans fes dévotions le refte de la femaine[1].

Loignac, comme nous l'avons dit, avait accepté par zèle la miffion que Crillon avait refufée par honneur, & il avait fait agréer à Henri III les fervices de Larchant, l'un des capitaines des gardes. Celui-ci, de concert avec le roi, fe rend le foir du 22 chez le duc de Guife, à la tête de quelques foldats de fa compagnie, & le fupplie de vouloir bien appuyer, dans le confeil annoncé pour le lendemain, une requête de fes gens qui réclamaient l'arriéré de leur paye. Rentré vers les neuf heures chez le roi, Larchant reçoit fes dernières inftructions. A minuit, Henri III fe retire dans l'appartement de la reine, après avoir donné ordre à du Halde, fon premier valet de chambre, de l'éveiller à quatre heures.

Quatre heures fonnent : du Halde heurte à la porte de la reine. Louife de Piolans, première femme de

---

« nion, dévotion à icelle ordinaire tous les vendredis, & que, pour plus de debvoir, elle eftoit délibérée d'aller à pied à ung hermitaige diftant de Blois demye-lieue, ayant néantmoings penfée diverfe. » Il a été déjà queftion de cet ermitage, fitué non loin du petit château de la Noue. (V. plus haut, p. 81.)

[1] Pour fe rendre compte des différentes circonftances de la cataftrophe dont le récit va fuivre, il faut bien fe rappeler la diftribution des appartements du roi, telle que nous l'avons décrite, pp. 30 & fuiv.

chambre, vient au bruit, & demande qui eft là : « Dites
« au roi qu'il eft quatre heures, répond du Halde. »
L'agitation de Henri, pendant cette nuit d'inquiétude,
l'avait tenu éveillé. « Piolans, dit-il, çà, mes bottines,
« ma robbe & mon bougeoir. » Il fe lève, laiffant la
reine dans une grande perplexité, & va dans fon cabinet neuf, où étaient déjà Bellegarde & du Halde.
Loignac ne tarde pas à venir avec neuf des Quarante-
Cinq ordinaires ; Henri III, voulant s'affurer de ces
derniers, les enferme dans les cellules qu'il avait fait
conftruire pour les capucins [1]. Lorfque les membres
du confeil & les officiers de fervice font arrivés, le
roi fait defcendre les Quarante-Cinq par le petit efcalier dérobé qui conduifait des combles du château au
cabinet neuf, en leur recommandant de marcher doucement, pour ne point réveiller la reine mère, logée
au-deffous. Il leur apprend alors le fervice qu'on
exige de leur dévouement, leur promet de grandes
récompenfes, & leur demande s'ils font prêts à fervir fa
vengeance. Tous le jurent. *Cap dé Diou, Sire,* dit Sariac,
iou lou bous rendis mort ! Henri les pofte avec Loignac
dans fa chambre à coucher. Il commande en même
temps à Nambu, huiffier de la chambre, de ne laiffer
fortir ni entrer perfonne, que lui-même ne l'eût ordonné.

Rentré dans fon cabinet, Henri III envoie le maréchal d'Aumont au confeil, pour le faire tenir, & s'affurer du cardinal de Guife & de l'archevêque de Lyon,
auffitôt que le duc de Guife ferait frappé. Bellegarde

---

[1] Voir la defcription du château, p. 41.

reçoit l'ordre, en même temps, d'amener dans l'oratoire les deux chapelains, Claude de Bulles, & Etienne d'Orguyn, & de leur dire de prier Dieu, « que le roy « peuſt venir à bout d'une expédition qu'il vouloit « faire pour le repos de ſon royaume. » Ces diſpoſitions arrêtées, il fallait attendre l'arrivée des deux frères. Ce fut pour le roi un moment de cruelles incertitudes. Contre ſes habitudes de nonchalance & d'apathie, il allait, il venait, & ne pouvait demeurer en place; parfois il ſe préſentait à la porte de ſon cabinet & exhortait les Ordinaires à ſe bien donner de garde de ſe laiſſer *endommager* par le duc de Guiſe : *Il eſt grand & puiſſant, j'en ſerois marry*, diſait-il. On vint lui annoncer que le cardinal était au conſeil, mais le duc n'arrivait pas.

Guiſe avait paſſé la nuit avec la belle madame de Sauves, marquiſe de Noirmoutier, qui, ſelon l'énergique expreſſion de Le Laboureur, *alloit coucher d'un parti chez l'autre*. Sous la double influence de l'amour & de l'ambition, il avait encore mépriſé les avertiſſements qui lui furent donnés pendant cette nuit de plaiſir, & n'avait quitté ſa maîtreſſe qu'à trois heures du matin. Il était près de huit heures quand ſes valets de chambre le réveillèrent en lui apprenant que le roi était prêt à partir. Il ſe lève à la hâte & ſort pour ſe rendre au conſeil.

Le temps était ſombre & triſte, une pluie froide tombait par torrents. « Le ciel, dit Paſquier, ſembloit pleu « rer les calamités qui alloient advenir. » Au pied du grand eſcalier, le duc de Guiſe rencontre Larchant, qui, à la tête de ſa compagnie, lui préſente la requête de fes gens, en fuppliant le duc de leur permettre d'attendre ce qui ferait décidé fur leur fort. Guife promet fon appui, monte & entre dans la chambre du confeil.

Auffitôt Larchant difpofe fes gardes en double haie fur les degrés du grand efcalier &, felon les inftructions reçues la veille, envoie de Rouvroy, fon lieutenant, & Montclar, exempt des gardes, avec vingt de fes hommes, à l'efcalier du vieux cabinet du roi, d'où l'on defcendait à la galerie des Cerfs; douze autres gardes furent placés dans le cabinet même, afin de fe jeter fur le duc quand il viendrait à hauffer la portière pour y entrer. En même temps, Crillon fait fermer toutes les portes du château.

Ce fut alors un moment d'appréhenfion générale. Ce fupplément de forces, ces précautions inufitées, cet appareil militaire qui remplilfait le château jetèrent l'effroi parmi les ferviteurs de Guife. Péricard, fon fecrétaire, lui envoie dans un mouchoir un billet contenant ces mots : *Monfeigneur, fauvez-vous, ou vous êtes mort.* Mais le page chargé de porter ce mouchoir à un huiffier du confeil eft repouffé par les gardes. Il n'y avait plus de falut pour le duc de Guife.

A fon entrée dans la chambre du confeil, il trouve déjà réunis : le cardinal, fon frère, les cardinaux de Gondy & de Vendôme, les maréchaux d'Aumont & de Retz, Rambouillet, MM. de Marillac & Petremol, maîtres des requêtes, Marcel, intendant des finances, & Fontenay, tréforier de l'épargne. Peu après, arrive l'archevêque de Lyon. Le duc de Guife prend place auprès du feu en fe plaignant du froid. Tout d'un coup, il devient

pâle, &, foit preffentiment de la mort, foit terreur de
fon ifolement, ou fatigue des excès de la nuit, il fent
fon cœur défaillir. « Monfieur de Fontenay, dit-il au
« tréforier de l'épargne, veuillez prier M. de Saint-
« Prix de me monter des confitures. » Saint-Prix, l'un
des valets de chambre du roi, apporta des prunes de
Brignoles ; le duc en mangea & fe trouva mieux. Ruzé
de Beaulieu dépofa, fur ces entrefaites, un état des
différentes matières qui devaient fe traiter au Confeil.
Chacun des membres avait pris place, & Petremol
commençait la lecture d'un rapport fur les gabelles,
lorfque Révol ouvrit la porte de la chambre du roi &
dit à Guife que Sa Majefté le demandait dans fon cabinet vieux. Le duc, après s'être informé fi le roi n'en
demandait point d'autres du confeil, met quelques
prunes dans fon drageoir, & jetant les autres fur la
table : *Meffieurs*, dit-il, *qui en veut ?* Puis, jetant fon
manteau fur le bras gauche, il entre dans la chambre
du roi. Nambu ferme auffitôt la porte derrière lui.
Guife fe trouve en préfence des Quarante-Cinq ; il les
falue en entrant ; les gardes s'inclinent & accompagnent le duc comme par refpect. Un d'eux lui marche
fur le pied ; était-ce le dernier avertiffement d'un
ami ?

Guife traverfe la chambre, & comme il s'approchait
du paffage qui conduifait au cabinet, inquiet de fe voir
fuivi, il s'arrête, & prenant, par un gefte d'héfitation,
fa barbe avec la main droite, il fe retourne à demi. En
ce moment, Monféry, qui fe trouvait près de la cheminée, le faifit au bras, & lui porte à la gorge un coup
de poignard. *Mes amis ! mes amis ! trahifon !* s'écrie Guife.

Auffitôt des Effrénats fe jette à fes jambes, & Sainte-
Malines le frappe derrière la tête. Malgré fes bleffures,
Guife peut encore renverfer un de fes affaffins d'un
coup du drageoir qu'il avait à la main, & bien qu'il
eût fon épée engagée dans fon manteau & les jambes
faifies, il ne laiffe pas, tant il était fort, d'entraîner fes
meurtriers d'un bout à l'autre des appartements. « Il
« marchait les bras tendus, les yeux éteints, la bouche
« ouverte, comme déjà mort. » Pouffé par Loignac,
il tombe au pied du lit du roi, en criant : *Mon Dieu !*
miféricorde ! Ce furent ces dernières paroles [1].

Lorfqu'il apprend que c'en eft fait de Guife, Henri III
hauffe la portière de fon cabinet &, après s'être affuré
que fon ennemi eft bien mort, il fort pour contempler
fa victime. Il lui donne un coup de pied au vifage,
comme le duc de Guife en avait donné un à l'amiral
de Coligny, le jour même de la Saint-Barthélemy.
« Mon Dieu, qu'il eft grand, s'écria-t-il, il paroît en-
« core plus grand mort que vivant ; » & il le pouffe de
nouveau du pied. Il rentre enfuite, & commande à
Beaulieu de le vifiter. On trouva autour du bras une
chaîne d'or à laquelle était attachée une petite clef,
fans doute quelque gage d'amour, &, dans la *pochette*
des chauffes, une bourfe contenant quelques pièces d'or,
& un billet où étaient écrits, de la main du duc, ces

---

[1] De Thou, t. X, l. xciii, pp. 470 & fuiv. — Davila, t. III, p. 395. — *Relation de Mi-ron*, aux *Preuves de L'Eftoile*, t. III, p. 490. — Dépofition de l'archev. de Lyon. — *Journ. ms.* de François le Marefchal, Sr de Corbet, députe du tiers-état de Bourges à Blois, & les pamphlets de l'époque.

mots : *Pour entretenir la guerre en France, il faut sept cent mille livres tous les mois.* En s'acquittant de cette trifte fonction, Beaulieu croit remarquer quelque mouvement dans le corps de Guife : « Monfieur, lui « lui dit-il, cependant qu'il vous refte quelque peu de « vie, demandez pardon à Dieu & au roi. » Mais, fans pouvoir parler, Guife jette un grand & profond foupir ; c'était fa dernière lutte contre la mort & le dernier effort de cet homme puiffant, qui périffait plein de vie & de force [1].

Le corps fut couvert d'un tapis, fur lequel on mit une croix de paille, & fut traîné dans la garde-robe. Deux heures après, il était livré à Dupleffis de Richelieu, grand prévôt de France, aïeul du cardinal, « qui « n'épargna pas non plus les grands, dit Château- « briand, mais qui les fit mourir par la main du bour- « reau [1]. »

Au bruit qui fe faifait dans la chambre du roi, tous les membres du confeil s'étaient levés. Le maréchal de Retz s'écrie : *La France eft perdue !* Le cardinal de Guife ne dit que ces mots : *On tue mon frère !* &, plein d'effroi, il fe précipite vers la porte du grand efcalier, tandis que d'Efpinac, dans un mouvement de réfolution & de dévouement, fe jette à la porte de la cham-

---

[1] « C'était le roi qui aurait « dû demander pardon à Dieu « & au duc de Guife, » a dit Châteaubriand. Les mots de Beaulieu font une expreffion naïve des fentiments qui ani- maient les perfonnes dévouées à la royauté. — *Relation de Mi- ron,* aux *Preuves de L'Eftoile.* — De Thou, t. X, p. 470.

[1] *Etudes hiftor.,* t. III, p. 512 de l'édit. de 1835.

bre du roi, pour prêter fecours au malheureux Guife.
Au même inftant, le maréchal d'Aumont, mettant
l'épée à la main, lui dit : *Ne bougez, mort-Dieu, Monfieur, le roi à affaire de vous !* Auffitôt l'appartement fe
remplit d'archers, & les prélats font placés entre deux
exempts des gardes. Quelques minutes après, la porte
de la chambre du roi s'ouvre, & Loignac vient dire
que le duc de Guife eft mort. Nambu appelle le cardinal de Vendôme & les autres membres du confeil, &
comme ils entraient chez le roi : « Meffieurs, leur dit
« d'Efpinac, dictes au roy que nous fommes icy, &
« qu'il ordonne bientoft ce qu'il veut faire de nous [1] ! »

En les voyant entrer dans fa chambre, Henri III leur
dit, avec un ton d'autorité & de menace qu'on ne lui
connaiffait pas, qu'enfin il était roi, & qu'il entendait
que tous appriffent à le refpecter & à craindre déformais
le châtiment qu'encourrait toute atteinte portée à fon
pouvoir. Après ces mots, il defcendit chez la reine-
mère.

Catherine était depuis longtemps au lit, tourmentée
par la goutte. Elle avait entendu tout le bruit qui
s'était fait dans l'appartement du roi, mais elle en ignorait la caufe. Quelques moments auparavant, Péricard
& d'autres ferviteurs de Guife, agités par les cruels
preffentiments que leur infpirait l'afpect inufité du
château, avaient inutilement tenté de pénétrer jufque
chez elle. En apprenant, de la bouche même de
Henri III, la mort de Guife, elle fut frappée, dit l'hiftorien de Thou, moins de frayeur que d'indignation de

---

[1] *Dépofition de d'Efpinac.* — De Thou, t. X, p. 471.

n'avoir pas été prévenue de cette entreprise. Elle demanda à son fils s'il avait prévu les suites de ce coup de hardiesse, & sur la réponse du roi qu'il avait pourvu à tout : « C'est bien coupé, ajouta-t-elle, mais il faut « à présent coudre; activité & vigueur, voilà ce qu'il « vous faut; » & elle retomba affaissée par la douleur & ses vives anxiétés [1].

Le roi sortit de l'appartement de sa mère pour aller entendre la messe dans la chapelle du château. Il avait auparavant chargé Révol d'annoncer à l'ambassadeur de Venise & au cardinal Morisini la mort du duc de Guise, & de protester au légat du Saint-Père que cette exécution, commandée par les plus impérieuses circonstances, ne changerait rien aux projets de guerre contre les hérétiques [2].

Déjà des ordres avaient été donnés pour s'assurer des ducs de Nevers & d'Elbeuf, de la duchesse de Nemours, mère du duc de Guise, & du prince de Joinville, son fils. Le président de Neuilly, Lachapelle-Marteau, Compans & plusieurs autres députés, hostiles au roi, furent arrêtés par Richelieu, dans l'assemblée du tiers, & enfermés le lendemain dans une chambre haute, située au-dessus du grand escalier de Louis XII [3].

La suite des événements ne cessa dès lors de faire voir que Henri III n'avait pas si bien pourvu à tout

[1] Davila, t. II, p. 387. — De Thou, t. X, l. xciii, p. 472. — Déposition de Péricard (ouv. cit.).

[2] De Thou, ibid., p. 473.

[3] De Thou, ibid., p. 472. — Davila, t. II, p. 395. — Pasquier, l. xiii, lett. 5. — Déposition de Compans & de la Chapelle-Marteau (ouv. cit.).

qu'il avait femblé le croire. Charles de Balzac, envoyé
à Orléans pour y prendre le commandement de la
citadelle, y trouva déjà enfermés Roffieux & quelques
autres partifans des Guife, qui avaient réuffi à quitter
Blois. Le duc de Mayenne, prévenu par l'ambaffadeur
d'Efpagne, fortait par une des portes de Lyon, pendant que le colonel d'Ornano, chargé de l'arrêter,
entrait par une autre [1].

Cependant le cardinal de Guife & l'archevêque de
Lyon avaient été conduits dans la falle haute de la tour
de Moulins. Ils y reftèrent jufqu'à quatre heures, gar-
dés à vue par quelques-uns des ordinaires. On les fit
alors defcendre dans la falle fituée au-deffous, & connue
aujourd'hui fous le nom de *falle des Oubliettes*. Sur les
fix heures du foir, on leur apporta, de l'office du roi,
des œufs, du pain & du vin ; ils mangèrent fort peu,
le cardinal furtout, & avec beaucoup de défiance.
Celui-ci n'était forti de l'accablement dans lequel il
avait d'abord été plongé, que pour fe livrer à une forte
de frénéfie, pendant laquelle il avait laiffé échapper
contre le roi les propos les plus violents & les menaces
les plus fanglantes.

Quelque temps après, les prifonniers firent demander à Larchant qu'il leur fût permis d'avoir leurs bré-
viaires, leurs robes de nuit, & un lit pour fe coucher.
Bien que leur chambre fût pleine d'archers & de gardes, les deux prélats purent fe communiquer à voix
baffe leurs émotions, & échanger quelques paroles de

---

[1] De Thou, tome X, page   lettre 5. — Davila, tome II,
474. — Pafquier, livre XIII,   page 404.

confolation. Ils dirent leurs vêpres & complies, fe con-
feffèrent l'un à l'autre &, vers les onze heures, fe
jetèrent fur un matelas qui leur avait été apporté de
chez l'archevêque [1].

Le même foir, la mort du cardinal de Guife avait été
réfolue. Aux yeux de Henri, ce prélat avait d'abord
paru inviolable fous la fauvegarde de fa triple dignité
d'archevêque de Reims, de cardinal romain & de préfident de l'ordre du clergé. Mais les fcrupules du roi
fe diffipèrent devant la crainte de voir un homme auffi
hardi & auffi vindicatif à la tête des affaires de la Ligue.
Les menaces échappées à la fureur du cardinal furent
rapportées au roi, comme une preuve des tentatives
auxquelles le fougueux prélat ne manquerait pas de fe
livrer, s'il furvivait à fon frère.

Les inftruments de ce nouveau meurtre furent plus
difficiles à trouver. Larchant, la Baftide & quelques
officiers des Quarante-Cinq fe refufèrent à porter la
main fur un prêtre, malgré toutes les menaces & les
follicitations du roi. Enfin, le capitaine du Guaft fe
chargea de cette trifte commiffion. Il détermina trois
foldats de fa compagnie, Gofi, Châlons & Viollet,
moyennant quatre cents écus, à tuer le cardinal.

Le famedi, 24 décembre, fur les trois heures du
matin, les deux prifonniers de la tour de Moulins fe
réveillèrent & dirent leurs prières & leurs heures
jufqu'à prime. A huit heures, La Fontaine, un des

---

[1] L'archevêque de Lyon lo-
geait à l'hôtel d'Alluye, bâti
par Florimond Robertet. Cet
hôtel fubfifte encore. (V. notre
livre fur *Blois & fes environs*,
p. 73.)

20

valets de chambre du roi, entra dans leur cachot,
tenant un flambeau à la main. Du Guaſt le ſuivait.
Monſeigneur, dit celui-ci, en s'adreſſant au cardinal de
Guiſe, le roi vous demande. — Nous demande-t-il
tous deux, répond le cardinal ? — Je n'ai charge d'appeler que vous ſeul, reprend du Guaſt. Et comme
Guiſe ſortait : « Monſieur, penſez en Dieu, lui dit
« d'Eſpinac. » L'archevêque entendit enſuite un bruit
éloigné. C'était ſon malheureux compagnon, que les
ſoldats de du Guaſt frappaient dans un petit paſſage,
près de la chambre où les deux prélats avaient été
enfermés [1].

Les corps des deux frères furent livrés au grand-
prévôt, & brûlés dans une chambre des combles, au-
deſſus du grand eſcalier de Louis XII [2]. Henri III ne

[1] Dépoſitions de l'archevêque de Lyon, de Michel Marteau, d'Olphan du Guaſt (ouv.
cit.). — De Thou, t. X, p.
478. — V. la deſcription de
la tour de Moulins, p. 39 & ſuiv.

[2] Relation de Miron, aux
Preuves de L'Eſtoile. — Dépo-
ſition de Michel Marteau, Arch.
curieuſes, t. XII, p. 213, 1re
férie. — Cette dernière dépoſi-
tion préciſe d'une manière po-
ſitive le lieu où furent brûlés les
corps des deux frères. « Luy
« dépoſant fut tiré & ramené
« en la chambre au-deſſus de

« la viz [de la Salle des Etats],
« pour aller en laquelle on le
« feit monter par une petite
« montée [les dégrés de la tou-
« relle en encorbellement, v.
« plus haut, p. 9], le noyau de
« laquelle eſtoit tout enfan-
« glanté, & dès l'entrée de la
« chambre juſques au feu, la
« chambre eſtant petite, ſe
« voyoit la figure d'un corps,
« & en pluſieurs endroits d'icelle
« force taches de ſang, & ſen-
« tant en icelle une fort grande
« puanteur, comme de corps
« bruſlez, dont ſe plaignant aux

se laissa point fléchir par les supplications de la duchesse
de Nemours, & refusa à cette mère éplorée les cada-
vres de ses fils. Il craignit que les restes des victimes
ne fussent regardés comme reliques de saints martyrs,
& ne devinssent aux mains des ligueurs un moyen puissant d'émouvoir & de soulever tout le royaume. Les
cendres des Guise furent jetées dans la Loire [1]. Ainsi
finirent les deux frères Lorrains ; ainsi finit le grand
duc de Guise : cet homme qui rêva le trône n'eut pas
même une tombe !

Le coup d'Etat du 23 décembre avait renouvelé l'as-
pect de la cour. Henri III ne voyait autour de lui que
des visages tremblants ou composés. Les courtisans qui
furent le plus frappés du coup que le roi venait de porter furent ceux, dit l'historien de Thou, qui applaudi-
rent le plus lâchement. Les plus sages & les plus dévoués au monarque prévirent toutes les difficultés qu'il
lui restait encore à vaincre, & ne cherchèrent pas à lui
dissimuler leurs appréhensions. Mais après ces deux
meurtres, que l'époque & les circonstances expliquent
sans les justifier, Henri crut avoir mis un terme à tous
les dangers de sa position présente, conjuré ses embarras à venir, & tranché la tête de cette faction menaçante qui faisait vaciller son trône. Il était glorieux &
fier de ce qui lui paraissait un acte de vigueur & d'habile politique. Il lui semblait qu'il avait « dépouillé tout
« à coup la peau du renard pour revêtir le courage du

« gardes, luy dirent que c'estoit
« où les corps des deffuncts
« sieurs cardinal & duc de

« Guise avoyent esté bruslez. »
[1] De Thou, *ibid.*, p. 479.
— Davila, t. II, p. 401.

« lion », & il croyait avoir renouvelé en lui, aux yeux de la France entière, le jeune, vainqueur de Jarnac & de Moncontour [1].

Sa vengeance paraiffait déformais fatisfaite; il pardonna à d'Efpinac, par l'interceffion du baron de Luz, neveu du prélat. Il fe contenta de le faire tenir dans une étroite prifon, en difant qu'il ne voulait faire aucun mal à l'archevêque, tout en empêchant celui-ci de lui en faire. Il rendit auffi la liberté à Briffac & à Boifdauphin, guifards & ligueurs zélés. Néanmoins il ordonna des informations contre le duc de Guife. Péricard, fecrétaire du duc, & Bernardin de Codonic, fon valet de chambre, furent arrêtés & interrogés. Péricard avait eu le temps de brûler une partie des papiers de fon maître. Cependant on fut par ceux qui furent trouvés, & par les dépofitions mêmes des ferviteurs de Guife, que le duc était en correfpondance avec Philippe II & le duc de Savoie. Il ne fut pas douteux qu'il avait reçu de l'Efpagne des fommes confidérables, dont le chiffre fut évalué à près de deux millions de ducats [2].

Henri III ne fut pas longtemps à jouir des réfultats qu'il fe promettait d'un triomphe dont la cour avait été le témoin effrayé, ou le panégyrifte fervile, mais que la France entière fe levait pour venger. En effet, de Paris & des provinces les nouvelles les plus alarmantes arrivaient à Blois; partout on annonçait des foulèvements; c'était un déchaînement général des paffions & des partis.

[1] Davila, t. II, p. 396. — De Thou, pp. 472 & fuivantes. — [2] De Thou, ibid., t. X, pp. 479 & fuiv. — Davila, t. II. p. 496. — Pafquier, liv. XIII, lett. 5.

Dans ces effrayantes conjonctures, Henri III, au lieu d'organiſer partout de vigoureuſes attaques, et de profiter du premier mouvement de trouble & d'héſitation pour concentrer ſes forces, s'unir au roi de Navarre, ſon allié naturel, & marcher vers la capitale, perdit un temps précieux en rapports ſans intérêt & ſans but avec les Etats-Généraux. Il voulut les obliger à demander dans leurs cahiers une loi ſur le crime de lèſe-majeſté & l'autoriſation de vendre tout l'ancien domaine de la couronne. C'était à ſes yeux les deux points les plus importants pour arriver au rétabliſſement de ſes affaires. Les trois ordres furent unanimes pour refuſer ſes demandes. Voyant ſes efforts ſans réſultat, Henri III comprit qu'il aurait une lutte de moins à ſoutenir s'il congédiait les députés. Il leur fit donc hâter la confection de leurs cahiers. Le 4 janvier, ces cahiers furent préſentés par les trois chambres réunies, avec un *bref propos* de leurs préſidents [1].

Le dimanche 15, eut lieu la dernière ſéance générale, dans la ſalle des Etats. L'archevêque de Bourges & le comte de Briſſac parlèrent chacun plus de trois heures. Leurs interminables diſcours empêchèrent le roi d'entendre Bernard, l'orateur du tiers. « Moi, dit « Bernard, eſtant déjà monté ſur le théâtre préparé « pour les orateurs, & après avoir fait les trois révé- « rences accouſtumées, & me mettant à genoux pour « parler, le roi me dit qu'il remettoit mon propos au « lendemain..., parce qu'il eſtoit trop tard. » La ſéance fut donc repriſe le lundi 16, & Bernard prononça ſa

[1] *Journ. de Bernard,* t. X V du *Rec. des Etats,* p. 125.

harangue. Il fit un tableau fort remarquable de l'état
de la France, ménageant avec adreffe les confeils au
roi, fans que celui-ci pût en être bleffé, « car il dit
« haultement, ajoute Bernard, que je luy avois dit fes
« véritez fans l'offenfer. » Henri III fit lire & jurer de
nouveau l'édit d'union, en affurant l'affemblée qu'il ne
changerait jamais de manière de voir en tout ce qui
regardait la religion. Il femblait affifter comme à une
fête à cette dernière féance, fans paraître craindre que
toutes ces belles harangues ne fuffent, felon l'expreffion de Pafquier, *comme le chant des cygnes & le prognof-
tic fatal de la ruine de la monarchie* [1].

A tous ces malheurs, venait cependant de fe joindre
encore la mort de Catherine de Médicis. L'état de cette
princeffe était devenu plus alarmant depuis la cataftrophe du 23 décembre. Frappée, dit-on, des reproches
du vieux cardinal de Bourbon, prifonnier, qui l'accufa
de l'avoir *conduit à la boucherie*, lui & fes neveux de Guife,
elle était tombée en proie à une fièvre ardente, & avait
fuccombé le mercredi 5 janvier 1589, dans fa foixante-
dixième année [2].

---

[1] Pafquier, liv. xiii, lett. 7.
— De Thou, t. X, pp. 583 &
fuiv. — *Journ. de Bernard*, t. XV
du Rec. des Etats, pp. 122 à
148.

[2] On fit alors fur cette mort
l'obfervation fuivante. Les aftro-
logues avaient dit à Catherine
que, pour vivre longtemps, elle
devait fe défier d'un Saint-Germain ; auffi n'allait-elle que bien
rarement à Saint-Germain-en-
Laye, & avait-elle fait, même,
conftruire un palais magnifique
dans la paroiffe Saint-Euftache,
afin de ne pas demeurer au
Louvre, dans la paroiffe Saint-
Germain - l'Auxerrois. Néanmoins fa deftinée s'accomplit ;
le hafard voulut qu'elle fût affif-

Après la mort de la reine, Henri III voulut que tous les appartements du château fuſſent détendus, les murs peints en noir & ſemés de larmes. Mais la précipitation avec laquelle les malheurs politiques ſe ſuccédaient, nuiſit à la pompe des funérailles.

Jamais exiſtence auſſi grande ne fut plus vite & plus complètement oubliée. « A Blois, dit L'Eſtoile, où elle « eſtoit adorée comme la *Junon de la cour*, Catherine « n'eut pas pluſtot rendu le dernier ſoupir qu'on n'en « fit non plus de compte que d'une chèvre morte [1]. » Le roi, au milieu de tous ſes embarras, eut peu le temps de pleurer ſa mère ; quelques années plus tôt, il eût regretté en elle une amie dévouée, une conſeillère ha- bile ; mais depuis les événements de Paris, en mai 1588, il s'était habitué à ſe paſſer d'elle, & il ne l'avait pas conſultée dans le grand acte qu'il venait d'accomplir. La reine elle-même, ſoit douleur de cette défiance de ſon fils bien-aimé, ſoit laſſitude cauſée par l'âge, qui épuiſait en elle la ſoif autrefois ſi ardente de l'autorité, avait ceſſé, dans les derniers moments de ſa vie, de prendre part aux affaires du gouvernement.

Catherine devait laiſſer après elle un triſte exemple de l'inconſtance des choſes humaines. Vivante, elle avait dominé tous les événements de ſon époque ; ſon ambition avait voulu pour elle une autorité ſans bornes, pour chacun de ſes enfants un trône ; ſa magnificence

tée, au lit de mort, par M. de Saint-Germain, confeſſeur du roi. (Paſquier, l. XIII, lett. 8. — De Thou, t. X, p. 500. — L'Eſtoile, t. II, p. 154. — Bran- tôme, t. V, p. 80, éd. 1823.)

[1] *Journal de l'Eſtoile*, t. II, p. 159.

avait élevé de nombreux palais, fon orgueil, une fépulture plus belle & plus riche que la fépulture des rois
de France; morte, elle eut le fort d'une pauvre femme.
Les circonftances ne permettant pas de tranfporter fon
corps à Saint-Denis, il fut dépofé à Saint-Sauveur; mais,
n'ayant pu être bien embaumé, il répandit bientôt une
telle odeur, qu'on fut obligé de l'enterrer en *pleine
terre*, dans un lieu de l'églife que nul figne ne faifait remarquer, & où les événements qui fuivirent le laiffèrent
dans un long oubli. Plus tard, tous les meubles de la
mère de Henri III furent criés & vendus à l'encan de
Paris, pour payer fes dettes, évaluées à 800 mille écus!
O bon Dieu, s'écrie Pafquier, *que grands & efmerveillables font tes fecrets* [1]!

Henri III, dans la pofition extrême de fes affaires,
fe voyait bientôt fans reffource. Il n'avait ni troupes ni
argent. Son nom était en exécration à Paris, où dominait l'anarchie des Seize. Il faifait, malgré lui, un trifte
retour vers le paffé, & diffimulait mal fon regret d'avoir
été trop vite & trop loin. Il était bientôt paffé d'un excès
de joie & de bonheur, caufé par la mort de fes deux
ennemis, à une défiance extrême, qui s'étendait fur les
inftruments mêmes de fa vengeance. Perfuadé que quelques fanatiques avaient conjuré fa mort, il avait choifi,
parmi les Quarante-Cinq, huit gentilshommes dont il
s'était affuré le dévouement par une forte augmentation de gages, & qui, jour & nuit, veillaient fur fa perfonne [2].

---

[1] Pafquier, liv. xiii, lettre 8.   [2] Pafquier, liv. xiii, lett. 1,
— De Thou, t. X, p. 563.   col. 381.

Tout l'efpoir qui lui reftait encore repofait fur fes prifonniers. Il n'en avait gardé que huit de tous ceux arrêtés par fes ordres le 23 décembre. C'étaient : le cardinal de Bourbon, le jeune duc de Guife, les ducs d'Elbeuf & de Nemours, l'archevêque de Lyon, le préfident de Neuilly, Marteau, prévôt des marchands de Paris, & un jeune abbé, nommé Cornac. Henri III efpérait fe fervir d'eux pour arriver à une tranfaction avantageufe avec la ligue, en ftipulant leur délivrance comme une condition d'un retour à l'ordre & à la foumiffion. Blois ceffa bientôt de lui paraître une prifon affez fûre; il choifit le château d'Amboife, & crut fe donner une double garantie de fécurité en confiant le commandement de cette place à du Guaft, le meurtrier du cardinal de Guife. La défiance du monarque l'empêcha de s'en remettre à perfonne du foin de conduire fes captifs; il voulut les accompagner luimême[1].

On avait préparé des bateaux fur la Loire, & tout était difpofé pour le tranfport; mais, dans la nuit, le duc de Nemours, ayant gagné deux de fes gardes, s'était évadé du château[2]. Henri III, furieux de cette nouvelle, fe réfolut à arrêter la ducheffe de Nemours, & la fit embarquer avec les autres prifonniers. Brantôme dit qu'au moment de quitter le château « elle « hauffa & tourna la tefte en haut, vers le pourtrait du « Roy Loüis XII, fon grand-père, qui eft là engravé

---

[1] Pafquier, livre XIII, lettre 10, col. 382. — *Journal de l'Eftoile*, t. II, pp. 173 & 178.
10, col. 382.

[2] Pafquier, livre XIII, lettre

« en pierre, au-deſſus, ſur un cheval, avec une fort
« belle grâce & guerrière façon. Elle, s'arreſtant là un
« peu, & le contemplant, dit tout haut, devant force
« monde là accouru, d'une belle & aſſeurée contenance,
« dont jamais n'en fut deſpourveue : Si celuy qui eſt
« là repréſenté eſtoit en vie, il ne permettroit pas
« qu'on emmenaſt ſa petite-fille ainſi priſonnière, &
« qu'on la traittaſt de cette ſorte... Poſſible, ajoute
« Brantôme, que l'invocation de cette princeſſe peuſt
« ſervir à avancer la mort du Roy, qui l'avoiſt ainſi
« ouſtragée. Une dame de grand cœur, qui couve une
« vindicte, eſt fort à craindre [1]. »

Ce fut un douloureux ſpectacle pour toute la cour,
de voir un roi de France réduit au rôle humiliant de
gardien & de conducteur de ſes priſonniers. On dut
croire même que Henri III avait choiſi un prétexte
pour quitter ſans ſcandale la ville de Blois, que menaçait le duc de Mayenne, déjà maître d'Orléans. Mais,
après avoir mis ſes captifs aux mains de du Guaſt, le
roi apprenant que le maréchal d'Aumont avait levé le
ſiége d'Orléans, revint en grande hâte à Blois, le ſur-
lendemain au ſoir.

A peine de retour, il eut la douleur de voir que
toutes les précautions, priſes avec tant de ſoins pour la
conſervation de ſes priſonniers, allaient devenir inutiles. Du Guaſt, inſtallé dans ſes nouvelles fonctions, ne
tarda pas à être circonvenu par la Ligue, & bientôt des
offres avantageuſes lui furent faites. Il ſe laiſſa ſéduire

[1] Brantôme, *Sur l'amour des*   pages 505 & 506 de l'édition
dames pour les braves, t. VII,   1823.

avec d'autant plus de facilité, qu'il apprenait l'éloignement, chaque jour plus prononcé, du roi pour tous
ceux qui avaient pris part au meurtre du 23 décembre.
En effet, les événements, depuis cette époque, avaient
été fi fatals à Henri III, qu'il en était arrivé à les reprocher aux exécuteurs mêmes de fes ordres. Déjà Loignac avait été difgracié, & c'était à Amboife, auprès de
du Guaft lui-même, qu'il avait cherché un refuge contre
la haine du monarque [1].

La défection de du Guaft paraiffait tellement imminente, & Henri III fut fi alarmé de perdre fes précieux
otages, qu'il fe crut obligé de négocier avec lui & de
lui offrir trente mille écus pour obtenir la remife immé-
diate du cardinal de Bourbon, du prince de Joinville
& du duc d'Elbeuf. On lui laiffait la faculté de traiter
avec la Ligue pour la rançon de l'archevêque de Lyon
& des autres prifonniers. Du Guaft accepta, & le cardinal de Bourbon, qui déjà s'entendait traiter de roi, fut,
avec les autres princes, conduit à Blois, fous bonne
garde [2].

Au milieu de ces circonftances, chaque jour plus
critiques, le roi, loin de fe réfoudre à un parti décifif
& de fuivre un plan définitivement tracé, publiait
d'inutiles manifeftes contre les ducs de Mayenne &
d'Aumale. Dans un édit, daté des premiers jours de
février, il faifait une énumération de tous les événements paffés, & en rejetait les torts & les malheurs fur

[1] Pafquier, livre XIII, lettre
10. — De Thou, t. X, liv. XCIV,
p. 508 & fuiv.

[2] De Thou, t. X, liv. XCIV,
p. 510. — Pafquier, liv. XIII,
lett. 10.

les projets de Guife, fuivis par fes frères & par tous ceux qui avaient hérité de fon ambition & de fon audace [1].

L'irréfolution naturelle & la défiance de Henri III l'empêchaient de choifir parmi une foule d'avis contraires, que chacun autour de lui s'empreffait de lui donner, & il femblait vouloir s'abandonner à de vagues & trompeufes illufions. Cependant l'arrivée à Blois du comte de Soiffons, qui venait de battre, dans le Maine, un parti de ligueurs, obligea le confeil royal à difcuter un plan régulier d'opérations. On agita longtemps la queftion de favoir quelle ville Henri devait choifir pour y tranfporter fa cour, le parlement & le confeil, pendant toute la durée des troubles. Le duc de Nevers confeillait de paffer à Moulins & de fe rapprocher de Lyon & des forces que Sancy devait amener de la Suiffe. Le comte de Soiffons fut d'un avis contraire. Il foutenait que s'éloigner de la Loire ferait un acte d'imprudence; qu'abandonner cette barrière, ce ferait livrer le pays en deçà & au-delà du fleuve, & que cette retraite ferait regardée comme une fuite, dans un moment où il fallait payer d'audace pour attirer à foi la nobleffe. « Quelle honte pour le prince, ajoutait « le comte de Soiffons, de voir fes ennemis maîtres « du château de Blois, comme cela ne peut manquer « d'arriver, ne laiffer, pour fatisfaire leur reffentiment, « que de triftes débris de ce fameux palais, qui fervit « fi longtemps de demeure à nos rois; triompher,

---

[1] De Thou, *Hift. univ.*, tome   *Recueil d'Ifambert*, tome XIV, X, livre xcv, page 575. —   page 635.

« pour ainſi dire, du monument le plus célèbre de la
« grandeur de nos monarques & élever ſur ſes ruines
« un trophée plein d'horreur, où ſe lirait l'extinction
« de la monarchie. » Le comte concluait en engageant
Henri III à ſe rendre à Tours, afin de ſe rapprocher
du roi de Navarre, & de contracter avec ce prince la
ſeule alliance capable d'amener promptement la ſolution de tant de difficultés, de mettre un terme à tant
de malheurs [1].

La répugnance du roi pour traiter avec un chef
d'hérétiques, le fit longtemps héſiter. Pendant ce temps,
Tours ſe ſouleva, & Souvré, gouverneur de la province,
eut grand peine à réprimer la révolte. Il déclara à
Henri qu'il ne pouvait répondre de conſerver la ville
contre de nouvelles tentatives, ſi la préſence du monarque ne venait encourager les gens de bien & contenir les ſéditieux. Cette circonſtance ſuffit pour
déterminer le roi [2].

Avant de partir, il réſolut, ſur les conſeils du ſurin-
tendant d'O, qu'il avait chargé de ſes finances, de
tranſporter le parlement de Paris & la chambre des
comptes dans la ville de Tours. Les principaux membres de cette dernière compagnie, que le roi avait,
dès le commencement des Etats, mandés à Blois, ſe
préſentèrent au château, avec Etienne Paſquier à leur
tête, pour prendre congé du roi ; ce dernier, vivement

---

[1] De Thou, t. X, liv. xcv,   ſelle, tome X, livre xcv, page
p. 579 & ſuiv.   581. — Paſquier, livre xiii,
[2] De Thou, *Hiſtoire univer-*   lettre xi.

ému, les exhorta à lui continuer la fidélité dont ils lui avaient donné tant de preuves [1].

Les deux compagnies du parlement & de la chambre des comptes étaient à peine arrivées à Tours, qu'Henri III fe difpofa à quitter Blois. Il laiffa dans la ville une garnifon, en partie compofée de foldats que le duc d'Epernon lui avait envoyés, fous les ordres du comte de Brienne, fon beau-frère. Sur la fin de février, il quitta le château, fuivi du cardinal de Bourbon, du duc d'Elbeuf & du prince de Joinville, fes prifonniers [2].

A dater de cette époque, les affaires de Henri III commencèrent à prendre un afpect plus favorable. Son alliance avec le roi de Navarre femblait lui ouvrir les portes de Paris. Déjà tout le littoral de la Loire avait été occupé par les troupes du Béarnais. Dans les premiers jours de mai, celui-ci adreffait cette lettre à la belle Diane d'Andouin, fa maîtreffe [3] :

« Mon ame, je vous efcris de Bloys, où il y a cinq
« mois que l'on me condamnoit hérétique & indigne
« de fuccéder à la couronne, & j'en fuis, afteure, le
« principal pillier... Voyés les œuvres de Dieu, avers
« ceux qui fe font toufiours fiés en luy ? Car y avoit-
« il rien qui eut tant d'apparence de force qu'un
« arreft des Eftats ? Cependant j'en appelois devant
« Celuy qui peut tout, qui a reveu le procès, a caffé
« les arrefts des hommes, m'a remis en mon droict, &
« crois que ce fera aux dépens de mes enemys.

[1] Pafquier, liv. xiii, lett. 11, col. 388.

[2] De Thou, t. X, p. 582.—

Pafquier, livre xiii, lettre 11.

[3] *Lettres de Henri IV*, édit. B. de Xivrey, t. II, p. 487.

« Ceux qui fe fient en Dieu & le fervent, ne font
« jamais confus..... »

Henri III revit Blois, pour la dernière fois, dans les
premiers jours de juin, en paffant pour aller rejoindre
le quartier-général du roi de Navarre, alors à Beau-
gency. Au moment où l'union des deux rois pouvait
faire efpérer aux amis de la monarchie le rétabliffement de l'ordre & le retour au gouvernement légitime,
le fanatifme, en éteignant la race des Valois, devait
encore faire acheter à la France, par de cruelles années
de guerre civile, les bienfaits du règne de Henri IV.

VII

LE CHATEAU DE BLOIS DEPUIS LES BOURBONS

A l'avénement de la maifon de Bourbon, l'importance hiftorique du château de Blois commence à décroître. En fe rappelant les diverfes phafes de fon exiftence paffée, on peut s'expliquer fans peine les caufes qui ont fixé ou appelé jufqu'ici dans fes murs la préfence de nos rois, & celles qui devront les en éloigner de plus en plus jufqu'à ce qu'il foit abandonné par eux, fans retour.

Sous Charles VII, il devint le refuge obligé de la monarchie, lorfqu'elle reculait devant l'invafion étrangère jufqu'à cette barrière naturelle formée par la Loire. Berceau de Louis XII, notre pays offre à ce prince l'attrait fi vif de la terre natale. Le caprice feul y appelle, à de longs intervalles, François Ier & Henri II;

Fontaineblau, Saint-Germain, Chambord, ont feuls le
privilége de cacher, dans leurs royales folitudes, une
cour galante, dont le goût pour les fêtes & les plaifirs
fuyait le trifte fpeɛtacle des fouffrances du peuple, &
les importunes colères des grandes villes. Pendant les
guerres religieufes du règne de François II & de
Charles IX, les tranfaɛtions fi fréquentes avec les proteftants, dont les forces occupaient tout le midi &
l'oueft de la Loire, attirent fouvent ces deux princes
à Blois. Henri III y eft également conduit par des
motifs politiques; dans fes luttes avec la Ligue & les
Guife, le royalifme d'un pays calme, étranger à l'affo-
ciation qui menaçait le trône, lui offrait plus de fécurité pour fa vie, plus de garantie pour fes projets. A
dater du règne de Henri IV, la cour ne doit plus s'éloigner que rarement de la capitale; la poffeffion de
Paris avait fait la puiffance de la Ligue, elle avait fait
le roi de Navarre roi de France. Lorfque le royaume
eft pacifié & la Ligue détruite, le fyftème de la centralifation prend naiffance; le pouvoir fe concentre fur
un feul homme, le monarque; le fiége du pouvoir fur
un feul point, la capitale; Paris va devenir la France,
& bientôt le fouverain pourra dire : *L'Ètat, c'eft moi.*

La centralifation du gouvernement rencontra d'a-
bord, parmi. les grands. du royaume & dans les provinces dont elle menaçait les priviléges, une longue &
vive oppofition. Le mécontentement fe manifeftait
furtout dans la Guyenne, la Provence, la Saintonge,
l'Angoumois & le Poitou, où les ducs de Bouillon, de
Biron & d'Epernon avaient une grande influence, de

nombreux vaffaux & beaucoup de places fortes. Blois
conferve donc quelque temps encore les avantages de
fa pofition, comme point intermédiaire entre Paris &
les provinces infoumifes. Ce motif devait fuffire pour
empêcher Henri IV de négliger une réfidence que
recommandaient d'ailleurs & fa magnificence & fes
fouvenirs. Nous voyons, en effet, qu'il fe plut à l'orner [1], & qu'il y fut obligé à un long féjour au commencement de mars 1602, lorfqu'il fe rendit en Poitou
pour étouffer les troubles & les foulèvements qui
menaçaient d'éclater dans le Midi.

Il avait mandé à Blois les ducs d'Epernon & de
Bouillon, fur les projets defquels les bruits les plus
menaçants lui étaient parvenus. Le premier, auquel il
s'ouvrit d'abord, répondit qu'il avait en effet connaiffance des mécontentements de quelques provinces &
des deffeins extravagants attribués à certains feigneurs,
mais qu'il y était étranger, & ne quitterait le roi que
lorfqu'il le verrait fans défiance & fans foupçons.
Henri IV fut moins content du duc de Bouillon, qui
expofa fans ménagement toutes les plaintes & tous les
griefs du parti des réformés. Cependant il fe confon-
dit en proteftations de fidélité que le roi parut recevoir avec confiance.

Il fe tint auffi, à la même époque, un confeil fecret,
où affiftaient le comte de Soiffons, Rofny, Cheverny,
meffieurs de Villeroy & de Maiffe. Il y fut queftion de
s'affurer des deux feigneurs dont nous venons de
parler, & du maréchal de Biron, fur lefquels les décla-

---

[1] Voir, p. 50, la defcription d'une galerie qu'il y fit conftruire.

rations de Jacques Lafin faifaient planer, depuis un an, des foupçons de complot avec l'étranger & de conjuration contre l'Etat. Sur l'avis de Sully, on réfolut d'attendre des preuves plus évidentes, avant de rien entreprendre contre des hommes puiffants, qu'une rigueur inopportune pouvait rendre redoutables & que la clémence pouvait ramener [1].

Ce fut pendant le même féjour que Henri IV data de Blois, au mois d'avril, fon premier édit fur les duels : les contrevenants étaient confidérés comme criminels de lèfe-majefté [2].

Le château de Blois a perdu déformais toutes fes fplendeurs royales, & nous ne devons, longtemps, le voir apparaître dans l'hiftoire que comme un lieu d'exil. Il aura encore à recueillir, dans fes murs, de hautes infortunes, jufqu'à ce que, victime auffi lui-même d'une difgrâce éclatante, le féjour des rois devienne un corps de garde.

On fait comment le maréchal d'Ancre fut tué le 24 avril 1617, par ordre de Louis XIII, à qui Luynes, favori imprévu d'un roi de feize ans, perfuada qu'un guet-apens était devenu l'unique moyen de falut d'une royauté affervie. A dater de cette journée, que marqua la violence & la faibleffe, Marie de Médicis perdit le pouvoir qui avait furvécu à fa régence. Obfcurément enveloppée dans les accufations où l'on cher-

---

[1] Sully, *OEcon. Royales*, t. II, pages 70 & fuivantes de l'édition aux V verts. — De Thou, tome XIV, livre CXXVIII, p. 63.

[2] *Recueil d'Ifambert*, t. XV, p. 266.

chait une apologie pour le meurtre d'un homme dont
elle avait élevé fi haut la fortune, la reine ne put alors
retrouver dans le cœur de fon fils ni condefcendance
ni pitié. Après huit jours confumés en vaines fupplications, elle quitta, le 4 mai 1617, le Louvre, encore
teint du fang de Concini, pour aller dévorer les ennuis qui l'attendaient au château de Blois [1].

Ce n'était ni une captivité, ni une liberté réelle
qu'elle devait y trouver. Le jeune roi, s'imaginant que
l'éloignement de Marie pouvait feul le mettre à couvert des complots dont il croyait rompre la trame, ne
voulut point toutefois paraître inhumain envers une
mère [2]. La féparer de fes plus dévoués ferviteurs,
féduire les autres pour en faire des furveillants affidus,
telles furent les fûretés que Luynes & fes frères firent
envifager à Louis XIII comme l'effet d'un plan de
conduite qui fatisferait à la fois la politique & la bien-
féance.

Armand du Pleffis de Richelieu, évêque de Luçon,
que l'on voyait alors préluder par l'afcendant qu'il ac-
quérait fur la mère, à l'empire abfolu que, plus tard,
il devait exercer fur le fils, avait, fur l'ordre de Louis
XIII, fuivi Marie, pour remplir auprès d'elle les fonctions de chef de fon confeil & d'intendant de fa maifon.
Mais la préfence à Blois d'un homme dont l'habileté
& la fineffe étaient bien connues, ne tarda pas à effa-

---

[1] *Hiftoire de la mère & du fils*, t. II, pp. 185, 275 & fuiv. — *Mem. recond. di Vittorio Siri*, t. IV, p. 63.

[2] *Lettre du roi Louis XIII aux échevins de Blois*, dans les regiftres municipaux de cette ville.

roucher la défiance ombrageufe du duc de Luynes.
Un ordre de la cour l'éloigna de la reine-mère. Malgré les prières & les proteftations de Marie, qui voyait
dans cette mefure un nouvel affront, l'évêque de Luçon fe retira dans fon diocèfe. Il mit à obéir un empreffement & une réfignation qui font foupçonner
l'adroit prélat d'avoir lui-même cherché, dans cette
opportune rigueur, une fauvegarde contre les périls
qui s'affocient d'ordinaire à la fidélité gardée envers la
grandeur déchue [1].

Privée de fon confident & de fon confeil, la malheu-
reufe Marie devait encore recevoir un coup plus affreux en apprenant la condamnation de la maréchale
d'Ancre, fa meilleure amie. Cette mort tragique, dont
la nouvelle lui parvint à Blois, rendait plus douloureux le vide que la perfécution de Luynes voulait
faire autour d'elle.

L'outrageante furveillance dont elle était l'objet, le
fyftème d'efpionnage & de délation dont le favori de
fon fils l'entourait, la plongèrent d'abord dans un profond découragement. Luynes femblait, en effet, vouloir
ifoler fa victime de toute commifération. On craignait
d'encourir la difgrâce royale en s'arrêtant à Blois pour
complimenter la reine, & Marie elle-même, fe réfu-
giant dans fa folitude, fe refufait à communiquer avec
les amis reftés fidèles à fon malheur, ou avec les ambaffadeurs qui fe préfentaient au château pour lui
faire leur cour [2].

[1] Girard, *Vie du duc d'Eper-*   [2] *Hiftoire de la mere & du*
non, t. II, p. 300.   *fils*, t. II, p. 252.

Elle se flattait sans doute que sa résignation dissipe-
rait, dans l'esprit de Louis XIII, toutes les craintes
qu'on voulait inspirer au jeune monarque sur ses projets de recouvrer une autorité désormais perdue. Mais
après un an de muettes douleurs, désespérant de voir
sa réconciliation avec son fils & son rappel à la cour
devenir le prix de sa résignation, elle consentit enfin à
autoriser les démarches franches & loyales que le duc
de Rohan voulait faire pour elle, & plus tard, les se-
crètes intrigues de quelques serviteurs.

La prison, le bannissement, les supplices pour les
auteurs de ces intrigues, & pour Marie une surveillance
plus grande & une captivité plus étroite, tel avait été,
jusqu'en 1618, le résultat des complots mystérieux
qui avaient eu sa délivrance pour objet [1].

Cependant un seul avait échappé à la vigilance de
Luynes & de ses nombreux espions. La trame en était
très-adroitement ourdie par un homme dévoué, ambitieux, habile, & qui comprenait que, pour arriver à
sauver la reine, il fallait un concours plus puissant que
celui d'amis obscurs, ou de courtisans disgraciés.
L'abbé Ruccelai avait rempli, dans les affections & la
confiance de Marie de Médicis, le vide qu'avait laissé
l'absence de Richelieu. Cet attachement de Marie était
fondé sur le dévouement bien connu d'un compatriote, ancien ami de Concini, & l'ennemi prononcé
de Luynes. Ruccelai ne tarda point à faire adopter à
la reine un plan de délivrance dont l'exécution, long-

[1] *Mémoires de Rohan*, t. I,   *du fils*, tome II, pages 290 &
p. 72. — *Histoire de la mère &* suivantes.

temps différée par d'épineuſes négociations, eut cependant un plein ſuccès.

Reconnaiſſant les dangers & les incertitudes des cor-
reſpondances comme moyen d'intrigue, Ruccelai avait
obtenu de la reine-mère la permiſſion de quitter Blois
pour ſe rendre à la cour, & créer lui-même un parti
nouveau dont les éléments garantiraient la force. Il
avait auſſi obtenu du duc de Luynes, mais toutefois
ſous la caution de Baſſompierre, d'aller à Paris chercher des plaiſirs que la ſolitude du château de Blois
ne pouvait lui offrir, & dont ſon exiſtence toute mon-
daine & ſa réputation de galanterie ſemblaient lui rendre la privation inſupportable.

Arrivé à la cour, Ruccelai trouva les principaux ſeigneurs irrités contre le deſpotiſme de Luynes & en-
vieux de ſon pouvoir; mais, bien qu'ils témoignaſſent
des diſpoſitions toutes favorables à la reine, ſans volonté & ſans réſolution de la ſervir. Malgré le ſecret &
l'adreſſe de ces premières négociations, Luynes ne
tarda pas à prendre ombrage de démarches dont il
appréciait trop bien les motifs, & bientôt un ordre
de quitter Paris obligea Ruccelai à recourir à des
voies plus clandeſtines pour arriver au but où tendaient ſes efforts. Traqué de tous côtés par une foule
d'émiſſaires chargés d'épier ſa conduite, il fut réduit,
pour éluder leur vigilance, à une vie de ruſe & de ſtra-
tagèmes. Il ne voyagea plus que de nuit, ſeul & tra-
veſti, &, en ſe cachant le plus ſouvent aux environs de
Blois, il continua à entretenir des relations ſuivies
avec la reine-mère.

Effrayé de tant de démarches, oſtenſibles ou ſecrè-

tes, ayant pour but la délivrance de Marie, le confeil
de Louis XIII voulut entourer cette princeffe de
liens plus difficiles à rompre, du moins on s'en flattait,
que ceux à l'aide defquels on l'avait jufqu'alors rete-
nue à Blois.

Le père Arnoux, confeffeur du roi, lui fut député
pour éclairer la confcience d'une mère fur les devoirs
d'une fujette. Il lui repréfenta avec force ce que ceux-
ci avaient d'impérieux & de facré, & obtint d'elle
qu'elle foufcrivît à l'engagement formel de « n'avoir
« déformais penfée ni défir qui ne tendît à la profpé-
« rité des affaires du roi, de lui rendre, toute fa vie,
« tous les devoirs & toute l'obéiffance dus à Sa Ma-
« jefté comme à fon fouverain feigneur;... de n'avoir
« aucune correfpondance, ni dedans, ni dehors le
« royaume, qui pût préjudicier à fon fervice; défa-
« vouant toutes les perfonnes, de quelque qualité
« qu'elles fuffent, qui, fous fon nom, fe voudroient
« ingérer d'aucune pratique ou menée... contraire à
« la volonté de fa majefté, & de n'avoir aucune volonté
« de retourner à la cour, que lorfqu'il plairoit au roi
« de le lui ordonner, &c. »

Ces promeffes furent, dit-on, interprétées par le
père Suffren, confeffeur de la reine, d'une manière
qui détruifit tout l'effet qu'en attendait le père Arnoux ;
&, tandis que de vaines paroles, dictées à une princeffe captive, infpiraient à Louis XIII & à fon favori
une fauffe fécurité, Ruccelai, muni antérieurement
des pouvoirs de la reine, gagnait à fa caufe l'appui
des ducs de Bouillon & d'Epernon. Du Buiffon, confeiller au parlement de Paris, ami de Ruccelai, La Hil-

lière, gouverneur de Loches & créature de d'Epernon,
du Pleffis-Bauffonnière, gentilhomme attaché au duc
& le plus intime de fes confidents, furent les agents
fubalternes de Ruccelai & des deux ducs. Ce qu'il fallut de démarches & d'intrigues pour l'exécution d'un
complot qu'on employa près de deux années à mûrir ;
les incidents divers, les trahifons qui le traverfèrent,
auraient, à être racontés, tout l'intérêt d'un roman.
Mais notre fujet nous oblige de nous en tenir au récit
des circonftances du dénouement [1].

Durant l'abfence de Ruccelai la reine-mère lui avait
écrit plufieurs fois de Blois fans recevoir de réponfe.
Dans fon inquiète impatience, elle fit parvenir au duc
d'Epernon une lettre écrite par Chanteloube, un des
officiers de fa maifon & l'un de fes confidents. Cette
lettre, *en ftyle de galimatias*, comme on difait alors, s'ex-
primait ainfi :

« Monfieur, depuis que le fieur Artus [Ruccelai]
« eft parti pour aller vous trouver, je n'ai point appris
« de fes nouvelles, ni des vôtres, dont je fuis en grand'
« peine. C'eft pourquoi je vous fupplie, monfieur, de
« m'en mander par ce porteur. S'il n'eft point arrivé
« de mal au fieur Artus, il a tort de m'avoir laiffée fi
« longtemps en peine. Obligez-moi, monfieur, de me
« mander ce qui en eft, & auffi l'eftat de votre fanté,
« que je fouhaite être telle que vous la défirez. Je
« m'oubliois de vous dire que l'armurier [le duc de

[1] Cf. *Mém. de Baffompierre*,   *Vallette*, au Recueil d'Aubery,
t. 1 ; *Vie du duc d'Epernon*, t.   t. 1 ; *Mercure françois*, t. V ;
II ; *Relation du cardinal de la   Hiftoire de la mère & du fils*, &c.

« Luynes], avec lequel nous avons l'affaire que vous
« favez, me fait rechercher d'accommodement ; mais je
« ne fais ce que c'eſt de faire affaire, ſi je n'ay l'avis
« de mon mari que je refpecte ; de forte que je ne
« .ferai rien qu'il ne le trouve bon. Les juges qui doi-
« vent juger notre procès reconnoîtront que notre
« caufe eſt fort bonne : d'ailleurs, Dieu étant pour la
« juſtice, j'efpère que nous aurons telle iffue que
« nous pourrions fouhaiter. Si vos affaires vous le
« pouvoient permettre, je voudrois que vous fuffiez
« prêt à partir dès demain. Je remettray le tout à
« votre prudence accouſtumée, & vous fupplieray
« très-humblement de me croire votre très-humble &
« très-obéiffante fervante. » La lettre avait pour ſigna-
ture un double X.

Pour réponfe à cette lettre, Ruccelai ne ſongea qu'à
faire parvenir promptement à la reine l'avis de la
prochaine exécution d'un complot ; mais cette réponfe,
interceptée par l'infidélité du porteur, ne parvint à
Blois que le jour même où fonnait pour Marie l'heure
de la délivrance.

Au mois de février 1619, tout était préparé pour
l'évafion. Du Pleffis, retenu auprès de La Hillière,
effarouché des premières ouvertures qui lui avaient été
faites, fut réduit, tout délai devenant périlleux, à ſe
faire remplacer près de la reine, qu'il devait aller
chercher à Blois, par un valet de chambre de confiance, nommé Cadillac.

Voilà donc Cadillac s'acheminant vers Blois, muni
de quelques mots pour le comte de Brenne, premier
écuyer de Marie de Médicis, &, ce qui était plus

grave, chargé de lettres adreſſées à la reine par les auteurs de l'entreprife. Il arrive, pénètre juſqu'à M. de Brenne, & eſt introduit par lui dans le cabinet de la reine, avec laquelle il reſte feul, ſon introducteur ne ſachant rien de l'objet de ſa miſſion. Alors, au nom de Du Pleſſis, il conjure Marie d'envoyer aux Montils, la poſte la plus voiſine de Blois, ſur la route de Loches, une perſonne ſûre. Mais Marie déclare n'avoir près d'elle aucun homme à qui elle oſe confier ſon fecret, & prie à ſon tour Cadillac d'inviter Du Pleſſis de ne point reſter aux Montils, mais de venir juſqu'à Blois & de s'arrêter dans le faubourg de Vienne, à l'hôtellerie du *Petit-Maure* où il aura de ſes nouvelles.

Cadillac retourne auſſitôt vers ſon maître qui, raſſuré ſur la réſolution de La Hillière, s'avançait juſqu'au lieu que lui-même avait déſigné à la reine pour y attendre ſes ordres. Ceux qu'il recevait par Cadillac lui font pourſuivre ſa route & il arrive, à l'entrée de la nuit, au *Petit-Maure*, où l'on vient le chercher pour le conduire au château, à l'appartement du comte de Brenne.

Dès qu'il fut poſſible à Marie d'éloigner les perſonnes de ſa maiſon, elle reçut Du Pleſſis, qui tout d'abord inſiſta pour que l'exécution du projet d'évaſion ne ſouffrît pas de délai. Il fallait près de la reine-mère quelqu'un chargé de faire tous les apprêts de ſa fuite. Elle perſiſtait à dire n'avoir perſonne à qui confier ce ſoin; mais Du Pleſſis lui propoſa M. de Brenne. Marie le trouvait bien jeune; Du Pleſſis ſe chargea de ſuppléer à ce qui lui manquait d'expérience.

De Brenne, à qui l'on s'ouvrit alors, eut rapidement
préparé tout dans la journée du lendemain. Il y eut
des échelles prêtes, des voitures commandées, & Du
Pleſſis, demeurant enfermé dans le cabinet de Marie,
expédia Cadillac à l'archevêque de Toulouſe, qui
devait attendre la reine à Loches, en le chargeant
d'inſtruire le prélat de ce qui s'était paſſé. Mais le
confident de Du Pleſſis rencontra le duc d'Epernon
lui-même, qui n'avait pas voulu ſe laiſſer devancer par
ſon fils, & Cadillac fut auſſitôt renvoyé à Blois, pour
annoncer que l'archevêque devait ſe rendre à Montrichard avec cinquante gentilshommes, & y ferait bientôt ſuivi par le duc, ſon père, qui, avec le gros de la
troupe, viendrait au-devant de la reine [1].

Parmi les perſonnes qui entouraient Marie de Médicis, quatre ſeulement étaient dans le ſecret de ſon
projet d'évaſion : de Brenne, deux exempts des gardes,
La Mazure & du Lyon, & Catherine, femme de chambre
italienne. La nuit même où les deſſeins de la reine
étaient au moment de s'exécuter, où les échelles
étaient dreſſées pour ſa fuite, l'on inſiſtait encore,
dans ce petit conſeil intime, pour la détourner d'une
entrepriſe haſardeuſe, dont les confidences de Marie
n'étaient point allées, il eſt vrai, juſqu'à nommer les
promoteurs. Néanmoins, Marie demeurait ferme dans
ſon projet, trop près d'ailleurs de ſon exécution pour
qu'on pût y rien changer. Sans vouloir, on ne ſait
pourquoi, avouer le concours du duc d'Epernon, elle

[1] *Vie du duc d'Épernon*, t. II,   bery, tome I, pages 285 & ſui-
p. 368 & ſuiv. — *Recueil d'Au-*   vantes.

s'efforçait, de fon côté, d'infpirer à fa petite cour une
fécurité qui fans doute était loin d'elle, lorfque, tout
à coup, quelqu'un heurte à la fenêtre du cabinet :
c'était Cadillac.

Parti de Loches à huit heures du foir, & arrivé au
pont de Blois à minuit, Cadillac avait été arrêté par un
écuyer de la reine & un valet de pied, qui, chargés de
conduire les voitures hors de la ville, avaient ordre de
ne laiffer paffer que le courrier attendu. Cadillac eut
beau dire qu'il était ce courrier, les gens de la reine
n'ayant pas voulu le croire fur parole, l'avaient fuivi
jufqu'au lieu où devait s'effectuer l'évafion. L'intelli-
gent meffager de Du Pleffis avait fi bien reconnu toutes
les rues qui conduifaient aux échelles, qu'il arriva
bientôt à celle qui était pofée contre la terraffe. Il
paffa enfuite à la feconde, dreffée de la terraffe contre
le cabinet par où Marie devait fortir. Parvenu à la
fenêtre, il entendit le bruit de la difcuffion à laquelle
donnaient lieu les craintes & les héfitations de la reine.
Sa préfence diffipait heureufement tous les doutes. En
fe précipitant aux pieds de Marie, il lui dit que tout
allait au gré de fes défirs, que le duc d'Epernon était
à Loches, monfeigneur de Touloufe à Montrichard, &
trois cents gentilshommes avec eux, prêts à fuivre & à
fervir partout Sa Majefté.

Au nom du duc d'Epernon, que les gens de la reine
entendaient pour la première fois, ils fe raffurè-
rent & n'infiftèrent plus contre la réfolution de leur
maîtreffe. La gaîté fe répandit fur tous les vifages ; la
reine en témoignait plus que tous les autres.

« Sans perdre plus de temps à parler, dit Girard,

« Elle-même leva fa robe, & l'ayant trouffée pour
« fortir plus aifément, elle donna la main au comte de
« Brenne qui ´étoit paffé le premier, & defcendit la
« feconde, Le Pleffis, le troifième, & enfuite les
« autres. La reine eut tant de peine à cette première
« defcente, qu'elle ne put fe réfoudre à fe fervir
« d'échelle pour defcendre du haut de la plate-forme
« dans la rue du faubourg. Elle aima mieux, la terre
« étant éboulée en beaucoup d'endroits, parce
« que la terraffe n'étoit pas encore revêtue, s'affeoir
« fur un manteau, lequel, tiré doucement en bas,
« conduifit à l'aife Sa Majefté. Les autres, ou par le
« même moyen, ou par l'échelle, la fuivirent prompte-
« ment, de forte qu'elle fut incontinent prife fous le
« bras par le comte de Brenne & Le Pleffis qui, la con-
« duifant le long du faubourg, firent rencontre de fes
« propres officiers. Ceux-ci, voyant une femme fans
« flambeaux, entre deux hommes, la prirent pour une
« femme de débauche. Elle l'ouït, & dit en riant au
« Pleffis : *Ils me prennent pour une bonne dame* [1].

Le plus difficile paraiffait fait; un carroffe devait

[1] *Vie du duc d'Épernon*, par
Girard, t. II, p. 379 & fuiv.—
Avant les conftructions de Gafton d'Orléans, les terraffes du
château de Blois n'étaient point
foutenues par des revêtements
de pierre, & ne préfentaient que
les pentes abruptes du rocher
ou de la tranchée des *foffés du
château*. On gagna le fommet
des terraffes par les pentes de
la tranchée, du côté du faubourg du Foix, & on alla de là
au-deffous des fenêtres de la
reine, où la pente des foffés,
maintenant comblés en cet endroit, a confervé, en partie, fon
ancienne phyfionomie, & on y
trouva l'échelle de corde attachée à la fenêtre du cabinet.

attendre les fugitifs à l'extrémité du pont. Ils arrivent, mais ne trouvent ni carroffe, ni perfonne pour les avertir de ce qu'il était devenu. Nouveau trouble, nouvelle anxiété. Les gens de la reine avaient-ils été gagnés? Etait-on trahi par Du Pleffis, ou Du Pleffis l'était-il par Cadillac? On ne favait s'il fallait attendre ou retourner fur fes pas, lorfqu'un valet de pied arrive & apprend que le caroffe avait été mis dans une ruelle écartée, afin qu'il ne fût point aperçu des gens qui paffaient fur le pont.

La reine monta avec le comte de Brenne, Du Pleffis & Catherine. Les autres avaient des chevaux. On allait partir, lorfque Marie s'aperçoit qu'il lui manque une caffette. Elle veut qu'on la trouve, & ce nouveau retard met au comble l'impatience générale. Après une longue recherche, la caffette eft trouvée au pied de la terraffe, où elle avait été oubliée dans la précipitation du premier moment; elle contenait pour cent mille écus de pierreries. Ce fut le dernier épifode. On fortit filencieufement du faubourg, puis les flambeaux furent allumés, & la mère du roi de France, fugitive, fe dirigea rapidement, avec fa petite efcorte, du côté de Montrichard [1].

L'entreprife réuffit au-delà de toute efpérance, & ce fuccès fut dû, fans nul doute, à la rapidité de l'exécution elle-même & aux précautions dont elle fut entourée, car la fortie de la reine fut fi fecrète que perfonne dans le château ne s'en aperçut. Il était déjà grand jour lorfque les gens attachés à fon fervice, étonnés

[1] *Recueil d'Aubery*, t. I, p. 284 & fuiv.

du filence qui régnait dans fes appartements, cherchèrent la cámérifte Catherine, & ne la trouvant pas, entrèrent dans la chambre de la reine. La chambre était vide
& les fenêtres du cabinet étaient ouvertes. Les fugitifs
avaient eu foin de jeter les échelles dans la Loire,
pour ne point laiffer de traces de l'évafion. La vérité fut
bientôt connue de tous, & la nouvelle que la reine-
mère avait quitté Blois fe répandit foudain.

Cet événement, que d'autres avis plus certains ne
tardèrent pas à confirmer, fut pour les habitants du
château un fujet d'étonnement, de crainte ou de joie,
felon les rôles qu'ils rempliffaient auprès de la reine,
& felon l'affection ou la haine qu'ils lui portaient. Les
uns étaient effrayés du foupçon de complicité qui
pouvait leur attirer la vengeance du favori tout-puiffant, les autres, courtifans efpions, craignaient la colère
de Marie devenue libre. Ce fut au milieu de cette agitation & de ces incertitudes que la marquife de Guerche-
ville, dame d'honneur de la reine, reçut une lettre par
laquelle Marie lui annonçait fon arrivée à Loches, &
l'engageait à venir la rejoindre avec ceux qui ne crain-
draient pas de fuivre fa fortune.

Trois mois plus tard, prefque toutes les perfonnes
engagées dans l'entreprife dont on vient de lire le
récit avaient changé de rôle, d'affections & d'efpérances. Marie de Médicis, libre par un accommodement
conclu avec fon fils, fe montrait fans empreffement
de revoir la cour. Richelieu remplaçait, dans fon crédit
fur la reine-mère, Ruccelai difgracié pour avoir voulu
perdre le duc d'Epernon. Tout, en un mot, fignalait
la confufe inftabilité des intrigues de cette époque, &

22

la marche incertaine d'une adminiftration à laquelle
l'inflexible volonté de Richelieu n'avait pas encore
imprimé une direction & prefcrit un but.

On fait combien d'attaques Richelieu eut à foutenir
pour demeurer maître abfolu de l'autorité & de l'efprit de Louis XIII. Le château de Blois devait être le
théâtre d'un de ces actes de fermeté, par lefquels le
cardinal déjoua les complots tramés contre lui. Il avait
perfuadé au roi de fe rendre en Bretagne, pour effrayer le duc de Vendôme, gouverneur de cette province, affocié avec fon frère, le grand prieur, au
projet conçu par Chalais & foutenu par Gafton, duc
d'Anjou, de fe défaire du cardinal à fa maifon de
Fleury, projet que la timidité de fes auteurs avait fait
avorter. En apprenant cette nouvelle & la marche du
roi vers la Bretagne, le duc & le prieur de Vendôme
fe rendirent à Blois au-devant de Louis XIII, dans l'efpérance que leur empreffement à paraître à fa cour
apaiferait le courroux du monarque & le reffentiment
du miniftre. Ils defcendirent au château, le 12 juin
1626; le roi y était déjà. Il leur fit l'accueil le plus
bienveillant & les invita, pour le lendemain, à une
partie de chaffe. Mais, à trois heures du matin, le capitaine des gardes entra dans leur chambre, & les éveilla
pour leur apprendre qu'ils étaient prifonniers. On les
fit conduire à Amboife. Cette arreftation ne fatisfit
pas Richelieu; ce ne fut que le prélude de la cruelle
exécution du jeune comte de Chalais [1].

---

[1] *Mémoires de Richelieu*, Fontenay-Mareuil, tome II,
livre XVIII, page 87. — page 12.

A la fin de l'année 1626, Richelieu triomphait de toutes les intrigues formées contre fon pouvoir. Gaſton, après avoir abandonné le malheureux Chalais à la vengeance du cardinal, venait d'épouſer, par ordre du roi, la riche héritière du duché de Montpenſier. Pour prix de ſa ſoumiſſion, il avait reçu, en augmentation d'apanage, les duchés d'Orléans & de Chartres, ainſi que le comté de Blois, & il échangeait le titre de duc d'Anjou contre celui de duc d'Orléans.

Le comté de Blois, reparu dans l'hiſtoire, reçut un éclat paſſager des ſéjours de Gaſton, forcé à chaque nouvelle faute politique d'y venir chercher un refuge. Il devait même y terminer, dans l'exil, une vie qui eût été trop indigne d'un fils de Henri IV, ſi une grande bonté de caractère, un amour éclairé de la ſcience & une fin chrétienne n'euſſent effacé, en partie, bien des ſouvenirs de honte.

Ce fut après ſa troiſième réconciliation avec ſon frère, au commencement de l'année 1635 [1], que Gaſton, retiré à Blois, entreprit une reconſtruction générale du château. Dès 1634, « on luy avoit déjà « mis en teſte d'abbaſtre le chaſteau, dit La Mothe-« Goulas, & d'en refaire un tout neuf. M. de Puylorens « vouloit un prétexte pour le tenir eſloigné de la « cour..... & Monſeigneur eſtoit très-aiſe de demeurer « chez luy [2]. » Le retour vers les formes architectu-rales de la Grèce & de Rome, déjà commencé au XVIe ſiècle, allait s'accompliſſant de plus en plus. Le

---

[1] En 1636, ſelon le mf. de l'Hiſt. de St-Laumer, fº 38, vº.

[2] Mém. mſſ. de Lamothe-Goulas, fº 108, vº.

ſtyle du XVᵉ ſiècle & celui de la Renaiſſance, nés de l'heureux mélange des ſtyles antérieurs avec les formes claſſiques, n'étaient plus appréciés. Une foule d'édifices, admirables produits de ces styles, cédèrent alors la place à d'autres monuments bâtis dans le goût qui prévalait. Heureuſement, Gaſton ne put réaliſer en entier ſes plans, & nous ſommes reſtés en poſſeſſion de deux magnifiques modèles du ſtyle architectural des deux ſiècles précédents. Il dépenſa, ſuivant Bernier, trois cent mille livres pour ſes conſtructions, & on eſtimait que cent autres mille livres auraient ſuffi pour leur décoration intérieure [1].

Mademoiſelle de Montpenſier, fille de Gaſton, vint rejoindre ſon père au château de Blois & y paſſa une partie de l'année 1635. Elle était alors âgée de dix ans. Elle raconte avec beaucoup de naïveté, dans ſes Mémoires, ce ſouvenir de ſa jeuneſſe. Son père lui donnait alors toutes ſortes de marques d'amitié, & ſe montrait empreſſé de lui procurer des amuſements qui puſſent lui plaire. La petite-fille de Henri IV préférait à tout les *jeux d'action;* le duc d'Orléans prenait plaiſir à jouer avec elle des *diſcrétions,* qu'elle gagnait le plus ordinairement & qu'elle ſe faiſait payer en *montres &*

---

[1] *Hiſtoire de Blois,* pp. 17 & 18.—On peut ſe rendre compte de la différence de la valeur de l'argent & de la main-d'œuvre, a deux ſiècles de diſtance, en obſervant que la ſeule diſtribution du château de Blois en caſerne a coûté plus de deux cent mille francs, & que la conſtruction de la préfecture de Blois en a coûté plus de trois cent mille. Les prix feraient bien plus élevés encore aujourd'hui.

en toutes fortes de bijoux qui fe trouvaient dans la
ville [1]. Les voyages que fit dans la fuite, à Blois,
mademoifelle de Montpenfier ne devaient plus lui
fournir que des fouvenirs de contrariété & d'ennui.

Au mois de mars 1652, tandis que la *Grande Mademoifelle* prenait réfolûment la ville d'Orléans fur les
troupes royales, la cour de Louis XIV occupait à
Blois le château de fon père. On y organifait contre
la Fronde un fyftème vigoureux de défenfe, dans les
provinces de la Loire, refuge ordinaire de la monarchie en péril [2].

Louis XIV, chaffé de Paris par les intrigues du duc
d'Orléans, y rentrait, le 21 octobre, vainqueur de
toutes les mauvaifes paffions qui avaient troublé les
premières années de fon règne. Avec la Fronde finit
le rôle politique de Gafton, & un ordre du roi changeait en lieu d'exil l'apanage du prince. Relégué à fon
château de Blois, il y fupporta d'abord impatiemment
fa difgrâce, &, comme la plupart des hommes tombés
du pouvoir, il prétendait que l'Etat périrait entre les
mains de ceux qui le gouvernaient. Voici le fingulier
pronoftic du duc d'Orléans fur le grand règne qui fe
préparait : La monarchie, difait-il, allait finir. « En
« l'état où eftoit le royaume, elle ne pouvoit fubfifter,
« car en toutes celles qui avoient finé, les chofes

---

[1] *Mémoires de mademoifelle
de Montpenfier*, t. 1, p. 14, éd.
1735. — Le féjour fréquent de
la cour à Blois avait donné un
développement confidérable,
dans notre ville, à la fabrication de tous les objets de luxe.

[2] Lettres écrites de Blois par
le cardinal Mazarin, dans le
Mémoires de Buffy de Rabutin,
au tome premier, pages 417
à 423.

« avoient commencé par des mouvements pareils à
« ceux qu'il voyoit[1]. »

Mademoiſelle de Montpenſier, ennemie irréconci-
liable de ſa belle-mère, Marguerite de Lorraine, & ſans
ceſſe en querelles & en procès avec ſon père, nous a
laiſſé une peinture peu flatteuſe du duc & de la ducheſſe d'Orléans, de leur cour de Blois, & de notre
ville elle-même. Elle parle ainſi du ſéjour qu'elle fit
près de ſon père, en 1655 : « L'air de Blois me donna
« un rhume épouvantable qui me dura trois ſemaines ;
« je ne ſortois point, je ne dormois ni ne mangeois ;
« je m'amuſois à jouer, parce que cela m'ennuyoit
« moins que d'entretenir les gens que je voyois.....
« Un jour, Monſieur me trouva pleurant...., il me dit
« quelque douceur, mais plus on en dit quand on eſt
« prévenu du contraire, & plus cela fâche. » Plus
loin, à l'occaſion d'un ſecond voyage à Blois, en 1656,
« Monſieur & Madame, dit-elle, me traitèrent aſſez
« bien. Madame me dit qu'elle m'aimoit comme ſes
« enfants & qu'elle ne ſouhaitoit point leur établiſſe-
« ment avec plus d'empreſſement que le mien. Mon-
« ſieur me dit auſſi à cette heure que j'eſtois bien avec
« luy, que je receverois toutes ſortes de marques de
« ſon affection. Je ne ſçay ſi ils m'en dirent davantage,
« cela fit ſi peu d'impreſſion ſur mon eſprit que je
« ne m'en ſouviens pas[2]. »

Gaſton cherchait alors à faire épouſer ſa fille aînée

---

[1] *Mémoires mſſ. aut. de ma-* de la Bibliothèque impériale.
demoiſelle de Montpenſier, t. 1,   [2] *Mémoires de mademoiſelle*
p. 15; n° 300 du Supplém. franç.   *de Montpenſier,* ibid.

au duc de Savoie, tandis qu'il nourriſſait, pour la ſeconde, le projet ambitieux d'une alliance avec
Louis XIV. Ceci explique les cajoleries du duc & de
la ducheſſe d'Orléans pour Mademoiſelle, qui con-
ſerva ſi longtemps l'eſpoir d'être un jour reine de
France.

Voici une petite pièce de vers, publiée pour la
première fois dans notre troiſième édition, & dont la
faÉture rappelle la Gazette rimée de Loret; on y trouve
une peinture très-piquante de l'intérieur de famille de
Gaſton, au château de Blois :

> Entre monſieur de la Vrillière
> Et madame de Nantouillet
> Le bon prince alors ſe trouvoit,
> A Blois, dont il ne ſortoit guère,
> Et c'étoit en vue du parterre,
> Où la fleur-de-lys ſoiſonnoit,
> Quant & la roſe & le muguet.
> Sa fille aînée (ſans lui déplaire,
> Vu qu'elle étoit née la première)
> Nullement ne s'y complaiſoit,
> Diſant qu'elle s'y figuroit
> En ferre & ſous châſſis de verre.
> Mademoiſelle eſt, comme on ſait,
> La riche & puiſſante héritière
> En qui ſa lignée finiſſoit,
> Et cette princeſſe archifière
> Ouvertement contrediſoit,
> Argumentoit & ripoſtoit,
> Sans relâche, à ſa belle-mère,
> En qui le ſang lorrain bouilloit,
> Ce qui ne l'accommodoit guère,

Et dont le diable profitoit
Pour inciter à la colère
La guifarde qui fuffoquoit
Et la pucelle montpenfière.
Monfieur differtoit, diftinguoit,
Héfitóit, comme à l'ordinaire,
Et fous quatre rideaux étoit
Madame qui fébricitoit [1]...

Trois ans après, Louis XIV paffait à Blois, accompagné de la reine-mère & de mademoifelle de Montpenfier, pour fe rendre à Saint-Jean-de-Luz où il devait époufer l'infante d'Efpagne. Mademoifelle, toujours impitoyable pour Gafton, fa famille & fa cour, raconte ainfi l'entrevue :

« Mon père donna à dîner à Sa Majefté au château.
« Mes fœurs vinrent au bas du degré [le grand efcalier
« à jour] recevoir Sa Majefté. Par malheur, de certai-
« nes mouches que l'on appelle coufins avoient mordu
« ma fœur, la nuit ; comme ce qu'elle a de plus beau
« eft le teint, elle l'avoit fi gafté & la gorge qu'elle a
« très-maigre, comme ont d'ordinaire les filles de
« treize ans, que c'étoit une pitié à voir. Cela par
« deffus le chagrin où elle étoit d'avoir cru époufer
« le Roy, car on ne luy parloit d'autre chofe ; on
« l'appeloit toujours Petite Reine ; & voir qu'il s'alloit
« marier à un autre ; tout cela ne donne pas des char-
« mes. Pour la petite de Valois, elle étoit fort jolie ;

[1] Nous avons dû la connaiffance de ce morceau à feu M.
de Courchamp, qui l'avait copié
à la Bibliothèque de l'Arfenal,
dans les *mélanges manufcrits*
du marquis de Paulmy.

« on la voulut faire danfer....; elle danfa fort mal,
« quoiqu'on difoit qu'elle danfoit très-bien. La petite,
« que mon père avoit dit qui caufoit à étourdir les
« gens, & qu'elle le divertiffoit extrêmement, ne vou-
« lut jamais parler. Comme les officiers de mon père
« ·n'étoient plus à la mode, quelque magnifique que
« fût le repas, on ne le trouva pas bon & Leurs Majeftés
« mangèrent très peu. Toutes les dames de la cour
« de Blois, qui étoient en grand nombre, étoient
« habillées comme les mets du repas, point à la mode.
« La Reine avoit une hâte de s'en aller, & le Roy, que
« je n'en vis jamais une pareille; cela n'avoit pas l'air
« obligeant. Mais je crois que mon père étoit de
« mefme de fon cofté, & qu'il fut bien aife d'être défait
« de nous [1]. »

Chapelle & Bachaumont ont été plus bienveillants
envers les dames de Blois & les dîners du duc d'Orléans :

> Là, d'une obligeante manière,
> D'un vifage ouvert & riant,
> Il nous fit bonne & grande chère,
> Nous donnant, à fon ordinaire,
> Tout ce que Blois a de friand.

« Son couvert étoit le plus propre du monde, il ne
« fouffroit pas fur la nappe une feule miette de pain.
« Des verres bien rincés, de toutes fortes de figures,
« brilloient fans nombre fur fon buffet & la glace
« étoit tout autour en abondance.....

---

[1] *Mém. autog. de mademoifelle de Montpenfier*, t. II, f° 3, v°.

« Sa falle étoit préparée pour le ballet du foir, tou-
« tes les belles de la ville priées, tous les violons de
« la province raffemblés, & tout cela fe faifoit pour
« divertir madame Le Bailleul.

> Et cette belle préfidente
> Nous parut fi bien ce jour-là,
> Qu'elle en devoit être contente.
> Affurément elle effaça
> Tant de beautés qu'à Blois on vante [1].

Ce fut pendant le court féjour de Louis XIV à
Blois, en 1659, qu'il dut voir, pour la première fois,
mademoifelle de la Vallière, dont la mère s'était mariée
en fecondes noces à M. de Saint-Remy, premier maître
d'hôtel de Gafton. Le roi s'arrêta encore au château
à fon retour [2].

Au mois de janvier fuivant, le prétendant à la couronne d'Angleterre, Charles II, s'arrêtait au château
de Blois, en revenant des Pyrénées, où il avait cherché vainement à entamer des négociations avec Mazarin.
Gafton fit, en faveur de fa fille cadette, une autre tentative de mariage auprès du prétendant, auquel fa
fille aînée avait également fongé dans fes innombrables
projets d'établiffement. « L'on ajufta fort ma fœur,
« dit Mademoifelle, parce que l'on la vouloit marier à
« quelque prix que ce fût [3].

---

[1] *Voyage de Chapelle & Ba-*
chaumont.
[2] *Mémoires de madame de*
Motteville, tome V, page 79,
de la collection de Petitot.
[3] *Mémoires autographes de*
mademoifelle de Montpenfier,
ibid.

Mais nous nous fommes affez occupés du duc d'Orléans & de fa cour, au point de vue préfenté par
mademoifelle de Montpenfier; hâtons-nous d'arriver à
une appréciation plus favorable du caractère de Gafton
& de fon genre de vie pendant fon exil. Malheureufe-
ment, l'époque la plus honorable de l'exiftence de ce
prince eft celle pour laquelle l'hiftoire nous fournit
le moins de renfeignements.

Défabufé enfin des menées politiques & des intrigues de cour, Gafton avait appelé à fon aide le goût
qu'il avait montré, dès fa jeuneffe, pour l'étude des
fciences naturelles & de l'hiftoire. Il avait établi au
château de Blois une très-belle bibliothèque; il y avait
joint un riche médaillier, des tableaux, un cabinet
d'eftampes & de pierres gravées, des collections d'oifeaux & d'infectes, n'étant étranger, comme on difait
alors, à aucun genre de *curiofité*. Mais la plus remarquable de fes collections, était celle des plantes vivan-
tes, indigènes & exotiques, formées dans les jardins
du château.

Dès l'année 1653, Abel Brunyer, premier médecin
de Gafton, avait publié, fous le titre d'*Hortus regius
Blefenfis*, un catalogue méthodique des plantes contenues dans les jardins dont il était directeur. Dans cet
ouvrage, qui précéda les écrits de Tournefort & de
Linnée, les plantes font réunies, non par familles mais
par genres, d'après les analogies tirées de l'examen de
toutes les parties de la plante, mais furtout des organes
fexuels, fyftème de claffification déjà indiqué par le
médecin bléfois Reneaulme [1], & qui, plus tard, entre

---

[1] *P. Renealmi Specimen hiftor. plantar.*, &c., in-4°. Par., 1611.

les mains de Linnée, devint le flambeau de la fcience. On y trouve auffi les premiers rudiments de la *méthode naturelle*, dont l'importance devait, par les travaux de Tournefort & de Juffieu, balancer un jour celle du fyftème de Linnée.

En 1655, Brunyer donna une feconde édition de fon catalogue, en y mentionnant les accroiffements que la collection avait reçus. Près de cinq cents plantes avaient enrichi le jardin de Blois dans l'efpace de deux années. La fcience était néanmoins fi peu avancée alors, que dans une collection formée par un prince du fang, qui n'y épargnait ni foins ni dépenfes, il n'exiftait pas plus de deux mille plantes, dont les trois quarts appartenaient à la Flore de la France, & plus de la moitié à celle de l'Orléanais. Il n'y avait aucune plante de ferre chaude, on en comptait feulement quelques-unes d'orangerie. La collection des rofes ne préfentait pas plus de dix-huit efpèces, y compris quatre églantiers du pays. On voyait, comme on doit croire, parmi les arbres fruitiers des jardins de Blois, le *Prunier de Reine Claude* & le *Prunier de Monfieur*. La pomme de terre, dans laquelle Brunyer croyait reconnaître l'arachnide de Théophrafte, y était cultivée comme une rareté [1]. On y voyait auffi la tomate, importée du Mexique, & le tabac, dont l'ufage commençait à fe répandre.

Brunyer était fecondé, dans le foin du jardin de

[1] *Solanum tuberofum efculentum, Math.*, ed. B.; *Arachnida Theophrafti forte*, Papas Perüanorum, Clus. (*Hortus reg. Blefenfis*, page 93, édition de 1655.)

Blois, par Marchand, apothicaire de Monfieur, & Morif-
fon, médecin écoffais, expatrié comme partifan des
Stuarts. Ce dernier, après avoir été rappelé par Charles II à qui Gafton l'avait préfenté, en 1660, lors de
fon paffage à Blois, publia à Londres, en 1669, un
ouvrage intitulé *Præludia botanica*, dont la première
pièce eft une troifième édition du catalogue de Brunyer,
avec ce titre : *Hortus regius Blefenfis auctus*. L'auteur
s'y approprie la méthode du médecin de Gafton [1], qu'il
avait feulement développée & appuyée de nouvelles
obfervations, & qui devint le fondement de la réputation du favant étranger. Ainfi, la fortune fcientifique
de Brunyer devint, comme celle du Bléfois Denis
Papin, l'héritage de l'Angleterre [2]. L'*Hortus regius
auctus* contient, de plus que les éditions précédentes,
trois cent foixante plantes dont les jardins de Blois
s'étaient enrichis de 1655 à 1660, année de la mort du
duc d'Orléans.

Morifon a placé, en tête de fon ouvrage, une pièce
de vers latins qui femble avoir été infcrite fur la porte
des jardins de Blois. Elle donnera une idée de l'admiration qu'excitait alors le bel établiffement de Gafton.

> *Hinc, nulli biferi miranda rofaria Pefti,*
> *Nec mala Hefperidum, vigili fervata dracone.*
> *Si paradifiacis quicquam (fine crimine) campis*
> *Conferri poffit, Blæfis mirabile fpecta*

[1] Voir la préface des *Præludia* & le dialogue placé a la fin
du livre, p. 474.

[2] Voir la *Vie d'Abel Brunyer*,
par Jules de Pétigny, au tome
III des *Mémoires de la Société
des Sciences & des Lettres de
Blois*.

Magnifici Gaſtonis opus ! Qui terra capaci
Quicquid alit fœcunda ſinu, plantaſque tenellas,
Robur & arboreum, modico conſevit in horto.
Berſabidem perhibent noviſſe à graminis herba
Ad Libani cedros; coluit propriiſque locavit
Sedibus hic princeps, ſiccis montana reponens,
Udis ima locis, ut vultu cuncta venirent
Nativo, facilique forent tibi nota labore.

Poſuit J A C O B V S M E T E L A N V S Scotus.

« Que l'on ceſſe déſormais d'admirer les parterres
« de Peſtum, où la roſe fleurit deux fois l'année, & les
« pommes des Heſpérides, confiées à la garde du dra-
« gon toujours éveillé. S'il était permis de comparer
« quelque choſe aux champs de l'Eden, ce ſerait, à
« Blois, le merveilleux ouvrage de Gaſton ! Dans l'é-
« troit eſpace d'un jardin, il a raſſemblé & fait croître
« toutes les plantes que la terre féconde nourrit de
« ſon ſein, les plus humbles, comme les plus ſuperbes.
« Le fils de Berſabée avait appris à connaître tous les
« végétaux, depuis l'herbe des gazons juſqu'aux cèdres
« du Liban ; Gaſton les cultiva tous & ſut leur aſſigner
« le terrain propre à chacun d'eux, plaçant ſur un ſol
« aride les plantes des montagnes, & confiant à une
« terre humide celles des vallées, afin que toutes ſe
« montraſſent ſous leur aſpect naturel, & que l'étude
« en devînt facile. »

Dans une autre pièce, également en vers latins, les
jardins en terraſſe du château de Blois ſont comparés
aux jardins ſuſpendus de Babylone & aux célèbres ver-
gers d'Alcinoüs. L'auteur vante enſuite Gaſton, *l'hon-*
neur des enfants d'Hector, d'avoir, au lieu de s'illuſtrer

par des maffacres, comme les conquérants, cherché
une gloire plus douce, en réuniffant autour de fon
palais, les plantes utiles à la fanté des hommes. En effet, Gafton avait voulu raffembler une férie complète
des plantes médicinales, que Brunyer diftribuait aux
pauvres de la ville de Blois [1].

Le duc d'Orléans avait auffi du goût pour la littérature ; Voiture & Vaugelas lui avaient été attachés
dans fa jeuneffe. Il avait cherché à attirer à fa cour de
Blois une fociété de gens de lettres, & même avait
cherché à y former une académie, mais il ne put
réuffir à amener que quelques-uns de ces poètes fubalternes dont Boileau envoyait dédaigneufement les
productions chez l'épicier. Toute la haute littérature
gravitait autour du foleil de Louis XIV, & l'on peut
juger du mérite des poètes *fuivant la cour* de Gafton,
par les recueils, devenus rares, de leurs œuvres igno-
rées. Là, floriffaient le poète Le Pays & le Bléfois Paul
Véronneau [2] ; là, brillait furtout le fieur de Neufgermain, orgueilleux de fon titre de *Poète hétéroclite de
Monfieur*. On doit croire cependant que Gafton, prince
fpirituel & éclairé, ne s'abufait pas fur le mérite de fes
commenfaux, & que ce fut par plaifanterie qu'il fit
imprimer les œuvres de fon poète hétéroclite, en lui
permettant de placer, en tête, une pièce de vers ridicules, fignée du nom du prince lui-même [3].

[1] J. de Pétigny, *Vie de Brunyer.*

[2] V. le *Mém. fur le Burlefque,*
par le comte de Salaberry. au

t. II des *Mém. de la Société des
Sciences & des Lettres de Blois.*

[3] Voilà ces vers, imités d'un
genre de pièce affectionné par

Tallemant des Réaux a donné une bonne hiftoriette fur l'académie de Gafton : « Monfieur s'avifa une fois de « faire une forte d'académie chez lui, où il mit, pour « rire, plus de quatre perfonnes qui favaient à peine « lire. Le Boulay-Brûlard [1], parent du chancelier de « Sillery, eut 1,500 livres pour accommoder la falle, « fournir de papier, d'encre, de quelques livres, &c. « On trouva qu'il n'avoit rien fait de ce qu'il falloit. « Monfieur le fit venir : Je vous dirai la vérité (dit « Boulay), dès que j'ai été tréforier, je fuis devenu « voleur comme les autres, & j'ai tout mis dans ma « bourfe. Voilà tout le monde à fe mettre contre lui; « il fe fauve; il en fut quitte pour quelques livres « qu'on lui jeta à la tête, & l'académie alla à vau- « l'eau [2]. »

Au commencement de l'année 1660, Gafton, atta- qué depuis longtemps d'une affection grave, tomba dangereufement malade. On fit venir, en toute hâte,

---

Neufgermain :

> Bien que je fois un poëte *neuf*,
> Qui ne rima oncques en *ger*,
> Je veux parler jufqu'à *demain*
> Des vertus du grand *Neufgermain*.

Voici maintenant un échan- tillon de ce que Neufgermain appelait lui-même fes *poéfies extruordinaires & irrégulières conceptions* :

> J'ai tant rimé, tant rimoné,
> En *bat*, en *tru*, en *ton*, en *din*,

> Sonné fonnets & fanfonné,
> Que ma rime tarit foudain.

Voir les *Poéfies & rencontres du fieur de Neufgermain*, poëte hétéroclite de monfeigneur, frère unique du roi, imprimées par le commandement de mondict fei- gneur.

[1] Brulart du Boulay, de qui madame de Sévigné parle dans fa lettre du 27 octobre 1675.

[2] Tall. des Réaux, *Hifloriettes*, t. III, pp. 83-84 de l'éd. 1840.

de Paris, le célèbre Guenault. Belay, médecin bléfois,
qui devait bientôt acquérir auffi une grande réputation, & le premier médecin, Brunyer, rédigèrent avec
.lui une confultation qui fut envoyée à Mademoifelle,
alors à Aix avec la cour de Louis XIV. Pendant que
cette princeffe délibérait fi elle fe rendrait auprès de
fon père, il fuccomba le 2 février, malgré les foins des
habiles praticiens dont il était entouré.

Gafton, qui depuis plufieurs années était devenu
très-dévot, fut admirable de piété, de réfignation & de
repentir. Prévoyant que fes belles conftructions, objet de tant de prédilection pendant fa vie, feraient
abandonnées & périraient peut-être après lui, il ne put
s'empêcher d'exprimer un regret, par ces paroles,
reftées longtemps prophétiques, qu'il prononça peu
d'heures avant fa mort : *Domus mea, domus defolationis
in æternum* [1] !

Monfieur fut affifté, à fes derniers moments, par l'é-
vêque d'Orléans & par l'abbé de Rancé, fon premier
aumônier; il reçut les facrements des mains du curé de
Saint-Sauveur. L'abbé de Rancé n'avait embraffé l'état
eccléfiaftique que pour arriver à l'épifcopat, & il avait
mené jufqu'alors une vie fort déréglée; on dit qu'il
fut fi touché des circonftances de la mort du duc
d'Orléans, qu'il renonça dès lors à fes erreurs, & forma
le projet d'établir, à fon abbaye de la Trappe, la réforme qui le rendit célèbre [2].

---

[1] « Ma demeure fera à jamais « une demeure de défolation. » (Bernier, *Hift. de Blois*, p. 23.)

[2] *Mém. de madem. de Mont-penfier*, t. V, p. 67 & 68, éd. de 1795. — *Vie de l'abbé de*

Le corps de Gafton fut porté, fans grande pompe, à Saint-Denis; fon cœur, qu'il avait légué à la ville de Blois, fut embaumé par les foins de notre hiftorien Bernier, & dépofé à l'églife des Jéfuites, que le prince avait fait bâtir [1]. La ducheffe d'Orléans quitta Blois, peu de temps après, malgré l'étiquette qui prefcrivait de refter quarante jours fans fortir d'une chambre tendue de noir. Monfieur reçut de faibles témoignages d'affliction des membres de fa famille & des gens de fa maifon [2].

Les nombreux travaux exécutés par ce prince, pendant fon féjour à Blois, les bienfaits qu'il répandait fans ceffe autour de lui, fes manières douces & affables, fon efprit élevé, fon éloquence & fon favoir rendirent fa mémoire grande & vénérée dans le Bléfois, & firent porter de lui, dans notre province, un jugement différent de celui dont l'a frappé l'impartialité de l'hiftoire. Bernier ne craint pas de dire qu'il réuniffait en lui toutes les grandes qualités des comtes de Blois, fes prédéceffeurs, & qu'il fut, pour le pays, un autre Louis XII [3]. La Fontaine, vifitant Blois, en 1662, était fans doute fous l'impreffion des fouvenirs qu'y avait laiffés Gafton, quand il écrivait que de femblables

---

Rancé, par Marfollier, pp. 41 & fuiv., édit. in-4°.—*Vie de Rancé*, par Châteaubriand, pp. 80 & fuiv.

[1] Le monument qu'y éleva mademoifelle de Montpenfier, à la mémoire de fon père, exifte encore en partie.

[2] *Mém. de madem. de Montpenfier*, t. V, pp. 66 & 67. — *Vie de l'abbé de Rancé*, par Marfollier, p. 44. — *Mém. de mad. de Motteville*, t. V, pp. 37 & fuiv.

[3] Bernier, *Hiftoire de Blois*, p. 333; voir auffi p. 23.

princes *devroient naître un peu plus souvent, ou ne point mourir* [1].

Le duc d'Orléans, par son testament, avait légué à Louis XIV toutes ses collections. L'abbé Bruneau, bibliothécaire de Monsieur, fut chargé de faire l'inventaire des livres, estampes, médailles & pierres gravées, qui furent portés au Louvre. L'abbé accompagna son dépôt & reçut, comme récompense, l'intendance du Cabinet des médailles & antiques, qui se trouva considérablement enrichi par le présent de Gaston. On remarquait, parmi les manuscrits, le magnifique exemplaire de l'Histoire des rois de France, par du Tillet, présenté par l'auteur à Charles IX. On l'admire aujourd'hui à la Bibliothèque impériale, où toutes les richesses bibliographiques du duc d'Orléans sont venues rejoindre celles de Louis XII [2].

Marchant reçut probablement l'ordre de transporter à Paris tout ce qui se rapportait à l'histoire naturelle, car il devint directeur de la culture au Jardin du Roi. On voit encore, dans la bibliothèque du Muséum, d'admirables peintures des plantes du Jardin de Blois, exécutées sur vélin par le célèbre Robert, au prix de 100 livres chacune.

Ces vélins, commencés en 1635, ont toujours été continués depuis par les peintres de fleurs les plus habiles; mais la perfection du dessin & la vivacité du coloris des vélins de Blois n'ont pas été surpassées dans

---

[1] *Voyage dans le Limousin*, lettre III.

[2] *Mémoire historique sur la* *Bibliotheque du Roy*, au tome I du catalogue imprimé, page XXIX.

les travaux des Van Spaëndonck & des Redouté [1].

C'eft un fait remarquable, que les trois collections fcientifiques les plus précieufes de la France : la Bibliothèque des Manufcrits, le Cabinet des Médailles & le Muféum d'Hiftoire naturelle, aient dû, en partie, leur origine ou leurs accroiffements aux richeffes amaffées dans le château de Blois.

Les collections emportées à Paris, les objets de décoration ou d'ameublement difparurent, à leur tour, pour aller orner d'autres maifons royales. Celle de Blois finit par être tout à fait abandonnée, & dès lors on put croire à l'accompliffement de la prophétie de Gafton.

En 1668, Louis XIV donna cependant une fête au château de Blois, en revenant de Chambord. Péliffon, avec le ton emphatique des écrivains de ce temps, quand ils parlaient du grand roi, dit que cette fête *n'eut rien d'humain & d'ordinaire* [2]. Ce fut la dernière vifite de la royauté.

La décadence de l'églife de Saint-Sauveur fuivit de près celle du château. En 1697, Louis XIV ayant fait de la ville de Blois le fiége d'un évêché, le chapitre de Saint-Sauveur fut transféré à l'églife Saint-Solenne, qui fut préférée pour devenir cathédrale, fous l'invocation de faint Louis, malgré toutes les illuftrations de l'églife du château.

---

[1] *Difcours de Juffieu fur le progrès de la botanique au jardin royal de Paris, 1718. — Mém. du même fur la peinture des fleurs,* au Recueil de l'Académie des Sciences, 1727, p. 131.

[2] *Lettre de Péliffon à mademoifelle de Scudéry,* écrite de Chambord le 24 octobre 1668.

Pendant les règnes de Louis XV & de Louis XVI, le château de Blois était confié à des gouverneurs qui ne daignaient même pas en faire leur réfidence. L'un d'eux, M. de Marigny, frère de la marquife de Pompadour, ne profita de fon titre que pour faire enlever de l'édifice de Gafton toute la charpente des planchers, afin de l'employer à la conftruction de fon château de Menars.

D'après un vieil ufage, quelques gentilshommes pauvres recevaient de la munificence du fouverain un logement gratuit dans les châteaux royaux. Plufieurs anciennes familles du Bléfois habitèrent le nôtre jufqu'à la Révolution.

En 1793, tous les emblèmes de la royauté qui décoraient le château furent détruits. Le bufte de Gafton fut décapité, les groupes de Guillain abattus; la ftatue de Louis XII, elle-même, ne trouva pas grâce devant la fureur populaire. On eût volontiers rafé l'édifice pour le punir d'avoir donné afile aux rois. D'ailleurs, en même temps qu'on défirait effacer tous les fouvenirs de l'hiftoire, on fe rendait peu compte du mérite des productions de l'art. Un écrivain de l'époque a laiffé cette fingulière appréciation de l'architecture du château de Blois. « Il fut l'ouvrage, dit-il, de vingt mains, « & il femble que les rois fe foient acharnés à qui le « défigureroit le mieux. Tour à tour, il épuifa le mau- « vais goût de Louis XII, de François Ier, de Henri II, « de Charles IX, de Henri III, de Henri IV; & tous « ces meffieurs, de père en fils, par la fotte vanité de « vouloir fe mieux loger que leur père, font parvenus

« à n'en faire qu'un amas de pierres, fans choix & fans
« grâce, & que les ftériles admirateurs des fottifes
« royales trouvent fuperbe [1]. »

Cependant le château devient la propriété du Domaine qui en fait une caferne; le pavillon de la reine
Anne eft deftiné au magafin des fubfiftances militaires;
la tour de l'Obfervatoire fert de poudrière, afin fans
doute que le château n'échappe à aucune chance poffible de deftruction. Une commiffion fcientifique, inf-
tituée à Blois, réclame vainement les Jardins du Roi
pour y établir un jardin botanique; ils font vendus en
détail ainfi que la Garenne [2].

L'églife de Saint-Sauveur eft également vendue pour
être démolie. Ses cloches, dont l'harmonieufe fonnerie
était célèbre [3], font fondues & converties en décimes.
La vieille bafilique du onzième fiècle, le noble temple
qui avait vu la bénédiction de l'étendard de Jeanne
d'Arc, les cérémonies religieufes des Etats de France,
les mariages & les funérailles de tant de princes, Saint-
Sauveur, la feule églife hiftorique de notre ville, l'églife
de Blois, par excellence, *Ecclefia Blefenfis*, comme

---

[1] *Voyages dans les départe-
ments de la France*, par le citoyen
La Vallée; Loir-&-cher, p. 11;
Paris, 1793.

[2] *Rapport mf. de la Commiffion des Arts & Monuments
du diftrict de Blois*, en date du
26 thermidor, an II. — La ville
de Blois vient de racheter le

Jardin haut & l'Eperon (v. le
plan) qui en fait partie. Elle y
a trouvé un magnifique rejeton
d'un chêne à feuilles de houx
(*quercus ilex*), dernier fouvenir
de la collection du duc d'Orléans.

[3] Bernier, *Hiftoire de Blois*,
page 35.

l'appelait le célèbre archidiacre de Bath [1], difparaît jufqu'à la dernière pierre. Quant au château, il femblait deftiné à périr lentement, & pièce à pièce, entre les mains de l'adminiftration municipale & du miniftère de la guerre [2].

Un décret impérial, du 23 avril 1810, accorda aux villes la nue-propriété de tous les édifices militaires, à la condition de payer les travaux d'entretien, qui feraient exécutés fous la direction du miniftère de la guerre. Mais, tandis que les foldats effayaient la pointe de leurs fabres & de leurs bayonnettes fur les figurines de Louis XII, les arabefques de François 1er, les acanthes de Gafton, la municipalité de Blois détruifait les larges cheminées du xve fiècle, pour placer quelques lits militaires de plus, renverfait un des pavillons de Manfard, pour en vendre les pierres, & laiffait tomber tout le refte.

Quand la ville de Blois devint, en 1814, la dernière capitale de l'empire de Napoléon, les murailles délabrées du vieux palais des rois ne purent recevoir que les prifonniers amenés à la fuite des armées impériales [3].

En 1825, l'ancien palais épifcopal, occupé par le

---

[1] Petrus Blefenfis *in epift.* lxxvii. *V. fup.*, p. 65.

[2] En 1804, on vendit à la livre & à vil prix, aux marchands de ferrailles de la ville de Blois, quatre charretées d'anciennes armures, de lances, hallebardes, épées, &c., qui fe trouvaient encore dans les combles du château. C'étaient les reftes de *l'artillerie* dont nous avons donné un inventaire du xve fiècle, dans les *Pièces juftificatives* de notre 2e édition.

[3] *La Régence à Blois*, pp. 4 & 27 de la 6e édition.

Préfet, devant être rendu à fa deftination primitive,
il fut queftion d'établir la nouvelle préfecture au
château de Blois. On penfait à y joindre auffi le fiége
des différentes adminiftrations judiciaires. Ce double
projet trouva beaucoup de popularité dans le pays,
excepté près du Confeil général qui ne voulut pas
l'accueillir. Nous avons déjà dit en quoi l'abandon de
ce projet méritait peu d'être regretté ; les Bâtiments
civils promettaient d'être plus barbares que les Bâtiments militaires [1].

Enfin, en 1833, l'adminiftration municipale décida
d'établir au château un quartier d'infanterie, affez vafte
pour contenir un régiment tout entier, fans réfléchir
que la pofition centrale de la ville de Blois & fon peu
d'importance empêcheraient conftamment d'y envoyer
en garnifon un auffi grand nombre d'hommes [2]. L'ancien cafernement n'avait pu être formé que dans les
conftructions royales, celles de Gafton n'ayant jamais
été terminées. On réfolut de diftribuer celle-ci en caferne, ainfi que différentes portions des autres édifices
qui n'avaient pas encore été employées. On emprunta
de l'argent pour fubvenir à la dépenfe, & le miniftère
de la guerre fe chargea de faire exécuter les travaux.
On ne fongea, ni à ftipuler auprès de lui un droit de
contrôle, ni à demander la confervation des parties
que le mérite du ftyle ou les fouvenirs de l'hiftoire
commandaient de refpecter.

Nous avons eu déjà l'occafion de blâmer l'efprit

[1] Voir plus haut, p. 15.
[2] Délibération du confeil mu-   nicipal de Blois, en date du 9
                                     mars.

dans lequel les travaux de casernement ont été exécutés, & de signaler les pièces du monument qui ont
disparu ou qui ont été mutilées. C'est cependant justice de dire que le capitaine du génie, M. Douet,
chargé de ces travaux, se trouva assez ami de l'art pour
chercher à adoucir la sévérité d'une consigne qui lui
ordonnait de détruire. L'escalier bizarre qu'il a placé
sous la coupole de Mansard n'est même que le résultat
de ses préoccupations pour ménager la vue des bas-
reliefs qui la décorent.

Il nous a fallu faire la part de blâme de chacun, celle
du conseil des Bâtiments militaires comme celles de
l'administration municipale. Un acte pour lequel tout
le monde a tort, c'est la démolition de la belle colonnade de Gaston. Aucun motif plausible ne peut être
allégué, puisque cette décoration, appartenant à l'extérieur de l'édifice, ne pouvait gêner en rien sa distribu-
tion intérieure [1]. L'administration municipale conservait
précieusement, à la vérité, cette colonnade, afin de
l'utiliser plus tard. Comme ces Romains du Bas-Empire,
qui arrachaient les ornements de l'arc de Trajan pour
décorer celui de Constantin, elle pensait un jour employer les colonnes du château à embellir quelque
grange monumentale, à laquelle on aurait donné le
nom de *Théâtre !*

Cependant le château de Blois disparaissait peu à peu
sous les coups réunis du temps, du corps municipal &

---

[1] Voir, dans le *Journal de Loir-&-Cher*, année 1837, nᵒˢ 82 & 85, deux articles très-piquants sur la conversion du château de Blois en caserne, l'un de Mer-son, l'autre de J. de Pétigny.

du génie militaire, quand la création, en 1841, d'une commiffion des monuments hiftoriques, près du miniftère de l'intérieur, vint changer les chofes de face.

Sur le rapport du correfpondant de la commiffion à Blois, le château fut immédiatement claffé, en première ligne, parmi les monuments dont la reftauration devait être entreprife. De graves oppofitions, toutefois, empêchèrent encore longtemps d'exécuter ce projet : d'une part, le refus du miniftre de la guerre de céder l'ufufruit du monument, & d'une autre, la difficulté de fournir, fur le budget de la commiffion, une allocation fuffifante pour entreprendre une œuvre auffi confidérable. Cependant, au retour d'une vifite faite au château de Blois, dans le mois d'avril 1844, par Ch. Lénormant, l'un des membres de la commiffion, le favant académicien, fit partager à tous fes collègues l'enthoufiafme dont il était encore animé, &, féance tenante, la reftauration du château fut décidée à l'unanimité, & l'architecte, M. Duban, choifi par le miniftre fur la propofition de la commiffion. On convint de commencer par la partie dont la ruine femblait la plus imminente, l'aile de François 1er.

Le maréchal Soult réfifta longtemps aux efforts de la commiffion & de toute l'adminiftration du département de Loir-&-Cher pour lui faire abandonner l'ufufruit de cette partie du château. Enfin, en 1845, il céda, mais il ne fallut rien moins que les follicitations de Louis-Philippe lui-même, de fa famille & de fa cour. Le miniftre de la guerre attachait une grande importance à ne pas diminuer l'effectif d'une garnifon que les chemins de fer allaient mettre bientôt à une diftance de quatre heures de la capitale.

Quant à la fomme de quatre cent mille francs, à laquelle s'élevait le devis de l'architecte, le miniftre de l'intérieur, M. Duchâtel, ne craignit pas d'en faire l'objet d'une demande de crédit fpécial qu'il préfenta aux chambres. Cette demande fut adoptée, à une grande majorité : à la chambre des députés, fur le rapport de M. Arago, à la chambre des pairs, fur le rapport de M. de Barante.

Le 1ᵉʳ feptembre 1845, les travaux commençaient. Pouffés avec une activité fans égale, ils étaient terminés au mois de janvier 1848, &, chofe merveilleufe, le crédit n'était point dépaffé, quoique l'architecte eût exécuté beaucoup plus qu'il n'était porté au devis ! M. Duchâtel, accompagné des membres de la commiffion des monuments, était déjà venu, en 1846, vifiter & admirer les travaux de M. Duban.

Parmi les artiftes qui ont concouru à l'exécution des plans de M. Duban, nous devons nommer : M. de la Morandière, infpecteur des travaux ; M. Lambert, deffinateur; MM. Martrou & Liberfac, fculpteurs.

Au nombre des perfonnes qui ont le plus contribué à obtenir la reftauration du château de Blois, nous citerons : M. Mérimée, alors infpecteur général des monuments hiftoriques ; M. Vitet, fon prédéceffeur, qui préfidait la commiffion des monuments ; madame la comteffe de Sainte-Aldegonde, dame d'honneur de la reine Marie-Amélie ; M. le comte de Lezay-Marnéfia, préfet de Loir-&-Cher, & M. Maigreau, maire de Blois.

Ils étaient à peine terminés, quand éclata la révolution de février, & on put craindre un inftant pour le fort des emblèmes royaux qui refplendiffaient de nouveau fur tous les points de l'édifice. Heureufement le peuple, plus éclairé aujourd'hui qu'en 93, refpecta ces fouvenirs innocents des vieilles illuftrations du pays.

Le Génie militaire fut moins refpectueux pour le château; non content d'avoir refouillé les acanthes & les moulures de la façade de la cour & raclé tout le refte, il couvrait cette façade d'une couche de badigeon *d'une entière blancheur.*

Malgré le goût qui fe répand de plus en plus, en matière d'art, beaucoup de perfonnes ne fe rendent pas encore fuffifamment compte de la détérioration produite par le *grattage* des monuments. Pour le faire voir d'une manière plus fenfible, fuppofons qu'un de ces chefs-d'œuvre de l'art, la Vénus de Milo, par exemple, fût condamnée à être remife au poli. Cette opération, dût-elle être exécutée par un maître, ne jetterait-on pas les hauts cris à la nouvelle d'une femblable profanation? En effet, fi un pareil acte de barbarie était accompli, où retrouver le coup de cifeau original du ftatuaire, le fini de fon œuvre, le fentiment qui l'infpirait dans fon exécution? On ne pofféderait plus que le bloc de marbre d'où la ftatue eft fortie. Pour être moins faififfants, fur une œuvre d'architecture, les effets défaftreux du *grattage* n'en exiftent pas moins, furtout quand ils font exécutés, comme on le faifait alors au château de Blois, par des maçons. En effet, toutes les fineffes du cifeau, dans les fculptures, s'oblitèrent, & des détails, qui n'ont que quelques millimètres d'épaiffeur, font même condamnés à difparaître complètement.

Aujourd'hui, le goût des ouvrages de l'art & leur

faine appréciation fe répandent de plus en plus ; le
Génie militaire lui-même, eft entré dans la voie du
progrès, &, fous la direction de M. de Coulaines, la façade oueft des conftructions de Gafton d'Orléans a
été convenablement reftaurée, il y a environ fix ans.

En 1852, l'adminiftration municipale a fondé un mufée dans les combles du bâtiment de François Ier.

En 1855, le miniftère d'Etat, ou fiégeait alors la
commiffion des monuments hiftoriques, décida que
la reftauration de l'aile de Louis XII & de la falle
des Etats ferait entreprife fur les fonds fpéciaux
dont la commiffion propofe l'emploi au miniftère.

Les années 1860 & 1861 ont vu s'accomplir des faits
d'une immenfe importance pour les deftinées à venir
du noble édifice dont nous terminons l'hiftoire. Dans
un rapport, lu le 27 août 1860 au confeil municipal
de Blois, le maire, M. Eugène Riffault, après avoir rappelé les habituels féjours que faifaient à Blois Charles
d'Orléans, Louis XII, les derniers Valois & Gafton
d'Orléans, ajoutait : « Ainfi, pendant plus de 250 ans,
« notre château a rempli, en réalité & avec tout le cor-
« tége de bienfaits qui en découlent, fa deftination
« première. Les traditions populaires ont tranfmis à
« la génération actuelle le fouvenir de cet heureux
« temps, & il eft refté vivant & regretté. » Il propofait
enfuite de renouer la chaîne interrompue de ces fouvenirs traditionnels, en offrant le château de Blois au
Prince Impérial, & le confeil adoptait à l'unanimité les
conclufions de ce rapport.

Peu de jours après, le confeil général de Loir-&-
Cher s'affociait unanimement à l'idée du confeil mu-

nicipal. Voulant contribuer à *faire revivre les anciennes traditions monarchiques du château de Blois*, il
émettait le vœu que l'Etat adjoignît au don de la ville,
à titre de dotation pour le jeune Prince, les trois forêts
domaniales de Blois, de Ruffy & de Boulogne, qui dépendaient jadis du château, & reconstituât ainsi, presque
en entier, le vieux domaine des comtes de Blois.

Dans une audience, accordée le 23 février 1861, à
une députation des deux conseils, l'Empereur accep-
tait, pour son fils, l'hommage qui lui était fait. L'année
suivante, sur le vœu de la population bléfoise, présenté par le conseil général, S. M. nommait commandant militaire du château de Blois le comte Ed.
Berthier, neveu du prince de Wagram.

Une condition importante restait encore à remplir, la
construction d'une caserne, afin de pouvoir livrer le
monument tout entier au donataire. Dans la session
d'août 1861, le conseil général & le conseil municipal
se sont associés de nouveau pour voter les fonds né-
cessaires à cet objet. La caserne est bâtie aujourd'hui &
sera bientôt habitée.

De son côté, le ministre d'Etat vient d'élever la sub-
vention annuelle, de 40,000 francs à 50,000 ; au moment où nous écrivons, M. Duban poursuit son œuvre
avec le même succès.

Cette heureuse restitution à la couronne assure l'a-
venir du monument, & bientôt on ne regardera plus
comme prophétiques les dernières paroles du dernier
comte de Blois, qui terminaient si tristement notre
livre : *Domus mea, domus defolationis in æternum !*

EXPLICATION DES PLANCHES

FRONTISPICE. — COUR DU CHATEAU.

On a reſtitué ſur cette planche, d'après les gravures de du Cerceau & les deſſins originaux d'André Félibien, la partie du portique de Henri I I, à droite de l'eſcalier à jour, qui n'a pas été compriſe dans la reſtauration de M. Duban. (V. la p. 26.)

La vignette du titre repréſente une rare monnaie mérovingienne qui eſt le monument le plus ancien où ſe trouve le nom du château de Blois. Sur celle-ci : d'un côté eſt un buſte royal & la légende BLESO CASTRO; de l'autre, une croix hauſſée & le nom de l'officier prépoſé alors à la Monnaie de Blois, PRECISTATO MONETARIO. Cette pièce eſt de notre collection.

I.—PLAN DU CHATEAU.

Cette planche offre le plan du château de Blois, non tel qu'il eſt aujourd'hui, mais tel qu'il était à la mort de Gaſton *d'Orléans, en 1660. Il y a autant de séries de numéros qu'il y a d'époques différentes dans les constructions; ces époques sont indiquées, sur le plan, par des signes de convention. (Voir la légende de la planche I)*

I. — COMTES DE CHATILLON.

1. *Tour du donjon, de Château-Regnault, de Moulins, ou des Oubliettes, pour les soubassements seulement.*
2. *Salle des Etats.*
3. *Tour du Foix, ou de l'Observatoire.*

II. — DUCS D'ORLÉANS.

1. *Portique & galerie d'Orléans. — Détruits en partie par le génie militaire.*
2. *Galerie des Cerfs. — Abattue en partie par Gaston, & renversée complètement par la ville de Blois, lors de l'aliénation des Jardins du Roi.*

III. — LOUIS XII.

1. *Chapelle Saint-Calais. — Détruite en partie par le génie militaire.*
2. *La grande vis, ou le grand escalier de Louis XII.*
3. *La petite vis, ou le petit escalier. Dans le comble, est la chambre où furent brûlés les corps du cardinal & du duc de Guise.*
4. *Portique & galerie de Louis XII.*
5. *Le porche.*
6. *Salle des gardes de la reine, au rez-de-chaussée; du roi, au 1er étage.*

7. Chambre à coucher de la reine, au rez-de-chauſſée, du roi, au 1ᵉʳ étage.
8. Corps-de-Garde.
9. Cuiſine. — Aujourd'hui, ſalle de réception pour les viſiteurs du château.

IV. — DE FRANÇOIS 1ᵉʳ A HENRI III.

1. Grand eſcalier.
2. Portique & terraſſe de Henri II, conduiſant à la Perche aux Bretons. — La partie du portique, à gauche de l'eſcalier, avait été abattue par Gaſton, l'autre partie ne paraît pas avoir été jamais terminée; mais on en a retrouvé les fondations. (V. p. 26.)
3. Galerie de François 1ᵉʳ.
4. Eſcalier de la Salle des Etats. — Détruit par le génie militaire.
5. Salle des gardes de la reine, au 1ᵉʳ étage, du roi, au 2ᵉ. — La partie 5 bis, au 2ᵉ étage, ſervait, à l'époque des Etats, de ſalle à manger & de chambre du conſeil. En reſtaurant le château, on a démoli les cloiſons qui ſéparaient en deux parties les ſalles des gardes, à chaque étage. (V. p. 35.)
6. Eſcalier dérobé, conduiſant, en bas, aux appartements de la reine-mère, &, en haut, dans les combles, où Henri III avait fait faire des cellules deſtinées, diſait-il, à recevoir des capucins, & où furent enfermés, pour s'aſſurer de leur diſcrétion, ceux des Quarante-Cinq qui devaient tuer le duc de Guiſe.

24

7. *Cabinet neuf de Henri III* (2ᵉ *étage*).

8. *Galerie où fe tint une réunion des trois ordres aux Etats de* 1576. (*V. p.* 243.)

> *Les diftributions indiquées fur le plan n'exiftaient pas du temps de François I*ᵉʳ *; elles ont pu, avec raifon, être démolies par M. Duban; mais celles des* nᵒˢ 19 & 20 *auraient dû, nous le croyons, être confervées. En lifant attentivement les dépofitions des témoins, dans l'*Information *faite par le Parlement à la requête de la veuve du Balafré, il eft impoffible de placer ailleurs les deux pièces indiquées par ces numéros.* (*Cf. Cimber & Danjou,* Arch. curieufes, 1ʳᵉ férie, t. XII.)

9. *Chambre à coucher de la reine, au* 1ᵉʳ *étage, du roi, au* 2ᵉ.

10. *Oratoire* (1ᵉʳ & 2ᵉ *étages*).

11. *Ancien paffage oblique du cabinet vieux, muré par Henri III* (2ᵉ *étage*), *réouvert par M. Duban.*

12. *Cabinet.*

13. *Paffage de la Tour de Moulins, percé par le roi.*

14. *Paffage du cabinet vieux où fut frappé le duc de Guife.*

15. *Paffage extérieur conduifant à la çhambre de la Tour & à la galerie des cerfs* (2ᵉ *étage*).

16. *Cachot, dit des Oubliettes, au* 1ᵉʳ *étage; chambre de la tour, au* 2ᵉ, *où fe trouve la cheminée à laquelle s'appuyait Montféry qui porta le premier coup au duc de Guife.*

17. *Cabinet vieux* (2ᵉ *étage*). — *Détruit par les travaux de cafernement.*

18. *Montée du vieux cabinet.* — *Détruite par Gafton.*

19. *Oratoire où priaient les deux aumôniers du roi pendant la perpétration du meurtre.*

20. *Garde-robe où fut dépofé d'abord le corps du duc de Guife.*

V. — GASTON D'ORLÉANS.

1. *Périftyle. — Détruit par le génie militaire.*
2. *Dôme.*
3. *Pavillon des jardins.*
4. *Pavillon du Foix.*
5. *Petit pavillon de la façade méridionale. — Détruit par l'adminiftration municipale, en 1825.*
6. *Terraffes.*
7. *Baftions du Foix & des Jardins.*
8. *L'Eperon.*
9. *Le Jardin-Haut, ou Jardin du roi.*

II. — SALLE DES ETATS.

Un deffin, exécuté avant les derniers travaux de cafernement par mon collègue des Antiquaires de France, feu M. Jorand, nous a permis de reftituer l'efcalier détruit par le génie militaire. La première galerie répondait aux appartements de la reine-mère, & la feconde à ceux de Henri III.

III. — LA PERCHE AUX BRETONS.

La Perche aux Bretons & une groffe tour carrée, renfermant un efcalier, formaient autrefois le fond de la cour du château de Blois, occupé aujourd'hui par l'aile de Gafton. Nous avons donné, d'après les deffins de du Cerceau, une *vue de cette partie de l'édifice qui figure dans plusieurs circonstances de notre récit.*

On aperçoit, à gauche de l'aile de François Ier, le sommet de la Tour de Moulins & de l'escalier qui y conduisait. Les injures du temps avaient sans doute détruit son couronnement d'architecture, qui fut remplacé par une charpente à toit d'ardoise, surmontée d'une lanterne. Des vues du château, contemporaines de Gaston, le représentent ainsi. La lanterne a été détruite depuis. (Voyez la planche 5.)

IV. — STATUE DE LOUIS XII.

Nous devons à l'obligeance de M. le marquis de Vibraye, possesseur d'un magnifique manuscrit d'André Félibien, sur les maisons royales de France, d'avoir pu offrir le dessin de la statue de Louis XII, brisée en 93. Ce dessin est particulièrement précieux en ce qu'il représente le roi encore jeune, & avec des traits plus agréables que dans les portraits qui nous restent de lui ; ce qui, au surplus, se rapporte mieux aux récits des chroniqueurs.

La nouvelle statue a été reproduite d'après le dessin de Félibien, mais avec des différences essentielles : 1° Le mortier dont le roi est coiffé est orné de la couronne royale ; 2° la housse du cheval est brodée d'un ornement nullement héraldique, au lieu de fleurs-de-lys, ce qui est un contresens regrettable.

Une communication obligeante de M. Jules Quicherat nous a permis de donner, dans la dernière édition de notre livre, le nom présumé de l'auteur de la statue primitive. Il semble, en effet, ressortir du rapprochement de deux pièces de vers du poète italien Eliano, dont nous avons déjà cité une

autre pièce ſur les jardins de Louis XII. (V. p. 163.)
Celles-ci ſont tirées, comme la première, du Recueil mſ. de
Jacques Robertet, n° 7686 de la Bibliothèque impériale :

Ludovici Heliani in Paganinum ſtatuarium de regis
imagine epigramma.

> *Venatorem avium regem, Paganine, putaſti*
> *Forte, quod in pugno finxeris accipitrem ?*
> *Non piſces & aves, nec apros capit iſte, ſed ipſos*
> *Cum regnis reges, cum regione duces.*

Ejuſdem de ſtatua regia in porta Caſtri Bleſenſis.

> *Qui rex ? Biſſenus Lodovicus nominis hujus.*
> *Quis fecit ? Phidias. Qui poſuere ? Duces.*
> *Cur ? Quia bis Gallis Liguremque Padumque ſubegit*
> *Regnaque Parthenopes, hocque refecit opus.*

« *La ſeconde épigramme, dit M. Quicherat, donne la*
date de l'ouvrage, puiſque l'on pouvait dire, quand il fut
fait, que Louis XII était le maître de la Lombardie & du
royaume de Naples. Cela cadre avec la fin de 1503, *ou le*
commencement de 1504. *Les choſes ayant changé en* 1504,
on s'explique qu'il ait fallu faire une autre inſcription,
qui fut celle qui eſt reproduite page 8. *Les mots :* Qui
poſuere ? Duces, *indiquent-ils que la ſtatue fut le fruit*
d'une ſouſcription ouverte entre les généraux de Louis XII ?
Quant au Phidias qui en fut l'auteur, je crois bien que c'eſt
Paganini que le poète Eliano a déſigné de la ſorte. Paga-
nini eſt, ſi je ne me trompe, le même que ce da Mugiano dont

nous avons au Louvre un bronze de Louis XII, représenté en costume d'imperator. Le rapprochement des deux épigrammes me donne à penser que la statue du roi, en costume de chasse, était aussi à Blois. » (*Probablement dans la galerie du château qui conduisait aux Jardins &, de là, à la forêt.*)

Paganini, ou Paganino, était un de ces hommes de talent, amenés en France après les campagnes d'Italie du duc Charles d'Orléans, de Charles VIII & de Louis XII, comme Andrelini de Forli, Aftezan, Eliano de Verceil, Dominique de Cortone, Pacello & Edme de Mercoliano, dont nous avons déjà cité les noms. (*V. pp.* 8 & 154, 110, 163, 131, 161.)

On trouve le nom de Guido Paganini, ou Paganino, dans les comptes de dépense pour les gages des ouvriers italiens employés par Charles VIII. Quoiqu'il y soit simplement qualifié de peintre & enlumineur, il n'est pas douteux, comme l'a très-bien fait remarquer M. de Montaiglon (Archives de l'Art français), *qu'il ne soit le même que* Guido Mazzoni, detto Paganino, *& aussi* Modanino, *parce qu'il était de Modène, dont parle le Vedriani* (Raccoltà de' pittori, fcultori & architetti modonefi più celebri, &c., *p.* 26-33), *ou* meffer Guido di Paganini, nativo da Modena, *cité par Tirabofchi* (Biblioteca modenefe, t. V). « *Dionifio Trimbocchi, Modénais, dans fon livre* Dell' origine e della dignità della cavaleria, *ajoute M. de Montaiglon, demande fi la dignité de chevalier fe peut conférer aux hommes de mérite,* à virtuofi, *& répond affirmativement par cette preuve :* « *Notre Guido Mazzoni, pour des* « *ouvrages de fculpture qui n'égalent pas feulement l'an-* « *tique, mais la nature même, fut très-juftement décoré de*

« *ce titre par Charles, roi de France.* (*Tirabofchi,* ibid.,
« *p.* 299). » *Amené par Charles VIII, Mazzoni demeura
en France tout le règne de Louis XII ; il la quitta, chargé
d'honneurs & d'argent, un an après l'avénement de François Ier.* »

*Un autre ouvrage de Paganini fe voyait à Saint-Denis,
avant les dévaftations révolutionnaires ; c'était le tombeau
de Charles VIII, fon protecteur. Les anciennes hiftoires de
Paris & de l'abbaye de Saint-Denis en contiennent la defcription & le deffin.* (*V. la curieufe & importante notice de
M. de Montaiglon fur Guido Paganini, dans le t. Ier des
Archives de l'Art français, pp. 125-132.*)

*Il y a vingt ans, en faifant quelques réparations dans la
niche de la ftatue du château de Blois, les maçons ont
trouvé plufieurs pièces d'un jeu de cartes contemporain de
Louis XII. Les figures étaient peintes en miniature, avec
beaucoup de foin, & avaient confervé toute la vivacité de
leur coloris. Ces cartes, qui auraient préfenté un intérêt
tout particulier à être confervées dans la bibliothèque de
la ville de Blois, font devenues, dit-on, la propriété d'un
officier fupérieur du génie.*

V. — FAÇADE DE FRANÇOIS Ier, AVANT SA
RESTAURATION.

*Cette façade eft repréfentée telle qu'elle était en 1845.
Dans le fond du tableau, on aperçoit une partie de la ville
de Blois, bâtie en amphithéâtre, & le clocher de la cathédrale.*

VI. — FAÇADE DE FRANÇOIS Iᵉʳ, DEPUIS
SA RESTAURATION.

Malgré l'échelle très-petite à laquelle il nous a fallu réduire nos deffins, & qui ne permet d'apercevoir aucun détail, les planches V & VI peuvent cependant, quant à l'effet général, fournir un point intéreffant de comparaifon entre l'ancien état de dégradation & l'état actuel.

VII. — FAÇADE DE GASTON.

Cette planche a été faite d'après un deffin pris, en 1839, au daguerréotype, d'une plate-forme des tours de Saint-Nicolas (autrefois Saint-Laumer). La façade eft vue un peu en raccourci, ce qui lui ôte de fon effet. Le fommet des pavillons devait être couronné par des lanternes, comme on peut le voir fur les plans originaux confervés au cabinet des Eftampes, portefeuille de Loir-&-Cher. On remarque, à droite, la Tour du Foix, furmontée de l'obfervatoire de Catherine de Médicis. On a reftitué les arbres qui ombrageaient cette tour & qui ont été renverfés par le génie militaire; ils avaient l'avantage de rompre l'uniformité & la féchereffe des grandes lignes architecturales de cette façade.

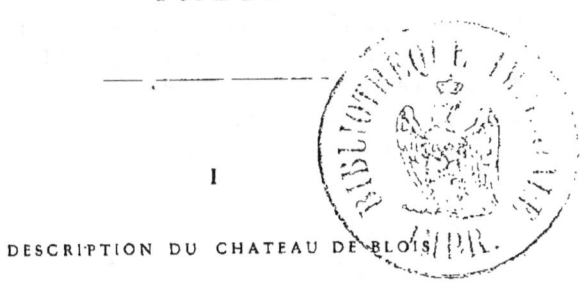

TABLE

I

DESCRIPTION DU CHATEAU DE BLOIS

II

HISTOIRE DU CHATEAU SOUS LES TROIS PREMIÈRES DYNASTIES DES COMTES DE BLOIS

III

LE CHATEAU SOUS LES DUCS D'ORLÉANS

IV

LE CHATEAU DE BLOIS SOUS LOUIS XII

V

HISTOIRE DU CHATEAU DEPUIS FRANÇOIS Ier
JUSQU'A HENRI III

VI

LE CHATEAU DE BLOIS SOUS HENRI III

ERRATA

Page 4, ligne 19 : pignons, *lisez* fausses lucarnes.
— 15, — 1ʳᵉ : se voient, *lisez* se voyaient.
— —, — 4 : n'ont, *lisez* n'avaient.
— 38, — 1ʳᵉ de la note 1 : bis, *effacez* bis.
— 54, — avant-dernière : de l'Arou, *ajoutez* ruisseau
        que les déboisements & la prise d'eau des
        fontaines de Blois ont presque tari.
— 112, — 6 : avait eus, *lisez* avait eu.
— 139, — 2 de la note 2 : cette année 1522, *lisez*
        en 1524.
— 139, — 3 de la même note : Messieurs, *lisez* Mes-
        seigneurs.

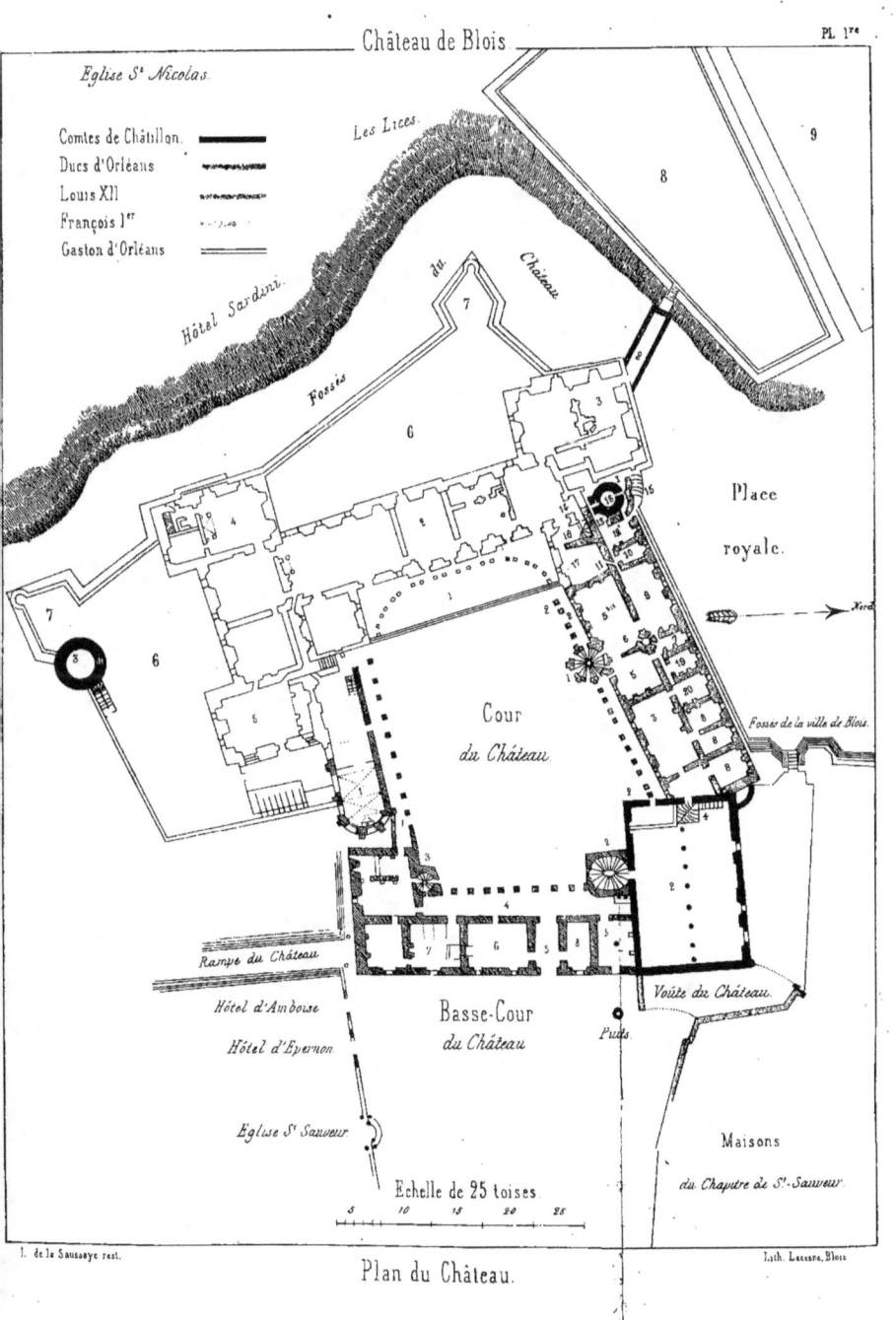

PL. 1re

Eglise St Nicolas.

Comtes de Châtillon.
Ducs d'Orléans
Louis XII
François 1er
Gaston d'Orléans

Les Lices.

Hôtel Sardini.

Fossés du Château

Place royale.

Nord

Fossés de la ville de Blois

7

6

Cour du Château

Rampe du Château

Hôtel d'Amboise

Hôtel d'Epernon

Eglise St Sauveur

Basse-Cour du Château

Puits

Voûte du Château

Maisons du Chapître de St Sauveur

Echelle de 25 toises

5   10   15   20   25

L. de la Saussaye rest.

Lith. Lecesne, Blois

Plan du Château.

Château de Blois

Salle des États

Par L. Soulskaye del. C Pensée lith.

Ducs d'Orléans — François Ier

Perche aux Bretons

Château de Blois.

J. de la Morandière, d'après Félibien.

Statue de Louis XII.

Lith. Lecesne, à Blois.

Château de Blois

Façade de François 1er avant la restauration du Château

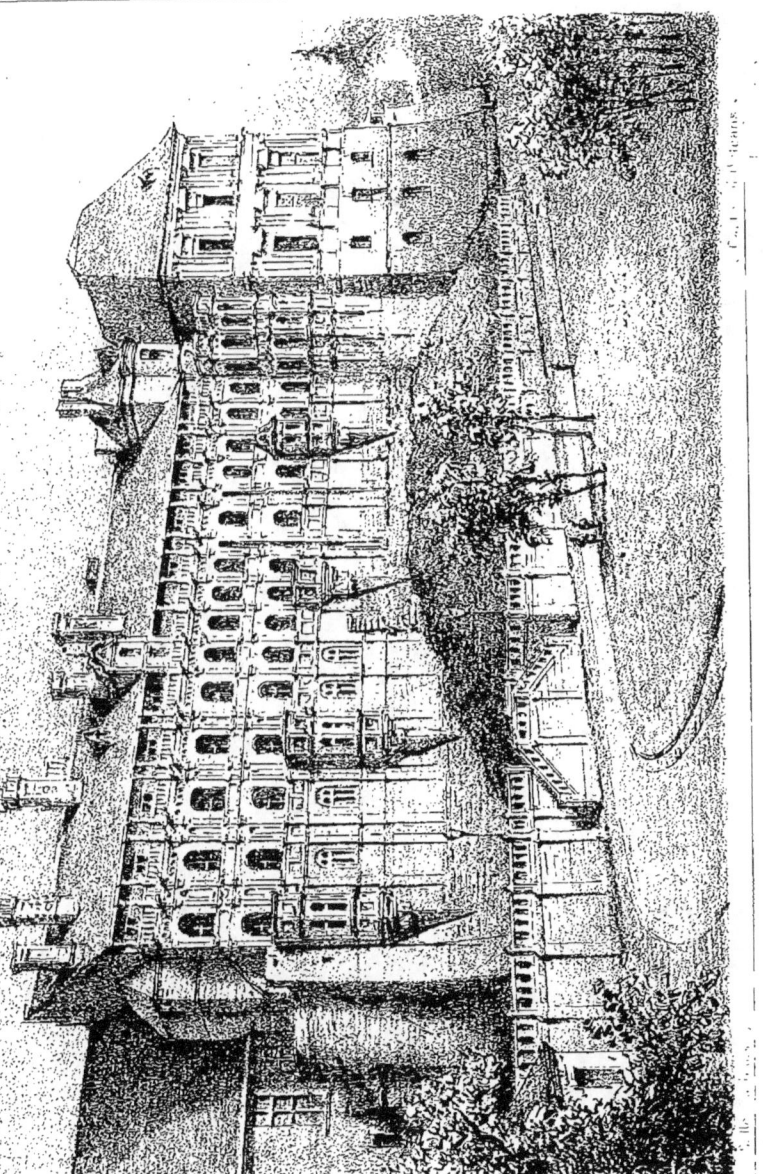

Château de Blois

Façade de François Ier, côté de la cour du château.

Château de Blois

Pl. VII

Tour de l'Observatoire

Façade de Gaston

OUVRAGES DU MÊME AUTEUR

qui se trouvent à Paris, chez AUBRY, 16, *rue Dauphine,*
& à Blois, chez tous les Libraires.

NUMISMATIQUE DE LA GAULE NARBONNAISE.
Paris, 1842; un vol. gr. in-4°, 22 pl. grav. sur
cuivre.   Prix : 30 fr.
  Cet ouvrage a remporté le prix de Numismatique fondé par
M. Allier d'Auteroche.

MÉMOIRES SUR LES ANTIQUITÉS DE LA SOLOGNE
BLÉSOISE. Paris, 1843; un vol. gr. in-4° & un atlas
de 45 planches.
  Cet ouvrage, comprenant deux séries de Mémoires couronnés
par l'Institut en 1835 & 1836, sera composé de cinq livraisons, au
prix de 7 fr. 50 c. chaque; la première seule est parue. L'Atlas
contiendra une carte de la Sologne à l'époque romaine, plusieurs
plans & élévations de monuments antiques, & plus de 200 figures
de vases funéraires, statuettes & autres objets d'antiquité.

HISTOIRE DE LA VILLE DE BLOIS. Blois, 1846;
gr. in-18. *(Epuisé.)*   Prix : 5 fr.

BLOIS ET SES ENVIRONS, 3e édition du GUIDE
HISTORIQUE DU VOYAGEUR dans le Blésois,
illustrée de 28 vignettes sur bois. Blois, 1860;
gr. in-18.   Prix : 4 fr.

LE CHATEAU DE CHAMBORD, 8e édition, augmentée de *Pièces justificatives*. Lyon, L. Perrin, 1859;
un vol. in-8°, sur pap. fort, vergé & teinté, 1 pl. gr.
sur c. Tiré à 300 exemp. *(Epuisé.)* Prix : 10 fr.

Le même ouvrage, 11e édition, illustrée de 8 vignettes.
Blois, 1866; grand in-18.   Prix : 1 fr.

REVUE NUMISMATIQUE, dirigée par E. CARTIER
& L. DE LA SAUSSAYE. Blois, 1836-55; 20 vol.
gr. in-8°, fig.   Prix : 300 fr.
  Cette publication continue de paraître tous les deux mois,
sous la direction de MM. DE WITTE & DE LONGPÉRIER. Le
prix de l'abonnement, *payable d'avance*, est de 16 fr. par année,
franc de port pour la France & la plupart des Etats de l'Etranger.

SOUS PRESSE

LA VIE ET LES OUVRAGES DE DENIS PAPIN. Lyon,
imp. L. Perrin; deux vol. in-8°. Portrait, fig. &
fac-simile.   Prix : 15 fr.

www.ingramcontent.com/pod-product-compliance
Lightning Source LLC
Chambersburg PA
CBHW050745030726
47505CB00002B/400